本书系吉林省社会科学基金项目（2021B125）和
吉林省社会科学院规划重点项目（2021YJ0062）共同研究成果

养老服务发展与创新研究

YANGLAO FUWU FAZHAN YU CHUANGXIN YANJIU

高 洁 著

西南财经大学出版社
Southwestern University of Finance & Economics Press
中国 · 成都

图书在版编目(CIP)数据

养老服务发展与创新研究/高洁著.—成都:西南财经大学出版社,
2022.11
ISBN 978-7-5504-5427-9

Ⅰ.①养… Ⅱ.①高… Ⅲ.①养老—社会服务—研究—中国
Ⅳ.①D669.6

中国版本图书馆 CIP 数据核字(2022)第 117735 号

养老服务发展与创新研究
高洁 著

责任编辑:植苗
责任校对:廖韧
封面设计:何东琳设计工作室
责任印制:朱曼丽

出版发行	西南财经大学出版社(四川省成都市光华村街 55 号)
网　　址	http://cbs.swufe.edu.cn
电子邮件	bookcj@swufe.edu.cn
邮政编码	610074
电　　话	028-87353785
照　　排	四川胜翔数码印务设计有限公司
印　　刷	郫县犀浦印刷厂
成品尺寸	170mm×240mm
印　　张	13.5
字　　数	254 千字
版　　次	2022 年 11 月第 1 版
印　　次	2022 年 11 月第 1 次印刷
书　　号	ISBN 978-7-5504-5427-9
定　　价	88.00 元

前言

自古以来，中国都有家庭养老的传统，但是随着家庭养老功能的弱化，空巢老人不断出现，新的养老模式层出不穷。做好养老工作，就是对中华优秀传统文化的继承与发展，也是对和谐社会的贡献。以社区为依托，多方投入，多元满足，可以不断创新养老发展思路，让老年人真正成为财富和宝藏。养老服务指的是为老年人提供必要的生活服务，以满足其物质生活和精神生活的基本需求。目前，我国是世界上最大的人口老龄化国家。在养老服务需求不断增加的今天，必须社会各界共同努力，找到一条既符合我国国情，又能最大限度地满足人民养老需求的途径。

近几年，随着我国的主流家庭结构日益小型化和社会负担日益沉重，养老问题已成为一个不容忽视的问题。毫无疑问，养老服务行业是一个潜力巨大、具有稳定性的市场，再加上土地、人才等不可再生资源的巨大压力，其未来必然会朝着区域化、规模化发展。我们要想推进养老服务行业的发展，关键是要找到长远的方向和策略，要有清晰的认识，要做好迎难而上的准备。从事养老服务行业的相关人员，必须树立信心，关心老年人的真正需求，这样才能实现养老服务行业的可持续发展。随着人口老龄化程度的加深，老年人的养老观念也发生了变化，老年人对养老服务的需求将会越来越大，相关企业需要推出更加多样化的养老服务来满足这种需求。房地产业、保险业、银行业等投资机构、服务机构、管理机构等都进入了养老服务市场。要积极应对人口老龄化，我们必须从建机制、补短板、扩供给、增活力、提质量等方面入手，将发展养老服务业作为保障和改善民生的重要举措，不断完善以居家为基础、社区为依托、机构为补充、医养相结合的多层次养老服务体系。

本书对养老服务发展现状及发展过程中存在的问题进行了系统的剖析，并对养老服务的类型和发展趋势进行了分析，让业界能够更加深刻地理解养老服务行业对我国的重要意义。本书提出了部分具有建设性的建议和意见，对于养老服务的发展具有十分重要的理论价值与现实意义。本书在养老服务升级方面没有展开具体分析，希望今后可以在这个方面进行系统、深入的研究。由于时间仓促、笔者水平有限，书中难免有疏漏之处，恳请广大读者批评指正。

高洁

2022 年 7 月

目录

第一章　养老服务的现状及立法

第一节　养老服务及其制度

一、养老服务的界定

目前，我国学者对养老服务概念的界定仍有不同的认识。为了明确养老服务的概念，我们必须对其内涵进行分析与研究。本节将对我国养老服务的性质、特征进行深入分析与探讨。

（一）养老服务的性质

伴随着人口的不断增长，我国学者对老年人的养老服务问题日益重视，但有关其本质的争论却一直存在。学术界目前对养老服务的概念界定有以下三种看法：

一是认为养老服务是指养老服务事业。田香兰等（2016）认为，养老服务是为老年人举办的，以保证他们生活需要的，由政府出资，以“三无”老年人为主要服务目标的公益性事业，包括城镇的福利机构、农村的养老院等①。

二是认为养老服务是指养老服务产业。刘晓梅等（2019）认为，养老服务应该是指养老行业，但是要区别于一般的行业：既要以营利为目的，又要以公益为主要特点；既要充分利用政府和社会的力量，又要通过市场竞争机制和政府调控机制来满足老年人日益增长的养老服务需求②。我国的养老服务业发展水平和经济发展水平决定着我国社会保障体系中的社会责任。

---

① 田香兰，王爱兰. 我国老龄产业发展的基本思路与对策建议［J］. 西北人口，2016，37（4）：70-74.

② 刘晓梅，汪宇梅，成虹波. 居家养老中老年人权益保障问题及对策研究［J］. 长春大学学报，2019，29（1）：1-6.

三是认为养老服务是养老服务事业和养老服务产业的结合。养老服务事业是一种以社会福利为目的的社会公益活动；养老服务产业是一种以营利为目的、以满足老年人的需要为己任，为老年人提供各种形式的服务和产品的营利行为。因此，有学者认为，养老服务要以科学的发展观为指引，以“六老”为宗旨，建立适应新时期的积极、健康的社会生活理念；养老服务应由政府主导，市场和社会都能主动参与和发挥作用，是全局性、长期性和战略性的工作。随着我国人口老龄化程度的不断加深，由政府统筹的养老服务体系已经不能满足老年人的需求，因此我国政府大力推进养老服务社会化、市场化发展，从而促进我国养老服务产业的发展。我国的养老服务业以市场化为导向，顺应了市场经济发展的必然需求[1]。

目前的调查结果显示，我国的养老服务包含了两个层次（养老服务事业和养老服务产业），两者的本质是不同的，但又具有共同的特点。从理论上讲，我国的养老服务事业和养老服务产业在我国各个发展时期都有具体体现，是市场化发展的产物。同时，随着人民生活水平的提高，老年人的晚年生活追求也从单纯的物质层面转移到精神层面。就我国的养老服务而言，既有宽泛的，也有狭窄的。从广义上讲，养老服务是为全体老年人提供各种服务与产品的全部经济活动，包括金融保险、老年医疗、老年护理、精神慰藉、老年文化娱乐、老年资讯等服务；从狭义上讲，养老服务是以营利为导向，以特定的方式向老年人提供生活照料、医疗保健、文化娱乐等服务的各种社会化、市场化运作的经济行为。

综上所述，养老服务是养老服务事业和养老服务产业的总称。养老服务可定义为：以企业、非企业组织及个人为主要提供主体，为老年人提供生活照料和护理服务，以满足其物质生活和精神需求的社会经济活动。其具体包括生活照料、医疗护理、老年保健及文化娱乐等内容。

（二）养老服务的特征

1. 一项具有竞争性的准公共物品

萨缪尔森（2003）对公共物品的界定，是当今世界上人们普遍接受的概念。他指出，个人对公共物品的购买行为不会使别人的购买行为降低，因而公共物品既不是独占，也不是竞争①。一方面，由于社会福利的特殊性，老年人的退休金制度是一种特殊的制度，当人们进入老龄阶段时，无论其社会地位和收入状况如何，都可以享受到社会保障，这就决定了养老服务供给的主体必须

---

① 萨缪尔森．经济全球化面临考验［J］．企业技术开发，2003（5）：5.

是政府；另一方面，养老服务行业是一种由市场来调控的行业，市场经济的营利性要求养老服务具有不可避免的竞争性。因此，双重性质的存在，决定了养老服务本质上是具有竞争性的准公共物品。

2. 以政府为补充并调节供求平衡的主体

作为一项社会经济活动，养老服务产业最基本的特征是营利性，市场经济的竞争性和政府的非营利性决定了政府部门不可能从事一般性的经济活动。在未来的发展中，政府必然从养老服务的直接提供者中退出，从而决定了养老服务的主要供应者应是个人、企业和社会团体。一方面，由于社会养老服务的供求不平衡、市场发展不完善、老年人购买能力有限、区域经济发展不平衡等原因，实际生活困难和购买能力不足的老年群体仍然很多。为保障这部分老年人的养老服务需求，政府在退出养老服务供给领域时，应当保障这部分老年人的基本养老服务需求。因此，政府的退出并非完全退出，其在养老服务市场中仍具有调控与平衡的作用。另一方面，由于社会养老服务具有公共物品属性，它不可能完全依靠市场来调控，否则必然会偏离其本质特征。因此，在充分尊重市场经济基本定位的情况下，政府发挥其调控、保障功能，是保证社会福利事业发展的重要条件。一旦出现养老服务供求矛盾时，政府可以采取政府补贴、政府定价、政府指导价等方式来解决供求矛盾，从而实现社会养老服务的平稳发展。总体而言，虽然国家并没有直接介入社会养老服务的运作中，但是它在调节供给和需求方面起到了“调节器”和“稳定剂”的作用，特别是在养老服务法治化发展道路上，它更多地扮演着财政资助、政策指导、法规制定和监管等角色。

3. 为老年人提供多样化产品和服务的社会经济活动

养老服务企业和个人等市场主体是为老年人服务的，养老服务是一种与市场经济相匹配的经济行为。随着社会经济的发展、人们生活水平的提高和老年人需求层次的提升，养老服务的内容也由单一化向多元化转变。目前，养老服务业已经发展成为一种包括生活照料、旅游、医疗、精神慰藉和文化休闲等多种形式的经济活动，其特点是适应老年群体的多元化需要，是一种形式多样的市场经济行为。

二、我国养老服务制度的发展脉络及不足

20 世纪 50 年代以后，随着社会经济制度的改变，我国的养老服务制度也发生了改变。具体来讲，养老服务从政府包揽到社会推广、从救济型到普遍化转变。但是，在这一历史进程中，由于受到社会、国家、企业等多种原因的制

约，各阶段的养老服务制度表现出了各自的特色，同时也存在着许多不足。

（一）养老服务的制度演进

1. 计划经济时期的养老服务制度

计划经济时期可界定为20世纪50年代初期至20世纪80年代中期。20世纪50年代初期，我国进行了全面的社会主义改革，并在全国范围内推行了社会主义公有制。在这个制度下，养老福利事业全部由政府接管，改为国家事业。公民的养老问题全部由国家统筹管理，呈现出供养性、救济性、封闭性的特点。在计划经济时期，我国的养老保险制度可以归纳为：①在监督体制上，实行民政部门的统一监督；②在服务业和从业人士的性质上，所有的养老机构都是国有资产，大多数工作人员是公务员，属于民政部门，具有很强的行政化性质；③在经费的使用上，大部分经费是政府提供的，而养老院的资产大多是国有资产。尽管在计划经济条件下，养老保险制度的保障程度较低，但能够很好地满足老年人的生活需要，从而使我们的社会更加和谐、安定。从总体上看，实行“全国统筹”的养老方式是我国计划型社会发展中不可避免的一种选择。

2. 市场引入阶段的养老服务制度

市场引入阶段可界定为20世纪80年代后期至20世纪末。随着改革的深入，传统的养老服务方式已经不能很好地满足社会的需求，尤其是独生子女政策、企业转制、企业转型、家庭养老职能的削弱等因素，导致原有的养老服务体系的市场经济条件被动摇，要求改革传统养老服务制度的呼声越来越高。在这一时期，由于我国还没有采取相应的措施来应对人口老龄化的冲击，所以我国的养老体制改革也被提上了议事日程。

可以说，在市场化的转型过程中，我国的养老事业虽然已经向前迈进了一大步，但同时也存在着一些问题。这主要体现在以下两个方面：一是资金短缺、管理落后。由于缺少经费，设备老化且长时间得不到更新。在经营上，行政色彩浓厚，制度约束导致了我国的老年人福利管理滞后。二是我国的市场化程度较低，经济效益比较差。在此期间，尽管有大量的民间资本涌入，但因政府监管不力、资金短缺、从业人员素质较低等原因，我国的养老服务业市场化程度比较低。同时，由于我国的传统养老理念依然深入人心，老年人的消费水平很低，因此老年人的养老保障体系的经济性也相对低下。

3. 产业化方向发展阶段的养老服务制度

产业化方向发展阶段主要是指从21世纪初发展至今。在这个阶段，政府推出了一系列政策，以促进社会团体和个体参与，使我国的老龄事业快速发展。在2000年发布的《中共中央 国务院关于加强老龄工作的决定》中，我国政府就把老龄工作的市场化、产业化作为重点，先后实施了“十五”“十一五”“十二五”“十三五”老龄工作计划。民政部、财政部、国家税务总局等部门相继发布了一系列的政策文件，鼓励和支持社会力量以独资、合作等方式从事社会养老事业。

到目前为止，我国的养老产业已经历了“福利社会—事业—工业—市场—工业化”发展阶段。我国养老产业的官方数据显示，我国养老服务产业的内容充实、服务范围进一步扩大与细化。2016年，上海、青岛、广州、宁波以及吉林和山东两个省份率先开展了长期护理保险改革，并对参保对象、筹资方式和支付方式进行了规范，同时对此进行了探索。到2020年年末，长期护理保险的保费杠杆效应已经拉动了8 000亿元左右的养老护理市场，预计到2030年将达到27 000亿元。长三角是我国发展最早、基础最好、老龄化最严重的地区之一，长三角地区已经完成了多个省份的养老保障政策的互联互通，长三角地区的几个县市在试点中建立了“信息公开、标准互认、政策互通、产业促进”的模式，并将“一卡通”的门诊医疗服务进行联网，促进了长三角地区的发展。同时，许多养老机构已开始推出多元化的养老产品及计划，包括自置养老社区、升级现有酒店公寓物业、合作伙伴投资高品质物业等。智慧社区、远程5G技术、大数据、云计算、物联网、人工智能等技术的推广，将智能化技术与老年人健康服务有机地融合起来，是一种极具发展前景的智慧养老模式。目前，国有、民营、合资、外资等各类公司纷纷涌入养老服务行业，呈现出百花齐放的局面。国有企业作为国家养老服务发展的重点领域，可以发挥国有资本的巨大作用，以刺激新的消费和寻求发展机遇。

养老一直是个大问题，各国的老龄化问题也越发严重。年轻人生活压力大，老年人不想给家里人增加太大的负担，所以总想去养老院住，但是养老院又没有家的感觉。随着“互联网+”的快速发展，养老方式也越来越多，不再是只依靠儿女或聘请保姆。现在的养老模式也越来越多，如我们可以将云计算与物联网融合在一起，建立起一个专门为老年人提供服务的平台，并将其在网上和外部的资源进行综合；让老年人随时带着健康监测设备，便能收集到他们的身体状况数据，以及他们的具体地理方位，并将其实时传输到云端，与政府、社区、医院的数据库连接起来，24个小时都有专人进行远程监测，如果有什么情况，可以第一时间进行救援，这个定位装置还可以专门为老年人设定一个安全区，如果超过了这个距离就会发出警报，让老年人不会迷路。有些区域配备给老年人的智能装置，不仅具有监测、定位等功能，还有声音交流等作用。社区工作人员可以通过网络与老年人交流，按月为其提供清洁、购买生活用品、维修家电等服务。子女也可以用自己的手机监测，随时观察家中老年人的情况。这样一来，即便子女不在家，他们也可以随时知道自己父母的位置。在这个系统中，护理人员可以随时监测到老年人的身体状况，并且定时进行护理，保证他们的生命安全。随着人口老龄化程度加深，很多人都为自己的晚年担忧，而现在智能技术已经发展到了一个新的高度，让他们的养老方式更加智能化，将来即便是独自一人，也可以过上高质量的晚年生活。现阶段，我国养老服务制度逐步健全，具有明显的特征：首先，我国的老年护理制度逐步健全，建立了由民政部负责指导和监督的全国老龄工作委员会，对养老服务事业进行协调、指导和监督，在制度和运作上不断健全，推动了我国老龄事业的发展。其次，养老保险制度逐渐完善。我国的养老机构正在逐步建立起门类齐全、种类繁多、内容丰富、网络完善的老年社会保障制度。最后，建立一系列的养老服务制度。目前，国家已经制定了《养老机构管理办法》《养老机构设立许可办法》《国务院关于加快发展养老服务业的若干意见》等相关政策，为养老机构的管理、政策支持和健康管理提供了保障。

（二）现行养老服务制度的不足

1. 法律缺失、法律制度还有待完善

我国的养老事业已经发展到包括生活照料、护理保健、医疗卫生等在内的多个领域，这些领域还涉及社区养老法律机制、机构养老服务法律机制、从业人员法律制度、养老服务市场规范法律机制等方面。为了完善我国的养老服务制度，我国政府制定了400多份规范的养老制度。现行的养老服务规范基本覆盖了我国的养老服务制度，但是纵观我国的养老服务法规体系，目前只有一部老年人权益保障法是全国性的，其余的都是政策性的、指导性的，主要是“通知”和“意见”，因此目前的养老保障体系还没有达到国家立法的水平，只是处于国家政策层面。

2. 市场机制不健全

目前，我国的养老服务市场已基本成型，但其发展还不够成熟，主要表现为缺乏完善的市场竞争机制和市场定价机制。

（1）缺乏完善的市场竞争机制。

由于政府对养老服务的过度干预，市场对养老服务资源配置的基础作用不能充分发挥。但在实际操作中，由于税收、土地等优惠政策的执行力度不够，以及差别待遇等原因，民办养老服务机构无法与公立养老服务机构进行公平竞争，从而制约了其市场功能的发挥。例如，河南省政府发布的《河南省人民政府关于加快发展养老服务业的意见》，其中明确提出“水、电、气”的价格应与居民用电价格一致。实际上，目前所有的“公办”养老院的水电费都是按照工业用水和用电标准来计算的，“民办”养老机构与“公办”养老机构之间完全不可能产生竞争，部分“公办”的养老机构在运营中仍存在着“忧患意识”和“服务意识”不足、运营效率低下、管理费用高昂、效益低下等问题。从服务品种等方面来看，针对老年人的服务品种较为单一，很难适应老年人的多元化需要，因此我国需要进一步完善市场竞争机制，促进社会健康发展，促进社会公平竞争。

（2）缺乏完善的市场定价机制。

在《中华人民共和国价格法》（以下简称《价格法》）的基础上，政府定价和政府指导价是目前养老服务市场定价的主要方式。这样的定价机制，既能使养老服务的市场价格得到稳定，又能满足基本养老的需要，还能充分反映出养老服务的福利属性。如果没有政府的调控，那么市场的盲目、自发将会造成养老服务价格的不平衡，从而难以保证中低收入老年人对养老服务的需求。但是，由于国家对老年人的管理过于严格，使得老年人的养老服务价格处于较低的水平，因此这也成为制约我国养老服务市场化的重要因素。为了推动养老服务行业的发展，政府应综合考虑地方经济发展水平、养老服务费用等因素，以及老年人的养老服务需求，制定一个合理的定价机制，对养老服务的市场定价进行调整。在我国养老服务市场日趋成熟的今天，我国政府应该充分发挥市场的基本作用，放开对养老服务的价格管制，使其能够体现市场的供求关系。

3. 政府职能错位

政府在养老服务中存在着职能上的错位，这主要表现在服务对象不合理和公共管理不善两个方面。

（1）服务对象不合理。

按照国务院关于推进养老事业发展的指示，我国的养老机构应当承担起“托底”的角色，为老年人的健康养老服务工作奠定坚实的基础。但是在具体的实际操作过程中，政府机关常常会陷入两个极端：一方面，把有限的资金投向高品质的养老服务，把更多的资金投向高收入人群。对低收入、急需养老的老年人而言，由于进入门槛太高，只能望而却步，由此造成了资源配置上的不公平和资源的浪费，使得社会整体服务水平下降。另一方面，整合国家和社会资源，把所有低收入老年人都纳入社会保障体系，为其免费提供服务，忽视了人的主动性，导致老年人对国家和社会存在严重的依赖性，从而降低了社会保障体系的运作效率[2]。

（2）公共管理不善。

第一，支援和保障工作不力。在国家财政投资的安排中，仅原则性地增加了对养老服务的投资，并没有明确规定具体的投资方式。因此，地方政府要加大对养老服务的投资力度，要考虑到地方的经济发展和老年人的需要。我国对养老服务的投资较少，有些地区甚至没有把养老服务列入财政预算。在政府大力扶持发展养老事业的同时，社会资本也开始加大对养老事业的投资力度，但是，由于政府投资力度不够，资金来源少，政府资金少，税收和其他一些优惠政策难以落实。

第二，由于前期投资大、回报周期长，社会对养老服务投资积极性不高，投资机构单一的现状难以扭转。在资源利用上，由于缺乏科学的决策机制，许多地区的养老资源建设与发展规划存在着严重的不均衡现象。比如，在社区养老设施的建设上，相关部门往往把重点放在大中城市，使得养老资源过于集中，造成了资源的浪费；尽管国家对从事养老事业的单位和个人给予土地、税收等方面的优惠，但是在实际操作中，由于程序烦琐、条件苛刻、时间长等一系列原因，其积极性受到一定程度的打击。

4. 服务人员准入机制不健全

目前，我国尚未形成一套符合养老服务从业人员的资格考试和准入制度，养老服务从业人员进入门槛较低。养老服务从业人员呈现出如下特征：

（1）年龄偏大。研究发现，照顾老年人是一项非常繁重的工作，因此从雇佣成本的角度来看，40周岁以上的服务人员在整个行业中的占比较大。

（2）学历较低、专业技术缺乏。一家养老机构的负责人表示，这家机构的工作人员大多是50周岁以上的农民工和下岗职工，这样可以降低其服务费用。新入职人员由于缺乏系统的训练与持续教育，很难满足老年人的基本生活需求。伴随着我国养老服务质量的下降，还有许多侵犯老年人合法权益的案件发生，严重影响了我国养老服务企业的整体形象。

第二节　养老服务的现状

一、老年人基本特征分析

（一）老年人生理特征分析

1. 神经系统退化

在生物学领域，神经系统的经典学说认为它是动物的一个高度复杂的部分，通过向身体的不同部位传递信号来协调其动作和感觉信息。神经系统能检测影响身体的环境变化，然后与内分泌系统协同工作，对这些变化做出反应。对老年人的生理状况进行分类，是人类在时间、物质等多种因素的作用下，对其进行最大程度的生物学改变。从这个视角来看，我们可以从神经系统、生理功能和生理结构三个层面来描述老年人的生理年龄。

随着年龄的增长，老年人的记忆力、注意力、计算能力、视觉空间能力和语言能力也有所下降。对于大多数老年人而言，这种变化太过缓慢，以目前的科技水平很难找到或者进行量化的检查。由于神经系统的衰退和神经末端的逐渐萎缩，老年人活动的幅度变窄，动作变得缓慢。正常的神经功能衰退是我们每天所能感受到的老龄化，而神经病变则是我们普遍关心的问题。例如，大脑的神经会发生退行性的变化，其症状是轻微的认识能力下降，随着症状的加重，就会发展成阿尔兹海默病。由于饮食习惯、遗传基因、身体条件等因素，老年人的神经功能会发生变化，同时部分老年人还存在着严重的心理问题，因此相关机构有必要向其提供相应的治疗设备[3]。

2. 大脑功能衰退

随着人们从童年到成年再到老年，大脑功能通常会发生变化。在童年时期，思考和推理的能力稳步提高，使孩子能够学习越来越复杂的技能。在成年的大部分时间里，大脑功能相对稳定。到了一定年龄，因人而异，大脑功能会逐渐衰退。有些人大脑的某些区域每年缩小1%，但没有任何功能损失。因此，与年龄相关的大脑结构变化并不会导致大脑功能的丧失。然而，随着年龄的增长，大脑功能的衰退可能是多种因素的结果，包括大脑化学物质（神经递质）的变化、神经细胞本身的变化、随着时间的推移在大脑中积累的有毒物质以及遗传变化，大脑功能的不同方面可能在不同的时间受到不同的影响。

然而，衰老对大脑功能的影响可能很难与老年人常见的各种疾病的影响分开。这些疾病包括抑郁症、中风、甲状腺功能低下（甲状腺功能减退）和退行性大脑疾病，如阿尔茨海默病。随着人们年龄的增长，大脑中的神经细胞数量可能会减少，根据人们不同的健康状况，每个人损失的神经细胞数量存在差异。

科学研究表明，随着年龄的增长，流向大脑的血液平均会减少20%。脑动脉粥样硬化（脑血管疾病）患者的血流量减少更多。这种疾病更容易发生在长期吸烟的人身上，或者是高血压、高胆固醇或高血糖（糖尿病）的人身上，这种疾病不受生活方式改变或药物的抑制。这些人可能会过早失去脑细胞，由此对神经功能造成损害。因此，在人们还算年轻的时候，如果血管受损，患血管性痴呆病的风险就会增加。

3. 生理机能下降

通常来说，随着年龄的增长，老龄化导致老年人的身体细胞大量减少，身体功能有所衰退，从而使身体免疫力下降。老年人心肌萎缩、冠状动脉粥样硬化等心血管系统的病变以及老年人骨质减少、骨皮质变薄等是骨骼骨质疏松的主要症状。老年人的免疫力下降，是由于机体的免疫力下降，机体对外界环境的响应速度下降，使得机体的免疫细胞失衡。老年人可以定期去医院进行身体检查，从而了解其健康情况，以更好地改变他们的饮食结构、出行习惯和生活习惯。

4. 身体形态老化

中国传统医学的观点是：人体的形态与人体的健康状况密切相关。随着年龄的增长，人们的骨骼和肌肉开始衰老，最明显的特征就是他们的身躯变得更加弯曲，身材变得更加短小，动作也变得更为迟缓，双膝也会发生明显的变化。同时，肌肤会出现衰老现象，主要表现为肌肤松弛、失去光泽、色素沉着、出现老年斑等。此时，牙齿也逐渐萎缩、松动，甚至掉落，头发变得苍白、稀疏。

老年人因生理状态的改变所引起的老化现象是最直观的，这种改变不但会对他们的生活产生一定的负面影响，还会对他们的精神起到一定的负面作用。因此，在老龄化现象比较严重的情况下，相应的老年人心理咨询服务也应该适时改变。

（二）老年人心理特征分析

1. 老年人的一般心理特征

老年人身体各个器官的生理机能会逐渐退化，从而造成身体机能失调、抵抗力下降、适应性降低，有可能产生相应的精神疾病，如惊恐不安、孤独、焦虑、抑郁、多疑、啰唆、自卑、有被遗弃感等。

（1）惊恐不安、有被遗弃感：每个老年人都有各自的人生阅历，在工作中担任过某一职位，因退休而丧失职位，就会产生一种被遗弃的感觉。有些老年人生病后害怕花费太多的钱，也害怕疾病带来的痛苦，还害怕失去自理的能力，尤其是在没有明确的诊断和疗效的情况下，更容易让他们感到惊恐不安。

（2）孤单：社会孤立和孤独并不总是并存的。与熟悉的人失去联系或者很难融入社会，都可能改变一个人的想法。根据研究，经历长期孤独的人会感到生活备受威胁，对他人产生不信任感。孤单是老年人最普遍的精神特点。一些老年人更倾向于在一个宁静的地方居住，这是因为他们的神经系统受到了刺激，当他们离职或与自己的子女分开住时，就会感觉更加孤单，且更容易感到悲伤。尤其是远离家乡生活的老年人，面对陌生的环境和陌生人，他们自然而然地就会感到孤单。有些因生病而住院的老年人如果在大病房里与其他人沟通多了，他们的心情就会变得平稳，总体来说情况会更好。

（3）忧郁：有些老年人时常会忧心忡忡，担心自己家人的生活情况，认为自己年纪大了，没有能力替家人减轻负担。当他们在生病的时候，这一心态就会变得更加突出，还可能会因为一点小事情就生气，性格变得孤僻、固执、难以配合，难以控制自己的情绪。尤其是当老年人患病后，他们容易变得沉默寡言，对周围的一切事物都失去兴趣，有些老年人甚至会痛哭流涕，干脆自暴自弃。

（4）多疑、自卑：当子女忙于生活和工作，无法按时探视、关心家中老年人时，就会使其觉得自己被忽视了，会经常因为琐碎的事情而发脾气、哭闹，甚至会因为愤怒而感到绝望。心理健康是影响老年人身体健康的一个重要因素，还会直接影响其与家庭、社会的和谐发展。随着人口快速老龄化和高龄化、家庭结构变化、老年慢性病并存等因素的影响，老年人的心理问题日益突出，其认知能力也会随着年纪的增长和多种慢性疾病的影响而逐步下降，发病风险也会随之增高。

老年心理学对老年人心理活动变化、特点和规律进行了专门的学科研究，主要是基于生物学研究和社会学研究。在这里，我们主要分析社会条件制约下老年人的心理变化。霍尔在其著作《衰老》中呼吁人们关注老年人在老化过程中显著的个体差异，反对将老化简单地等同于身体的退化。

个人的差异主要来源于个人内在条件和外在生存环境的不同。老年人的内在差异主要表现在年龄、身体状况、文化程度、心理状况等方面。老年人的生理机能下降，对意外情况的应对能力下降，会导致他们的失落感、无助感以及某些消极情感增加。有研究显示，健康状况差、亲友过世、意外跌倒、亲友关系恶化等不良的人生体验，都会加重老年人的不安全感，进而导致老年人自尊心受损、缺乏归属感，从而引发老年抑郁。因此，要掌握老年人的心理特点，必须从预防突发性生活事件、加强社会支持、提高老年人的反应能力等方面着手，要及时对其进行心理辅导，使其有一个安享晚年的良好心态。

2. 老年人的消费心理特征

老年人主要具有四个消费心理特征：一是具有强烈的心理惰性，忠实于商品和品牌。随着时间的推移，老年人的消费观念和习惯也会逐步趋于平稳，对某一种商品或品牌的偏好，在一定程度上是难以转变的。所以，为了让老年人来购物，商家必须重视“老字号”的品牌，大力推广自己的产品。如果该品牌得到了老年人的认同，那么它就会有一个比较稳固的顾客群体。二是注重实用性和便利性。老年人更重视商品的实用功能，以方便、实用为主。由于老年人的年龄偏大，他们在购物时更想要去一个体验感良好且相对便捷的购物场所。而手续简洁、服务周到的购物环境，也能提高老年人的满意度。三是卫生支出和兴趣支出显著增加。随着老年人的身体功能日益减退，其对保健食品、医疗用品和药品的需求量日益增长，自身的健康需求也逐渐上升。此外，老年人在其他奢侈品上的花费大幅减少，而满足兴趣爱好的开支则显著上升。四是注重消费补偿。一些老年人在子女成年、负担减轻后，会产生较强的消费补偿意识，以弥补过去因种种因素而无法满足的消费欲望。对于健康娱乐、旅游观光等，老年人们也有消费欲望。

老年人是一个拥有较多人生阅历的人群，他们的消费行为呈现出一种集体化的特点。大部分老年人会选择自己熟悉的产品，他们的购物习惯是固定的、稳定的，而对于不熟悉的产品，他们很难做出冲动的消费行为。在老年人生活中，健康保险是主要经济来源，但他们的收入和消费程度是息息相关的，其经济条件越好，花费也就越高[4]。

由于个人的文化程度、健康状况、自我实现等因素不同，在消费的内涵上也存在着差异。总体而言，老年人的健康状况越好，自我实现的欲望越强，其消费的内涵也就越多。另外，老年人的外在生活状况越好（如子女经常照顾、服务方便易得、收入来源稳定），其消费的自主权越高、消费内容越多；相反，若老年人有经济上的困境，或遭遇金融亏损、贷款纠纷，则会倾向于储蓄型的支出。因此，相关部门应加大对农村低保老年人的财政补贴力度，确保其基本的生活开支，同时还要不断地加强对老年群体的管理，以保证他们人身与财产的安全。

（三）老年人社会关系与经济特征分析

1. 老年人的社会关系分析

当人们步入老年阶段，随着心理和生理的改变，其社会关系特点也会发生改变，从工作向养老过渡，其活动的主要空间逐渐从工作与居住环境并存转向单一的居住环境，如广场、图书馆、公园等场所都是老年人的社交活动范围。因此，相关部门必须加强对城市公共空间基础设施的合理利用及无障碍的改建。

近年来，老年人被欺骗的消息不断涌现，老年人对陌生人和各种资讯产生了严重的不信任感；以移动电话作为媒介的社交活动已经成为现代人际交往的重要补充；提高居民安全感有助于增加社会信任，其中，建立职业公信力是重建社会信任的关键。因此，提高服务从业人员的质量，有助于提高老年人对社会的信任感。也有一些调查显示，越是具有较高的社交稳定性，老年人就越是相信自己的伴侣。当今社会普遍存在着高度的风险和不确定因素，所以相关部门要正确认识老年人社会交际中的种种不安全因素，为老年人提供安全可靠的社交平台和社交活动场所。

2. 老年人的经济特征分析

经济因素对老年人的生活质量和身体健康程度起着重要作用，掌握老年人的经济形态、经济消费特征，有助于开发其养老需求，为老年人提供有针对性的养老服务。老年人的自我健康管理水平与经济收入水平呈正相关关系，城市老年人的健康状况优于农村老年人，大专以上老年人的健康状况优于初高中、小学及以下者。老年人经济地位越高，自主选择能力越强，文化娱乐活动越能成为休闲活动的重要补充。

此外，老年人贫困问题的研究一直是学术界的一个热点问题。城乡二元化发展格局造成了城市老年人和农村老年人的贫困问题。有学者指出，我国老年人贫困发生率呈现出农村高于城市、西部高于东部、女性高于男性、高龄高于低龄的结构特征。老年人收入不足不仅影响其日常生活的正常消费支出，还直接限制了老年人的其他养老服务需求。因此，相关部门要加大对西部农村老年人的经济补助力度，特别是对高龄老年人的经济补助，这对于保障其生活具有重要意义。

二、我国养老服务的现状

我国现有养老服务按照不同的划分方式可分为不同的内容，但是行为主体一般不能脱离政府、社会、市场和家庭。养老方式的构成因标准不同而有所不同。

从养老者的主要资源或支持力的提供者来划分，一般认为养老服务包括经济、物质、精神、生活四个方面。

根据上述划分标准，我国养老方式内容可分为社会养老和家庭养老两类，也可分为社会养老、家庭养老和自我养老三类。

本书从责任主体、产生动力、预期和实践形态四个层面对养老行为进行解释，并根据触发因素和行为动机将养老模式划分为伦理性、规律性与情感性养老模式。

根据老年人居住地划分，我国养老模式可分为四类：居家养老、社区养老、机构养老、异地养老。

（一）居家养老服务

在居家养老模式下，老年人居住场所不变，社会养老是家庭养老的补充。这种养老服务就是以社会、家庭、老年人子女或老年人自身积蓄为主要经济来源的养老方式。

居家养老是一种传统的“以家庭为单位”的养老模式。居家养老服务主要具有以下优势：一是通过家族血缘的联系，实现中国家庭三代同堂、承欢膝下的愿望，保持了传统的邻里关系；二是目前中国大部分老年人经济条件较差，导致老年人的退休金偏低，因此多数中国老年人都会选择家庭养老；三是养老费用低，不会给家庭带来太大的经济压力。

居家养老服务分为两大类，即定点服务和上门服务，常见的有家政服务、日常生活服务、精神慰藉等。这种养老方式将社会与家庭有机地结合在一起，能最大限度地满足老年人“安土重迁”的传统观念。对城市老年人来说，“居家养老”的战略意义重大，是解决老年人家庭养老问题的关键。

我们既要关心老年人的生理需求，又要重视老年人的精神需求。老年人的心理问题有可能影响行为、睡眠习惯、注意力、认知功能和日常生活的诸多方面。老年人有与家人、朋友和志同道合的老年人保持联系的基本需求，这在心理上是有益的，因为这种联系可以最大限度地减少其抑郁和孤独的问题，提高其情绪稳定性。从使用社交媒体和加入针对老年人的团体，到参与家庭活动，老年人可以通过多种方式参与有意义的个人社交，并从中受益。如果老年人能够长期以有意义的方式在熟悉的社区活跃，他们在情感上往往会处于更好的位置。老年人想要保持目标感，既可以通过社区活动，也可以通过探索新的或过时的爱好、培养新的兴趣、指导和为他人做有意义的事情以及设定可实现的个人目标来满足。

（二）社区养老服务

社区养老是以社区为中心的养老方式，这种养老方式起源于英国。这种养老模式是由社区、家庭、个人三方共同提供养老服务的模式。家庭养老作为基本的外在形式，能有效地与社区养老相结合，并由国家提供政策支持，为家庭养老提供制度保障。社区养老也是以家庭为依托的，但是社区养老与家庭养老有本质区别。

社区养老指的是根据社区老年人的需要，由民间企业和非营利机构共同参与，由社区统一提供生活服务和心理疏导服务。相对于其他养老方式，社区养老能够更全面地覆盖老年人的生活与精神需求，弥补家庭养老的不足。

（三）机构养老服务

机构养老服务是指为老年人提供生活、卫生、生活护理、健康管理和文娱活动的综合性服务，包括养老院、老年公寓、护理院等。机构养老是以专业养老服务为基础的，其提供的养老模式分为有偿和无偿两种。机构养老服务的财政收入主要包括三个方面：政府资助、家庭支出、老年人自己承担的相关费用。机构养老与家庭养老是对应的，是整个社会养老的一个重要组成部分。

我国的养老机构总体上属于公私合营类型，其建造与运营均由民政部门进行监督和管理。养老院、福利院、老年活动中心、老年公寓等是最普遍的类型。老年人可以通过集体活动减轻自己的寂寞，减轻家人的生活压力，并使其自身能够更加有尊严地活下去。但是，老年人要想重建新的社会关系，其一部分生活必须由自己照料，因此偶尔还是会觉得寂寞。

（四）异地养老服务

异地养老是指一种退休和休憩的融合，是一种退休后的生活方式，即在不更改户口的情况下，可以选择远离自己的家人或居住地，到其他的地方（一般是环境、气候或配套设施比较完善的区域）居住，享受异地养老服务。其主要特征在于：老年人居住场所的改变，能使其实现人生价值，提高生活质量，促进积极老龄化。

该模式是为满足需要在外地享受晚年生活的老年人而设立的。在欧洲，老年人为了顺应四季的天气而迁移。随着我国信息化的不断发展和城镇化的不断深入，许多老年人的子女在国外工作并长期居住在国外，这些老年人也纷纷选择投靠自己的孩子来实现与家人团聚，这是一种新型的养老模式。国家和社会可以为其发展奠定现实的基础。

三、我国养老服务存在的问题

我国的人口规模大，老年群体规模大，老龄化速度快。目前，中国存在着一个严峻的人口问题，这将对我们今后的经济发展产生很大的冲击。随着国家实行的计划生育，人们的思想、心理以及家庭的构成发生了改变，“空巢”的现象越来越明显，并且逐步形成一个主导的家庭格局。老龄化的人数和比重在以空前的速率增长，而为老年人提供服务则意味着其供养系数大幅提高，养老服务的供应将会下降，但其需要将随之增多，从而使整个国家和家庭的经济压力更加沉重。

（一）社区养老服务有待完善

目前，我国的社区养老服务还处在初级发展阶段，其服务层次相对较低，规模相对较小，种类也比较单一，无法很好地解决老年人物质与精神需求的问题。

新型的社区养老服务管理方式既有重要的实践价值，也有一定的战略远见，而造成以上问题的原因主要有六个：一是部分基层干部缺乏对社区养老工作的紧迫性意识，对机构的关注度不够，服务质量得不到监管；二是政府和社会对社区养老服务部门没有明确的社会定位，缺乏政策支撑，造成了社区养老服务发展质量不均的现状；三是养老服务体系有待进一步完善，投资主体需多元化发展；四是维护社区养老的体制不完善，各个职能单位都是以自己的个人兴趣为基础，各自独立，民政部门是唯一的支撑机构；五是专业卫生人员相对缺乏，专业化程度还有待提升，缺乏统一的训练与管理；六是在社会生活中，养老服务的总体质量较低，服务内容还不够丰富，老年人的多样化需求很难得到满足。

（二）机构养老服务的功能性不足

在养老机构中，由于收费较高、床位较少，且缺乏专业的服务人员，因此尽管老年人的需求很大，其住宿量却很低。养老院等养老机构的服务设施、内容和费用都与老年人的实际需求相差很大，其养老服务的重点是照顾老年人的日常生活，而忽略了他们的心理状况。

（三）养老资金支持不足

要达到养老的目的，不仅要有国家的政策扶持，还要有巨额的资金投入。但是，长期以来，地方财政收支不平衡，造成了在社会保障等方面的投资力度不足。原本就不够充分的养老资金被随意挥霍，没有从根本上改变老年人的生活条件。此外，受当前经济和社会发展的限制，养老保险补助的覆盖面很窄，大多数都是以相对贫困的人口为主，并不能惠及所有的老年人，导致养老保险制度的缺失和福利制度的缺失。

（四）基础设施差，服务水平低

近年来，各地区陆续设立了一些老年人活动场所，购置了不少的设施，然而，由于费用相对较高、设备条件和相关服务相对较差、维护不及时造成设备故障率高、设施所处的活动范围与老年人需求不匹配等原因，养老设施的使用效率不高。目前，我国的护理工作人员学历较低，专业技能水平较低，尽管他们可以做一些简单的工作，但是很难做理疗、康复等专业的护理，从而影响到护理的质量。

适当的社交活动能够促进老年人的身心健康发展，从而改善他们的消极情绪，因此，开展老年人体育锻炼活动非常重要。但是从长远来看，城市社区或街道所开展的各项体育活动，通常都比较单调，缺少创意。在开展的过程中，由于缺少有效的组织和指导，老年人参与活动的积极性不高，乡村社区的体育锻炼活动更是几乎没有。

(五) 老年人就医困难

在中国，“看病难”问题始终存在，产生这一现象的原因主要有四点：一是医院的病床数量和周转量都比较少，但是老年人的治疗和护理时间往往比较长；二是我国的养老院大多位于偏僻地区，医疗设施也不完善；三是在养老机构中，医疗保健和护理的内容并不是很完整，多是针对健康老年人的保健和慢性病患者的治疗，对于一般性的患病老年人缺乏规划；四是我国目前的社会医疗保险基金由社会统筹和个人账户两方面组成，普通门诊主要依靠个人账户，由于没有进行长期资金储备，老年人的支付能力相对较低。

(六) 老年人缺乏精神抚慰

当前的养老保险制度中，硬指标多以老年人的温饱状况为标准，无论是居家养老、社区养老、机构养老还是异地养老，其主要目的都在于“吃”与“住”，而对老年人心理健康的重视程度较低。老年人是有物质需求的真实的个人，但如果缺乏精神抚慰，会使他们的心理状态变差，心理上感到孤独。只有让老年人的健康状况得到改善，才可以真正减轻国家和家庭的负担。

第三节 我国养老服务立法问题

一、我国养老服务立法的必要性和可行性

(一) 养老服务立法的必要性

要使我国的养老服务事业得到快速发展，既要得到国家法律法规的认可，又要有相应的法律法规来指导。从推动养老事业发展的视角来看，要使我国的养老事业更好地为社会主义事业发展做出应有的贡献，就必然要做到有法可依。这是由于在养老服务市场化和社会化过程中，法律制度的实施是必要的，也是实现养老服务社会化和市场化的重要保证。随着社会的不断发展，养老事业的发展也越来越迫切，我们迫切需要制定一套完整的法规来指导、规范和保障养老事业的发展。从世界各国养老事业的发展趋势来看，制定、颁布和实施有关的专门的养老法律法规，不仅能基本确定我国的养老服务法律制度，保障老年人的合法权益，还有利于养老服务事业的健康发展，进一步促进养老服务的法制化和规范化。因此，养老服务专项立法具有重大意义。

1. 解决养老服务突出问题的需要

养老服务是一种新兴的行业，它在国内的知名度很高，但发展形势却较差。从国内外的发展情况来看，制定相关的养老法律和政策将有助于推动我国养老事业的发展，从而提升我国政府机构的地位。我国要建立健全的养老服务体系以及养老服务的市场化运作体系。

近几年，我国的养老事业发展较快，取得了很大的成效，但也产生了一些问题。比如，我国的养老服务供需矛盾比较严重，社会养老服务的发展还不够完善，相关税收、土地等扶持措施的实施力度不够，养老服务的价格形成机制还不完善等。这些问题必须尽快得到妥善的处理，方能使我国的养老事业得到更好的发展。目前，国内立法中只有《中华人民共和国老年人权益保障法》对老年人的福利制度做出了较为明确的界定，但其中并未对政府的资金支持比例、社区养老设施的建立与完善、从业人员的资格条件等做出具体的规范。为了尽快、切实地处理好养老服务中存在的问题，加快发展养老服务行业，使养老服务发挥其健康、幸福养老的功能，我国政府还需针对养老服务进行专项立法，特别是针对社区养老和居家养老服务的规划、服务设施的完善、机构养老服务的建设以及养老服务市场的培育和繁荣等方面进行专门规定，确保从法律法规层面确定养老服务的法律地位[5]。

2. 弥补现有政策手段不足的需要

在当今的社会中，法律制度是社会活动顺利进行的先决条件和保障。只有通过立法、制定和完善养老法律法规、健全养老服务法律体系，才能保障养老服务的合法性，实现养老服务的法治化，也才能充分调动人们从事养老服务行业的积极性，保障老年人的合法权益，促进养老服务的发展。

目前，我国养老服务法律法规还不健全、规制手段还较单一，主要是依靠国家的政策实施，政策的任意性难以为养老服务提供强有力的保障，从而使养老服务长期处于无法可依的状态，这种现象的存在无疑是与现代社会的法治精神背道而驰的。尽管如此，我国现行的养老服务规范性文件仍存在诸多缺陷，难以有效地保障养老服务事业的健康发展。

3. 建立健全养老服务规范体系的内在要求

“养老保险法”是我国养老制度中的一项重要内容，其制度的健全与其职能的发挥是分不开的。然而，目前我国法律学界和立法机构对养老保险立法的关注度还不够。从理论上讲，很少有学者对养老保险立法进行研究。在我国的立法实践中，我国现行的养老制度虽然存在着一些“养老”的影子，但其具体的制度不是散落在少数的法规中，就是仅以部门规章、指导意见的形式来制定，很难反映出它的整体性、系统性和重要性。造成这一现象的原因有两个：一个是由于国内对养老保险的专门立法研究不够，理论依据比较薄弱；另一个是由于国家立法对养老保险的重视度不够。

养老的特殊性使我们必须清醒地看到，我国的养老立法不仅是对我国养老事业发展的现实要求，更是对我国养老制度的完善。我国的养老保障体系应该是一个健全和完善的体系，而不应该是分散、落后的体系。在我国目前的养老制度中，还存在着诸多不完善的问题，我们应该以包容、积极的心态去改变和创新，使我国的养老法律制度更加符合时代发展的要求，从而实现与时代同步发展的目标。为了改变目前我国养老服务体系不完善、不统一的状况，相关部门应构建一个系统、规范的养老服务体系，完善养老服务制度，以实现社会养老服务的管理规范化，从而更好地发挥养老服务的作用。

（二）养老服务立法的可行性

发展养老服务，培育和繁荣养老服务市场，培养养老服务专业人才，推动养老服务法治建设，既需要从本国实际出发考虑问题，也需要借鉴发达国家和地区有关完善养老服务法治制度的成功做法。养老服务在我国虽然起步较晚，发展水平不高，但在国家政策的大力支持和社会各界的积极参与下，成果显著，已具备了丰富的养老服务实践经验。从理论研究上讲，学者们也给予了养老服务更多的关注。在结合本国国情的基础上，学习、借鉴发达国家和地区的成熟经验和成功做法，不但对丰富我国养老服务法治理论大有裨益，而且对构建养老服务规范体系也大有启迪。通过理论与实践相结合、立法技术逐渐趋于成熟以及对发达国家成功做法的有益借鉴，为我国养老服务专门立法提供了可能。

1. 规范依据养老服务规范性文件

政策文件对我国养老保险法律制度的制定起到了重要的指导作用。如果仅从规范文件的数目来看，目前我国已经有 400 多份与养老有关的规范性文件，这是一个相当庞大的数字。其一方面体现了养老服务的内涵和问题的复杂性，另一方面也体现了我国在制定养老服务规范方面积累了大量的经验。这些不同类型的养老保险制度是由中央与地方政府立法机关、相关部门从不同的视角来制定的，而我国的养老立法则是从整个社会的角度对涉及的各种问题进行专门的法律规制的。因此，本书通过分析、整合现行的有关规范文件，归纳出目前我国养老服务规范存在的问题和成功的经验，将其直接提升到国家立法层面，从而使我国现行的养老法律法规成为最直接、最重要的参照。随着我国养老保险制度的不断完善，我国在养老保险方面的立法技术也将不断完善，既可以为我国的养老保险立法提供直接的支持，又可以节省立法资源，提高立法的科学性。

2. 养老服务理论研究和实践经验

养老服务及其相关理论研究为养老服务立法提供了理论基础。对于养老服务，理论界从多个方面展开了讨论，并有了较多的研究成果，对包括养老服务的概念在内的几个基础问题，也逐步达成了共识。从理论上看，人口老龄化理论指出，老龄化问题日益严重，老年人数量不断增多，这不仅给老年人的养老需求带来了挑战，而且说明了老年人已经成为一个潜在的消费市场。老年人需要理论认为，随着人们生活水平的不断提高，老年人对养老服务的需求越来越大，对养老服务的品质和层次的要求也越来越高，这就必然需要养老服务向市场化发展。市场失灵理论认为，市场经济中存在着自发、盲目等因素，导致社会养老服务存在诸多问题，但不能仅靠市场本身的作用来解决，还必须借助市场外部的力量，才能有效弥补市场的缺陷，实现社会资源的合理配置。同时，养老产业理论和服务型政府理论也逐渐完善，并为养老保险立法提供了理论依据。

理论研究是我国养老立法的基础，而实践经验是我国养老立法的主体。没有经过实践的验证，就是一个空洞的灵魂，而我国的养老服务实践则是养老保险立法的现实依据。改革开放以来，我国的养老事业发展迅速，逐步向市场化、社会化发展，我国也初步形成了以家庭养老为基础、社区养老为依托、机构养老为支撑的多元化养老服务体系，服务内容涉及生活照料、医疗保健、心理保健、文化娱乐等多个方面，养老服务取得了显著成果。在发展养老事业的同时，各地也在积极探索符合国情的养老服务模式。

二、我国养老服务法的构建

（一）养老服务法的定位

1. 属性定位

养老服务法作为一种新兴的法律制度，对于完善养老服务制度、维护社会稳定具有重要意义，它直接影响着养老服务行业的健康发展。在成文法国家，公法与私法的区分以“法益”为基础，而法界则更注重其调节对象。因此，养老保险法究竟属于哪一类型的法律，主要是由其所保障的法律以及其调节的对象而定，同时，法律责任制度也具有一定的参考价值。因此，我国可以将养老法律纳入经济法范畴。

（1）从我国养老法的立法角度来看，我国的养老法既要强调服务与产品的供给与接受的平等关系，又要在保护弱势老年人、发展弱势产业、促进社区建设与发展方面发挥重要的作用。

（2）就养老服务法律的调整对象而言，调整的内容包括：一是企业、个人、其他组织、老年人，以及服务或产品的购买者与老年人、服务或产品的购买者与消费者之间的社会关系；二是为了规范和发展养老服务，促进养老服务市场的发展，政府利用经济手段调节养老服务机构、组织的运行、管理过程中发生的经济管理关系。第一种是平等权利关系，第二种是从属关系。养老保险法所规定的目标，应该是其经济法律性质的直接反映。“经济法”是一种统称，它指的是一种具有全局性、社会公共性的经济关系，是以克服市场失灵而进行的一种调节。因此，我国的养老保险法将在我国产业调整和产业发展法律体系中占有举足轻重的地位，并对我国的宏观经济管理法律制度建设起到积极的推动作用。

（3）法律所确定的法律义务也能体现其性质。根据养老保险法的基本原则和现行的养老法律法规，违反养老保险条例的相关法律法规，应当承担相应的民事、行政、刑事法律责任。因此，我国的养老保险立法应当包括全面的法律责任，既要保护个人利益，又要考虑整个社会的利益。

2. 层次定位

一个企业或行业要想获得大众的认同，除了要通过国家法律的承认外，还需有一套可以实施的法律来加以规范和指导。《中华人民共和国老年人权益保障法》中有关养老服务的相关规定，说明我国的养老制度已被法律承认，但这是一项基本的制度规范，无法对实际工作起到一定的指导作用。我国的养老保险制度在经历了几年的发展之后，迫切需要一部系统性的专门法规来对其进行规制和指导。

按照我国养老服务的发展方向及养老服务的现实需要，专门的养老服务法律规范可以极大地促进和规范养老服务的发展，提高养老服务的社会地位，特别是通过立法确立养老服务的各项制度，可以保障养老服务的健康发展。

（二）养老服务立法的基本思路

1. 法律名称

在法律名称的选择上，不仅要反映调整对象的特点，而且要反映出时代性。至于养老保险法的名称，有养老服务法和养老服务促进法两种，两者都是对养老服务进行规范和调整的法律法规，没有太大的不同。但是，就目前的养老服务发展状况来看，养老服务还处于市场化、产业化的初级阶段，其产业化程度较低，社会参与养老服务的积极性也较低。我国目前尚无具体的养老服务法律法规，但现行的养老服务政策文件中，往往会用到“促进”两个字，以体现“推动”的含义。

2. 立法目的

立法的目的是指，由国家通过法律规定的方式来确定其所要达到的目标和所要达到的效果。我国养老保险立法应当先确定我国养老保险制度的目标。立法有别于下意识的自然法则和社会法则，而是立法主体按照社会需求，自觉地、有目的地创造法律，是立法者的意志的表现。任何一项立法都是以特定的利益为驱动力，以满足某些特定的社会主体的利益需求，为此，立法机构必须设置特定的立法目标。在确定了立法目标之后，再根据立法技术的选择，制定出适合我国国情的养老法律法规。我国的养老保险立法目标是：为应对人口老龄化、改善养老服务管理环境、推动养老事业健康发展，充分发挥其对国家和地区的重大影响。

3. 法律原则

按照一般理论，法律原则是一种具有综合性、指导性特点的价值标准，它为法律的法则提供了一定的依据或来源，是反映法的一定内容的法律活动的指导原理和准则。法是法的核心，是法的价值取向，是法的价值观念与其他各种制度的和谐与稳定，是立法、司法、守法的立足点。养老服务促进法的制定，应当从确立其基本原则入手。养老服务促进法的基本原理反映了养老服务促进法所规定的社会关系所要达到的目的和所追求的理想，它应该贯穿于整个法律的基本价值取向，制定具体的养老服务法律规范，并为具体的养老服务制度设计提供依据。

4. 法律结构

养老服务促进法是《中华人民共和国宪法》和《中华人民共和国立法法》中的一项重要法律制度，其立法主体应当是人大常委会。养老服务促进法作为养老服务法律体系的基础、支柱，它对我国养老服务的发展起到了指导性作用，因此立法机构在制度建设上要做到更加全面、具体，包括养老服务的种类、从业人员的资格、养老服务提供者与老年人的权利及义务等诸多方面的规定，以及养老服务项目类型、机构设置和职责、经费来源和监管制度、人员管理制度和法律责任等内容。基于此，本书共分八章，具体内容包括：第一章养老服务的现状及立法，主要包括养老服务及其制度、养老服务的现状、我国养老服务立法问题等内容；第二章养老服务发展中的政府职能与财政税收问题分析，主要介绍了养老服务供给中的政府职能、养老服务业发展中的财政政策问题和民间资本参与养老服务业税收激励机制；第三章社会企业参与养老服务的发展，针对社会企业参与养老服务发展进行了理论分析，并提出新时代我国社会企业参与养老服务发展的问题与对策，认为社会企业与政府资源是互相依赖的；第四章社区居家养老服务的发展，主要介绍了社区居家养老及其服务标准、社区居家养老服务供应链的管理和我国社区治理背景下养老服务业发展机制不断完善；第五章农村养老服务的发展与创新，主要介绍了农村居家养老服务及其法律制度、农村养老服务模式的创新和农村“空巢”型老年人养老服务模式的创新；第六章医养融合养老服务发展研究，主要介绍了我国医养融合养老服务的体制、医养融合养老服务的组织机构资源冲突和医养融合居家养老服务面临的问题及发展对策；第七章吉林省养老服务产业的发展及创新，主要介绍了吉林省养老服务产业的发展、吉林省养老服务产业的保障机制、吉林省农村养老保障体系的建设和吉林省供给模式创新及“三位一体”的居家养老服务模式；第八章养老服务业的未来发展与创新，主要介绍了养老服务的智能化及实现、高端养老服务业的发展和“互联网+”背景下的居家养老服务[6]。

（三）养老服务法的具体设计

养老服务法是养老服务的法律保障和直接法律依据，通过科学的制度设计，可以更好地发挥养老服务法服务老年人、服务社会的作用。

1. 保障与激励制度

目前，我国的养老保障体系和激励体系还不完善，是制约我国养老事业发展的主要障碍。尤其是国家在土地、税收等方面的优惠政策执行困难，退休人员的待遇较低等问题。因此，养老服务法在制定保障与奖励制度时，应当从财政保障、优惠制度落实、人才保障等几个方面入手。

（1）关于经费的来源和保障，我们应该采取以下措施：一是政府的金融支持。各级财政应当设置专门的养老服务项目，专门用于支持养老事业的发展；财政直接拨款，专款专用；要想得到更多的资金支持，就必须充分发挥各级各类机构的作用，积极引导民间资本、外资进入养老机构，逐步建立起多元化的养老服务投入体系。二是通过税务政策来支持社会福利事业发展基金捐助的工作。三是信用金融的相关法律法规，金融机构要加大对养老服务的支持力度，着力改善金融服务，转变服务方式，强化服务意识，提升服务品质，扩大信贷抵押担保物范围，积极支持养老服务领域的信贷需求。四是通过财政贴息和小额贷款等手段，在养老服务领域增加有效的信用投资。五是要强化养老机构的诚信体系，增强信贷资金和私人资本的吸引力。六是逐步放开对养老机构的限制，并鼓励和扶持保险基金进入养老机构，推行“反向按揭”老年住宅的试点。

（2）对养老服务人员的管理。养老服务是一种以发展养老服务、满足其需要为主要目的的特殊社会性经济活动，应该区分主次，不能以养老服务为手段，而应该认识到，仅靠养老服务才能促进就业。尽管养老保险行业可以提供更多的工作岗位，其福利却不如其他行业，但是这并不代表他们对这个职业的需求不高。基于养老服务自身的特殊性，需要提高从业人员的专业素质和技术水平，因此，必须通过完善养老服务从业人员的资格考试、职称评定等制度，在高等院校开设养老服务专业，加快培养一支专业素质强的服务队伍，使养老服务朝着专业化的方向发展。

（3）土地、税收等优惠政策。一是关于土地利用的优惠政策。养老服务法可以明确提出，建立养老机构的土地利用制度，由县级以上人民政府和国土行政主管部门制定健全的土地激励政策。在土地规划与利用上，要以满足养老服务的土地需要为重点，保证基本的养老服务用地。“公办”“民办”两类养老机构享受同等优惠。二是税收激励机制。养老服务法可以明确提出，国家对养老机构实行税收优惠政策，县级以上人民政府和税务主管部门应当建立健全税制，对企业的养老服务征收50%的税费，对其他行政收费减免或减半征收。三是在水、电、煤气供应方面，应实行与居民生活水平相同的价格。外资设立的养老机构，按照国内标准统一执行。四是财政补助。养老服务法应明确提出，国家对养老服务实行政府定价或政府指导，并根据工资、物价等因素的变动，对其进行补助。

2. 市场开拓

养老服务市场是为老年人提供服务和商品的地方。要使我国的养老保险事业得到有效的发展，相关部门必须建立健全市场机制。因此，养老服务法要在开拓老年市场、发展老年产品、发展养老服务业集群等方面做出明确的规定。

（1）开拓老年市场。养老服务法应当明确指出，政府在推动我国养老服务市场的发展和繁荣方面具有重要作用。政府相关部门、机关要积极引导，打破传统的服务范畴，并将体育锻炼、休闲娱乐、文化教育等纳入养老服务的范畴。

（2）发展老年产品。养老服务法可以明确指出，国家鼓励和支持养老服务企业、机构在满足老年人的基本服务需要的基础上，开发适合老年人的各类服务，开发各类老年产品，在社区、超市等市场上设置老年产品专营区，鼓励金融机构开发老年金融产品、理财产品。

（3）发展养老服务业集群。养老服务法可以明确指出，县级以上人民政府及其有关行业主管部门，应当按照当地经济发展和老年人的需要，加快制订发展计划，支持中小企业的发展；培育龙头企业，推动发展养老服务业集群，积极营造安全有序、诚实守信、高效便捷的消费环境。

3. 价格机制

鉴于目前我国的养老服务价格偏低，国家监管力度过大，致使我国的养老服务业产业化发展速度有所放缓。因此，养老服务法应提出以下几点建议：

（1）定价机制。国家养老服务价格应由国务院物价主管部门统一领导，由县级以上物价主管部门承担。政府定价、政府指导价和市场调节价是我国养老保险市场定价的重要组成部分。对非营利机构，实行政府定价；对中等和低档的营利性机构，实行政府指导价和市场调节价。

（2）价格听证会。各地物价主管部门要结合当地经济发展水平、养老服务市场供需状况、养老服务费用等因素，建立健全养老服务定价体系；对养老服务实行政府定价或指导价的，由物价主管部门会同养老服务机构组织价格听证会，并就养老服务经营者、老年人（消费者）、老年协会和相关单位进行协商，论证其可行性和必要性。

（3）对物价的控制和监管。相关部门应建立健全完善的养老服务定价机制，规范养老服务市场。县级价格管理机构负责监督市场价格的变化，在价格波动较大的时候，可以采取财政补贴、限制最高价格等措施进行干预。各级人民政府物价管理机构在负责对社会养老机构的收费管理工作时，应依法受理和处理各类价格违法案件。

4. 监管与评估机制

目前，我国养老机构监管与评价体系尚不完善，存在着许多问题，如“多头监管”“政出多门”“标准不一”。因此，相关部门应当从下列几个方面制定养老服务法：

（1）分工合理，相互配合。养老服务涉及民政、卫生、建筑等多个方面，根据我国的职能分工对其进行监督，必然涉及各方面的协调工作。应由国务院负责拟订和指导全国老龄事业发展的总体规划，国务院主管老龄工作的部门组织实施国家老龄工作方针和规划，对全国老龄工作进行综合协调、指导和服务；县级人民政府民政部门负责养老服务管理；财政部门负责统筹安排；审计部门负责管理养老服务基金的使用情况、经营状况，并进行审计监督；工商、卫生行政部门负责监督检查养老服务机构的运行及卫生情况。各部门要加强合作，形成一个统一的监督体系。根据职责分工，受理举报，一经发现，依法追究、处理。

（2）评价体系。我国目前的养老评估制度尚不完善，评估主体、评估内容、评估标准均不统一。养老服务法可以明确提出，要在全国范围内建立一个统一的养老服务评价制度。民政部门可以设立评定委员会，配备专门的评估师，并运用国际公认的评定方法，制定一套全国性的评定标准。县级以上人民政府民政部门可以设立地方养老机构评价机构，对当地的养老机构进行评价。评估机构的评估师须为具有多年工作经验的相关专业大学毕业生，并接受专门的培训，主要是针对老年人的生理、心理、生活自理能力、认知能力等进行培训，以便为老年人选择合适的养老服务和产品提供科学的参考。

5. 法律责任

法律责任是指违法、违约或发生特定的法律事实，但责任主体必须承担相应的法律后果。明确法律责任，对保障司法目标的实现具有重要意义。养老服务法的出台，对推动我国养老事业发展具有重要的现实意义。要保证国家机关和养老机构的经营者依法办事，就必须明确自身的法律责任：

第一，国家相关部门的法律责任。若有民政部门和有关单位及其工作人员滥用职权、玩忽职守、徇私舞弊的，应对直接责任人给予依法处分；构成犯罪行为的，要移交司法机关处理。

第二，社会保障机构的法律责任。首先，违反本法条例的养老机构，未经批准、注册，擅自经营老年人相关产品的，由民政部门、有关部门责令其停止经营；有违法所得的，没收违法所得，并处 1 倍以上 3 倍以下罚款。其次，对违反本法规定的养老机构，提供虚假资料、非法取得经营资格的，将依法予以吊销；对有违法所得的，予以没收，并处 5~10 倍以下罚款。再次，违反本法规定的养老机构，不按照国家有关规定使用养老基金或将其挪作他用的，应当由民政部门或者其他有关部门责令其改正，并依照法律予以惩处。最后，如果经营者违反了本法和养老保险合同的有关约定，且其所提供的产品、服务不能达到法定的程度，消费者可以按照消费者权益保护法的有关规定对其进行索赔。

第二章　养老服务业发展中的政府职能与财政税收问题分析

第一节　养老服务供给中的政府职能

一、养老服务供给

（一）养老服务供给在养老保障实现中的作用与意义

事实上，老年人要想获得社会养老服务就必须具备一定的经济能力，“养老保障”就是为了实现让老年人获得养老服务的主要途径之一。在我国的基本养老保险体系建成后，绝大多数老年人能够得到退休金，并有了购买养老保险的需要。“养老保障”是一项基本的社会福利制度，也是一种有效的社会福利制度。目前，我国对老年人的养老保险供应已经远远跟不上老年人的需要，购买养老服务的人数出现严重短缺，这也是目前和今后我国迫切需要解决的问题。政府、社会、市场三方面应该协同发展，这样才能更好地解决老年人对养老服务的需求。同时，由于老年人的经济状况各不相同，我们应该对老年人的养老需求进行分层，并构建一套多层次的养老服务供应系统。在这套系统之下，每个有需要的老年人都可以买到与他们的经济水平相适应的社会养老服务，使他们能够“老有所养”，这也是养老服务供给在养老保障实践中的真正作用与意义[7]。

（二）养老服务供给的类型与模式

虽然我国在政府的扶持下，目前的养老服务业已经有了相当丰硕的成果，并且已经形成了一个多层次的养老保障系统，但是老年人日益增长、不断变化的需求依然很难得到有效解决。《中国养老机构发展研究报告》指出，当前我国养老机构的供应结构呈现出“两头大、中间小”的“哑铃型”，即低收费、低层次的低档养老院和高质量、高收费的高档养老院所占据的市场比例较高，而真正满足广大中等收入老年人的需求量和消费能力的中档养老机构所占据的市场比例较低。今后，我国的养老服务供应将以提高中等收入老年人的经济能力为目标，从“哑铃型”转变为“橄榄型”的供应模式。要完成这种转型，我国就需要明确养老机构的正确位置，按照其提供的方式进行分类，明确政府和市场各自的职责、地位和作用，以达到优化配置的目的。

1. 全营利型养老服务模式

在城市居民中，收入超过平均收入水平的老年人，往往追求较高的居住品质，而市场化的养老服务供应能够很好地解决他们对养老的高层次需求。公益性社会养老机构以私营机构为主要提供机构。私营企业在追求利益的同时，为老年人提供高水平、个性化的养老产品，是一种全营利型养老服务模式，其以康复中心、疗养院和养老社区等高档次的养老机构为主。在新的社会发展趋势下，发展全营利的养老服务，可以最大限度地发掘中高收入人群的潜在需求，并将其作为一个新的发展空间。

2. 半福利、半营利型养老服务模式

目前，我国的老年人口多是中低收入人群，他们的收入主要来自离（退）休金，经济状况相对较好，但购买能力相对较弱，所以他们最需要的是性价比较高的中档养老机构。而“半福利、半营利”的养老服务模式，则是针对年收入超过全国贫困线但又不能达到平均收入水准的低收入老年人群，为其提供基本的保障。我国目前的养老保障体系由政府和私营两部分组成。公立福利机构在公营养老服务市场中，将一部分病床低价让给社会上的老年人，通过牺牲一定的社会效益获得经济效益，以此来维持机构的运作。我国大部分的中低收入老年人，因其自身的资源不足，单靠政府的力量是不能完全解决其养老需求的。为此，我国还建议开展社会保障制度的社会化，并通过土地使用、财政补贴和税费减免等方式来支持民营企业的发展。在这种情况下，私营企业的社会团体在工商行政管理局、民政部登记设立了私营的养老院，以固定的价格向老年人提供中低档的养老服务，这些机构的收入来源于人民缴纳的各项服务费和国家的补贴，其收益很少，甚至连盈利都没有。然而，由于缺乏足够的经费，很多私立养老院都是小型的，其所能提供的服务种类较少、品质较低，无法满足老年人的需求。因此，要想在社会中存活和发展，就必须采用较低的价格，或是通过提供多种多样的方式来吸引那些需要照顾的中低收入老年人。一般情况下，各大企业的营业利润都只够维持较高的营运费用，有时还会面临无法弥补的困境，难以提升其服务品质，长期来看，只有被市场淘汰。为了解决这一问题，我国政府已经着手探索和推动以公立机构为主、私营机构为辅的新型社会养老服务模式，并逐渐建立起公办民营、民办公助等 PPP 模式（政府和社会资本合作）。

近些年，我国各地纷纷开展 PPP 模式建设，各国政府对 PPP 项目的热情高涨，然而，社会资金却从最初的狂热变成了后来的“理智”。PPP 项目的筹资困难有多种因素：一是需要大量的资本。PPP 模式的融资需求很大，动辄要上百亿元。二是 PPP 模式的收益周期很长。从投资的角度来说，这种项目的时间很长，而且有很大的不确定性，这会给公司和银行造成很大的损失。三是 PPP 项目的回报是有限的。在基建方面，很多 PPP 项目都是非营利性的，只有通过财政的资金支持才能获得一定的利润[8]。

目前，中国 PPP 模式的立法体系及纠纷解决机制尚不健全。因此，在社会资金的投入过程中，相关机构既要承受巨大的风险，又不能以发行股票等方式进行融资。总之，PPP 项目的资金需求和高风险性，必须区别于其他的社会资金。

从本质上讲，产业投资基金就是一种金融中介，由国家设立资金，以股份方式引入民间资金，参与到基建工程中来。PPP 模式是指通过特许经营权、合理定价和财政补贴等预先公布的协议收入，保证投资人获得稳定、长期的利益。根据协议规定，国家对投资人或特殊用途公司承担相应的法律义务，如特许经营权、合理定价、财政补贴等，不承担任何投资人或特殊用途公司的债务偿还义务。

在实践中可知，许多省份通过政府的引导，建立了一个行业的投资基金。其运作方式为：财政部门与当地政府联合组建一支专项资金，与当地的公司（通常为原资金来源）联合组建一个项目公司或一个项目，对基础设施进行投资。

目前，我国 PPP 行业的投资组合形式有三种：一是由省政府投资设立一个专项基金，然后用这个基金来吸引金融组织的投资，共同组建一个产业基金的母基金。每一个国家的申报都要经过政府的审批，然后当地政府作为劣后级，母基金作为优先级，杠杆比例大多为 1∶4，母基金承担主要风险，项目需要通过省政府审核。二是由各大银行和国有企业共同出资组建，通常是金融公司作为 LP（有限合伙人）的首选，国有企业和平台公司负责 LP 的二级市场，金融公司委托的私募基金经理负责 GP（普通合伙人），这样的话，整个融资体系就是以银行为主体的。三是具备建筑经营实力的企业出资设立一个行业投资公司，这个企业通常具备一定的施工及经营资质，与国家签订合作框架后，由银行等金融组织组建一个有限的合作基金，进行项目的对接。

PPP 养老基金通过对民间资本的引进，可以减轻政府的财政负担，使其有更多的资金投入养老事业中去，适当的市场化竞争可以有效地促进社会保障的供应，为更多的中低收入老年人提供更多的社会福利。

3. 福利型养老服务模式

在我国的社会保障体系中，福利型养老服务模式是建立在社会保障制度的基础之上的，它主要针对城镇“三无”“五保”等低收入老年人群。这些老年人是最脆弱的群体，他们没有退休金，只有等待着国家及政府的支持。能为老年人进行养老服务的，必定是非营利性机构，但这又违背了社会资金追逐利润的天性，所以很难有私营公司去参与。目前只有少数以“人道主义”为宗旨的非营利性机构为老年人提供了“免费服务”，但是因为经费不足，所能得到的老年护理数量和质量都不高。在这种情况下，老年人的养老服务应该由政府来承担责任，为中低收入老年人提供最基础的养老保障。目前，我国的社会保障体系以公立养老机构为主，接收孤寡、残疾等特殊困难群体，其所需要的资金均为国家财政拨款。公立养老院要以“救助型社会”的身份为基础，以其有限的资金支持更多的弱势群体，体现出社会救助和社会公益的理念。然而，我国社会福利事业并非绝对无偿，在不同的费率水平上应当有所差别。公立养老院为特困老年人提供了基本的医疗保障，而在低收入和其他特定人群中，可以低于市场准入的政府指导价格为基础收费。

（三）养老服务供给中的政府职能与作用

养老问题是一个国家和政府的重大民生问题，面对人口快速增长的人口老龄化社会，如何有效地改善养老服务供给，为近 3 000 万人供给养老服务成为当务之急。长期以来，我国主要以“家庭”为主体，将“社会养老”仅视为一种福利，而“以政府为主体”的形式，采取了以“国有”或“集体”的方式对某些特定老年人进行“养老”。伴随着我国改革开放以来的经济发展与社会转轨，人口老龄化程度日益加剧，以子女为主体的家庭养老方式所具有的养老作用正在减弱，更多的老年人选择到养老院安度晚年。随着我国老龄化进程的加快，我国目前以国家为主导的养老保障制度的建设和发展已成为必然。“养老服务工业化”是将原来由政府管理的养老服务的一部分交给市场，并按照商品经济交易的原理，将其变成一种营利性的生产和运营活动。近年来，我国的养老服务业已有了长足的发展，其提供主体为政府、市场、社会，在满足众多老年人需求的同时，养老服务产业作为一项新兴的综合性第三产业，也成为我国经济新常态下的重要经济增长点。然而，我国目前的养老资源供应情况和老年人的需求差距还很大，且存在着严重的结构不平衡现象。要提高老年人的服务供给总量，切实满足老年人的养老需求，我国就必须明确政府、市场、社会三方面的责任，并在此基础上，通过对功能的补充，使各成员能够分工合作，为老年人提供可以满足其养老需求的优质服务。

我国的养老服务业发展必须坚持以工业化为导向，而不能与其他行业一样，全面走向市场。由于其“社会福利”的性质，其终极服务目标是以整体收入较少的老年人为主，所以要合理地约束和调节养老“产业化”与“福利化”。政府是社会保障这个重大问题的第一负责人，应该正确地把握各种类型的“福利性”和“市场性”。作为引导和支持机构，政府应在宏观层面上对养老服务业进行统筹规划、合理布局和适度监管，为企业的发展创造有利的外在条件。在宏观层面上，相关部门要通过建立健全产业准入与退出制度，制定行业标准，构建有效、真实、统一的养老服务平台，健全完善的信息反馈体系，以推动养老服务业健康发展，让更多的老年人得到符合自己意愿的养老服务，从而使社会的利益最大化。

二、全营利型养老服务模式中的政府管理职责

随着我国人口的迅速老龄化，我国的养老事业也将成为我国第三行业的一个主要组成部分。政府引导着养老服务业的发展，而全营利型的养老服务是市场化运作的结果。然而，这并不代表国家在整个养老服务模式及养老服务行业中没有管理责任，也不能完全不介入行业发展。虽然在全营利型养老服务模式中，服务对象以追求利益最大化为基本目标，但最终还是提高了养老服务供给能力，缓解了部分老年人的养老问题，同时也显示出了企业的社会责任感和一定的社会公益性。目前，我国的老年服务业还处在起步期，面临着很大的风险，很可能会被市场的激烈竞争挤压，急需国家的支持。但由于在全营利型养老服务模式中，高档养老机构往往是以公司名义进行登记的，与普通的养老机构、工商部门等不同，因而不能享受到国家提供的各种福利待遇（除了享受政府提供的特殊津贴外）。此外，一些地区甚至将此类组织视为非特殊的服务组织，因而未将其纳入本地发展计划。

（一）制订规划引导行业发展

在行业政策层面，目前国内有关私营养老机构的立法和政策大多以其非营利性为基础，而有关养老服务业的政策多为指导性质和鼓励性质，在政策优惠、资金筹集等对养老服务产业发展影响重大的方面没有明确规定。建立产业化、市场化、营利性的养老机构的有关法规以及相应的政策，应该成为我国政

府下一步的工作重心。地方各级政府可以从资金筹集、税收优惠、财政补贴、医保定点等多个角度为养老事业的发展提供便利服务和政策扶持，健全行业主管部门的合作机制，做好政策落实工作，营造良好的投资环境，吸引更多的社会资本进入养老服务产业。

（二）加大支持养老服务产业的投融资力度

老年人庞大的市场需求对居民的消费增长起到了促进作用，而发展老年服务业能够推动产业结构的转变，成为新的经济增长点。老年人的需求存在着很大的差距，其发展潜力也是促使社会资金涌入老年服务业领域的重要原因之一。然而，在养老基金成立初期，高额的投资和高昂的运行成本，让那些拥有庞大资本的公司感到了巨大的经济压力。

我国的老年市场存在着“投融资”机制缺失、金融机构发展滞后、缺少专门的信用产品等问题。由于投资期限长、贷款难、收益率低等问题，很多养老机构难以在短时间内存活下来。相关部门要加强对老年服务行业的管理，促进其发展壮大，形成连锁化、规模化和品牌化；通过建立健全养老产业的多元化融资机制，增强融资机制和资金支持机制，可以有效地缓解我国养老产业融资难、融资险、融资贵的问题；通过建立养老产业投资基金会，加速发展养老服务企业，推动银行创新金融支持，为企业提供应急资金；主导建立企业、银行、基金会等多方参与的养老产业融资。

（三）完善相关法律制度建设

目前我国的社会保障制度和行业规范尚不明确，致使我国老年人福利事业的发展出现了较为混乱、粗放的局面，难以形成有效的管理机制。因此，要提高养老服务质量，我国必须建立健全社会福利制度，完善我国养老产业法律体系，对其地位、规范、范围、行业等做出明确的界定，以保证其发展的规范性和持续性，真正做到“有法必依”。

三、PPP 模式中的政府职责

如何正确处理政府与市场之间的关系？这是 PPP 模式的核心问题。私营企业应该在遵守相关的法律和政策的基础上进行投资和发展，以谋求个人的收益。而在 PPP 模式中，国家的责任是引导和支持、规范和监督，对双方的合作要有所放宽但不能松懈。

（一）国外 PPP 模式

1. 美国 PPP 模式：政府主导与市场结合

美国是全球最大的经济大国，它以国家的领导地位积极推动民间资本的投入，构建立体化、多层次的养老服务体系，实现福利化和工业化的有机结合，并使市场的功能可以最大限度地发挥作用。

（1）建立健全法律制度。美国已经制定了一系列法律，如《多目标老人服务中心方案》和《美国老人法》，以便为老年人的医疗机构、救助机构和养老机构提供合法的保护。美国有一个强有力的退休金体系，这就允许美国的养老体系可以大规模地进入市场。

（2）政府积极推动 PPP 模式，以吸引非政府组织和私人资金进入老年社会。目前，美国的养老院主要有三种类型的服务与经营方式：一是向团体或个人提供经费，政府聘请专门的人员来经营；二是政府自行提供经费，而经营则交予团体或个人；三是提供的经费由政府、团体和个人三方分担，经营则交予团体或个人。

（3）开辟新的金融通道，培养新的市场势力中。一是美国的养老服务体系可以通过多种形式的金融服务途径保障老年人福利事业的健康发展。为了提高老年群体的可负担性，一些理财产品应运而生。二是养老服务公司的成长速度较快。目前，美国养老服务的发展速度比过去要迅速，这是因为出现了一批拥有优良的管理、运营技术和运作能力的养老服务公司，这也是促进养老服务市场化运作的有效途径。三是在美国社会的发展中，顾问的不断改进发挥着“专业谋士”的功能。

2. 新加坡 PPP 模式：政府与社会分工配合

新加坡政府十分关注社会的发展情况，在面临人口老龄化问题时，政府从法律、政策等方面给予了一定的帮助，所以政府在这方面扮演了主导角色：一是从发展的角度出发，建立了相关的法律、规章制度，以保证养老服务的合法权益。二是建立了专门的组织来实现对老年人的统筹和有效的管理，这个小组由经济保障小组、卫生保健小组、就业小组、社会融合小组、健康护理小组、住屋小组、社会和谐小组七个小组从整体上解决了老年人所面对的问题。三是新加坡设立了“老人委员会”，以强化对老年人的照顾与护理，以确保护理机构的标准化。

3. 日本 PPP 模式：激发社会组织活力

日本是全球人口老龄化率最高的国家。日本的老龄化率远高于欧美等发达国家。鉴于日本老年人的年龄偏大这一特征，日本多采用“以社区为主”的方式，以家庭为中心，对其进行生活照料等。这是因为日本大部分老年人的活动和身体条件都很糟糕，所以他们在晚年需要更多的上门服务。日本为了缓和因提供个性化服务而产生的供求关系，积极动员义工团体加入服务组织中。

（二）国外 PPP 模式的有效借鉴

美国、新加坡、日本在养老事业方面的成功经验，可为我国社区居家养老 PPP 模式的发展提供有效的借鉴。

第一，确立了将“福利化”和“产业化”相统一的观念。在国外，人们把社会福利和工业化的关系视为一项公共服务。它以“社会福利”为核心，引进了“工业化”的理念，将“产业化”和“福利化”有机地融合起来，从而将企业的资金和非营利性组织纳入这个领域，形成政府、企业、社会组织与个人的有效合作平台。

第二，建立健全的法制制度。欧美国家对“合同”是非常重视的，而“合同”的精神是建立在健全的法制之上的。PPP 模式的顺利实施必须要有完备的法律支持，只有这样才能保证各方利益，才能有效地规避各种政策变动所产生的风险，才能保证 PPP 模式的良性运转。

第三，PPP 模式要在政府中起到引导和推动政府功能转换的作用。各国社会对老年人的养老行为进行规范和支持，是促进其良性发展的一个关键因素。PPP 模式是各国政府倡导的一种新型的合作方式，它可以实现政府和市场优势的相互补充，实现两者的有机融合。在推进 PPP 模式中，如何正确地确定政府的功能是十分关键的。此外，通过 PPP 模式的契约关系，将民间团体、民间企业等社会力量作为经营主体，能实现共享收益、合理分担风险的目的。

第四，要设立专业的 PPP 模式使得老年人的养老服务更加规范化。专业的引导和经营是 PPP 模式顺利运行和实施的一个关键保证。美国已经构建起一个遍布全国的老年护理服务体系，联邦政府保健和人事司下设九个地区办事处和老年人事务处。

第五，在养老机构中充分利用其公共利益。这是社会团体与公司不同的一个主要特点，它可以保障社会团体的福利，并弥补其在人力、经费等方面的缺陷。因此，各个国家都在积极地调动非营利性的义工。以日本为例，有一万多家为老年人提供服务的机构。大批义工的出现极大地缓解了日本的老年人口的压力。

（三）推进我国城市社区居家养老 PPP 模式的发展对策

1. 完善 PPP 模式下的政策扶持机制

社会资金一般都是追求利益的，没有利益就很难在一个行业中进行投资。要让更多的社会资金投入 PPP 模式中来，就需要确保私营企业在 PPP 模式中有足够的收益。PPP 型养老的私营企业尽管可以通过有偿的形式收回一部分资本，但是因为其主要面向的是老年群体，所以它们的收益不太稳定。在不增加养老费用的情况下，私营机构要实现收益最大化，就需要减少其提供的费用。在这种情况下，国家应该通过建立健全财政支持政策，以减少间接费用使私营企业减少养老保险的供应。

在不提高政府采购费用的前提下，政府通过简化其审批手续和流程，为民营企业节省了大量的时间和交易费用；通过构建一个真正的、公开的、开放的养老机构，为老年人的健康保险和社会保障体系建设提供了一个良好的互动平台；通过对政府和私营机构的信贷情况进行评估，增强了彼此间的信任感，降低了工程融资的费用，从而增强了项目总体操作的安全性。

在 PPP 模式下，政府应该加大政策扶持力度，具体措施包括：一是在减少直接费用的过程中，应采取适当的措施，改善其融资的循环利用机制，并在一定程度上实现对民营企业的有效投资；二是要积极推进政府间的工作合作，做好民营企业在 PPP 模式下的投资、税费、土地等方面的优惠工作；三是在土地上为老年人提供养老设施用地和行政用地，降低土地使用权的定价；四是在税费上要坚持实行政府对社会保障事业单位管理费用的减免，要适度扩大对社会保障的支持力度。

2. 加大居家养老的 PPP 模式应用力度

目前，我国 PPP 养老模式多应用于建设养老机构，在居家养老服务方面投入不足。我国长久以来的养老文化传统更加重视家庭养老方式，即便社会观念随着经济社会的发展在逐步转变，但是在同等条件下更多的老年人还是希望留在家中自主养老而非入住养老机构。长远看来，我国在老龄化应对策略上仍需以发展居家养老为主，以家庭为核心、社区为依托，通过政府、企业与家庭合作的 PPP 养老模式，为家庭养老的老年人提供专业化、社会化的日常生活照料服务。我国可以借鉴日本的成功经验，由地方政府独资或与企业合资，在每一万人口的区域内建立一个“居家养老服务中心”，为中心周围的老年居民提供家政、送餐、护理等上门服务；由政府单独负责提供的服务应以低收入老年人为主要服务对象，服务内容为基础性养老，收费标准根据接受服务的老年人的实际全部收入确定，最高收费水平不得超过市场收费标准；由政府与企业合作供给的服务可将中等收入阶层的老年人作为主要服务人群，为其提供个性化、专业化的养老服务，并按照市场标准收取相应的费用。由于老年人的主要生活场所与设施皆由家庭提供，政府与企业的前期建设投资压力较小，成本得以大大降低，因此可以更低廉的价格为老年人提供更好的服务，能够更有效地配置公共资源和社会资源，实现对传统家庭养老方式的补充和创新。

居家养老的 PPP 模式中最关键的一点便是养老服务的质量问题，要提高养老服务的质量，必然绕不开对养老服务专业人才的培养问题。当前我国养老服务行业面临着专业人才短缺、员工整体素质不高的问题，养老服务人员主要为下岗、低保人员，文化水平不高，也未曾接受过相关专业教育或系统培训，专业技能水平过低，严重影响了养老服务的质量。老年人不愿意花钱购买低质量的养老服务，政府与企业的投入得不到回报，PPP 模式无法可持续发展，养老服务整体供给量亦得不到提高，老年人的“养老难”问题便难以解决。因此，政府必须加强对养老服务行业专业人才的培养，建立一套行之有效的完整的专业人才培养制度，并配套相应的资格认证与职称评定制度。政府应当加强与高校、社会的合作，通过政策倾斜与经费拨付的方式鼓励高校开设“老年事业管理”相关专业，通过设立专业奖学金、学费减免等优惠措施吸纳优秀生源，通过资格认证、职称评定同工作待遇相挂钩的激励机制鼓励养老服务从业人员提高自身技能水平。

3. 完善相关法律法规建设

健全的制度可以为我国的老年社会提供一个有利的内部和外部的条件，从而对促进我国社会保障制度的健康发展起到积极的指导作用。PPP 模式是一种具有长远意义的长期合作关系，它要求建立完善的法律、法规和完善的监督机制，只有这样才能降低项目风险，确保市场投资的信息准确、高效，同时也要营造一个公平、公正的市场环境。PPP 模式的发展过程十分烦琐，目前世界上大多数的实践都是建立相关的立法或制定具体的指导方针及规范，一些大型 PPP 项目还会有具体的立法规定。目前，有关 PPP 模式的法律法规大多是各地政府和有关单位根据各自的实际状况制定的简易的法律法规，尽管有多种不同的法律条文，却缺少法律法规的衔接。虽然在现有的相关法规和政策的基础上，建立了相关的法律体系，从全国范围内进行了统一的立法，明确了合作伙伴选择标准、项目运作规则、风险承担和收益分配等方面的限制，避免了各种制度之间的冲突，避免以 PPP 名义进行集资，但实际上仍存在着“挂羊头卖狗肉”的情况。在存在利益冲突、承担责任等问题时，相关部门可为各方当事人的权益和责任承担问题提出清晰的法律基础，以保证各方的权益不被侵犯，从而为 PPP 模式的发展创造有利的制度条件。

PPP 养老计划以“软实力”为主导，应该按照老年人自身的身体状况对其进行分类，并制定相关的服务规范。但是，目前国内的养老标准主要集中在硬件建设方面，而软件服务水平则比较落后，很难按照现行的规范来建立一种能够反映社会生活水平的指标，因此很难进行有效的管理，从而制约了 PPP 模式的推行。目前，养老机构管理工作以民政部门为主，涉及工商、税务、卫生、消防等多个部门，表面上监督管理严格，实际上却是权力分散，各方面的配合比较复杂。在监督方式上，只有事后监督和紧急监督，监督工作落后，监督力度不够。这些因素造成了目前我国的老年人福利管理制度比较宽松。因此，相关部门要强化养老服务的软标准，制定具体的管理目标，设立一个对私营企业实施监督的第三方监督机制，以保证养老服务的合理运行，防止出现养老服务的“无效”和“不合理”的现象。在PPP养老保险的各个环节中，相关部门要成立专门的管理队伍，对其进行全程监督，并进行定量的评价，从而推动其规范化、专业化运营；要以政府、企业和公民三个层面的监督代替政府的封闭监督，提高政府的透明度，并建立起及时、高效的信息回馈体系；要定期且不定时地从老年人的需要和服务中得到反馈，评价私营企业在服务质量上的表现，从而促使企业不断改进并优化服务质量。

4. 创新养老发展理念

城市社区的居家护理不能简单地停留在饮食、卫生、生活等方面，也不应只限于理疗、体检、小病救助、心理辅导等方面。在城市现代化的居家护理PPP模式下，公共机构和私营机构应当发挥现代科技的作用，通过建设便捷高效的热线服务，提升社区居家养老的医疗服务水平，创新精神层面的服务类型，提高城市居家养老的医疗服务水平，为老年群体提供舒适的养老环境。

5. 加强服务队伍建设

社工助理等资格证可以作为一种最直观的证明，但在目前的社区中，这一类持证的老年人非常缺乏，因此政府和私营机构应该加大对退休人员的教育力度，鼓励他们主动进修，接受正式、系统的训练，并取得相应的学历。此外，政府机关要提升退休人员的工资待遇，出台相关的激励措施，加大老年服务工作的吸引力度，并积极吸引优秀的人才到城市社区养老机构中来，从多个方面提高老年服务队伍的素质。

四、我国福利型养老服务模式

我国的福利型养老服务模式是以“保基础、保底线”为主的养老保险制度，向相对贫困的老年人提供免费或低偿性的社会救助。社会救助形式的养老服务的目的是让老年人享受最基础的养老服务，它是一种非竞争性和非专用化的消费权利，属于纯粹的公共物品，应该是国家提供，并设定其服务主体的资格。相关部门要推行“一户一计”的扶持政策，加强对“因病致贫”的贫困家庭的扶持工作，对患有重大疾病、生活水平不高的老年人要加大扶持力度。这种特殊的服务对象是“三无”、“五保”、高龄、失独、失能老年人，他们是最需要照顾的群体，他们的生活是由低成本构成的。目前，国内的社会保障体系以国家设立公立养老院为主，接收符合条件的老年人。公立养老院是政府出资建设、政府经营管理的，其收费标准也是政府制定的。政府在土地、税费等多个领域给予了一定的支持，通过社保彩票的补助，公立养老院的病床数量也有了一定的增加，以确保在较高的收费水平下民办养老机构也可以正常运营。

全国各地的公立养老服务中心的运行模式不尽相同，广州、北京是最具代表性的。广州城区公立养老院实行“公立养老院登记审核制度”，为申请入院的老年人设置了三个排队等候的通道，老年人可根据报名时间的先后次序依次排队。这三个通道根据优先顺序分别对应“三无”“五保”老年人、低收入失能老年人和属于特定优抚对象的失能老年人，以及不属于前两种情况的其他社会失能老年人。其中，特殊保障通道的老年人在入住养老院期间不收取住宿费，由指定的养老院统筹安排；低收入、优先等待渠道的老年人，按广州市最低生活保障标准缴纳基本养老保险；优先等待渠道的老年人（特定优先事项），按政府定价；等待渠道的老年人按市场价由社会养老机构收取相关费用。北京市公立养老机构主要分为公立、民办两大类，该机构仅为老年人提供基本的养老保障项目，包括社会保障项目、贫困人口保障项目和特惠性保障项目。非基本养老服务项目（膳食、个性化服务等）是按照市场定价、非营利性原则构建的。

第二节　养老服务业发展中的财政政策问题

一、财政政策促进养老服务业发展的作用机理

财政政策的作用机理包括作用机制、传导机制等，政府通过财政收入、财政补贴、税收优惠等方式间接支持社会公益事业的发展。财政应该适度提高对养老服务的投资比重，留出财政补贴、税收优惠和购买服务的余地，发挥引导、控制和稳定行业发展的作用，协调区域、行业、部门和阶层的利益。政府是供给者，通过财政补贴、税收优惠来确保基本的社会保障，政府购买社会服务组织，市场保障非基础服务，以老年人为服务目标，进行服务的挑选和接收。因此，政府应该加速推动社会服务机构与市场的发展，积极与政府结盟，在政治理念、政策倾向、资金保障、人情关怀、监督管理等各层面保持一个良好的服务秩序，从而达到政府的养老服务宗旨，社会服务组织和市场理应尽职尽责地完成好政府交办的任务，以此来发挥财政政策干预养老服务业的明显作用[9]。

（一）政府购买服务促进养老服务业发展的作用机理

1. 政府购买养老服务的问题提出

随着人口的不断增长，养老需求与养老服务供给的矛盾日趋突出，政府的职责也越来越多，购买老年人的养老保险已经是一种新的服务提供方式，只有集全社会之力集中解决老年人服务问题，才能帮助和推动完善老年人的购买制度。政府采购的基本原理有两种：一是由政府直接提供养老服务；二是由政府通过第三方间接提供养老服务的方式来实现。因此，利用 SWOT 方法来研究我国老年人的养老服务需求，可以认为是由国家为老年人提供的服务依据，并对其进行整合、配置、利用，从而有效地化解目前所面临的养老问题，以推动我国的养老事业发展。

2. 政府购买养老服务的发展及应用

英国出现了一种新的政府采购制度，试图通过政府购买公共产品，David（大卫）在其《改革政府：企业家精神如何改革着公共部门》（*Reforming government: how entrepreneurship is transforming the public sector*）一书中提出，地方应该把管理的权力下放给社会，由政府来管理。中国由政府购买养老保险的方式在多个地方得到了推广，其中，以“政府购买”为主要目的，是为了缓解老年人的养老问题。最初是全国性的养老服务，后来政府不再直接为老年人提供养老服务，而是以政府出资的形式，将养老服务的供给任务转包、外包给社会组织，由政府负责监督养老服务效果，由此形成政府出资、社会服务组织供给养老服务、老年人参与第三方委托代理服务的养老方式。

（二）税收政策促进养老服务业发展的作用机理

1. 税收政策的作用机理

税收政策是一种无偿的资源转移，从私营部门转移到公共部门，根据预先确定的标准征收税费。古典经济学认为，税收的唯一目的是增加政府收入。但是随着环境和意识形态的变化，税收的目的也发生了变化。如今，除了增加公共收入的目的之外，征税还能影响消费、生产和分配，以期通过一个国家的经济发展来确保社会福利。随着经济的发展，对于一个国家来说，税收作为一种重要工具，可以通过多种方式来体现。一是可用资源的最佳分配：税收是最重要的公共收入来源。征税导致资源从税收部门转移到非税收部门，收入可分配给国家的各个生产部门，以促进国家经济的整体增长。税收收入可用于鼓励该国欠发达地区开展活动，因为正常投资者不愿意在这些地区投资。二是增加政府收入。在现代，公共财政的目的不只是筹集足够的财政资源来支付行政开支、维持治安和保护国家不受外来者的侵略，现在的主要目的是保证社会福利。税收增加了政府收入，政府通过增加税收来避免借款。三是鼓励储蓄和投资。由于发展中国家实行混合经济，因此还必须注意促进私营部门和公共部门的资本形成与投资。税收政策旨在提高储蓄与国民收入的比例。四是缩小贫富差距。通过利用有效的税收制度减少收入和财富的不平等，政府可以鼓励人们在生产部门进行储蓄和投资。五是加速经济增长。税收政策可能被用来处理像萧条和通货膨胀这样的严峻经济形势。在萧条时期，税收被用来增加消费，以减少储蓄的方式来增加总需求；反之亦然。因此，税收政策可以用来加强对储蓄和投资的激励。六是维持价格稳定。在欠发达国家，维持价格稳定的另一个作用是确保经济稳定地增长。七是控制机制。税收政策还被用作一种控制机制，以遏制通货膨胀、酒类和奢侈品消费，并保护当地贫困行业免受不均衡竞争的影响。税收是抑制私人消费从而将资源转移到国家手中的唯一有效武器。由此，才能确保经济可持续发展。

由此可见，一个国家的经济发展取决于各种原因，其中之一是有效和高效的税收政策。

税收政策是政府选择征收什么税，征收多少，对谁征收。它既涉及微观经济层面，也涉及宏观经济层面。宏观经济层面主要涉及要征收的税收总量，这可能会反过来影响经济活动水平。这是财政政策的一部分。微观经济层面主要涉及公平和分配效率问题。一个国家的税收制度是一个关键的政策工具，可能会对该国的经济产生消极或积极的影响。税收政策是国家宏观经济管理的一种主要手段，通过税收的选取、税收对象的界定、税制结构设计、税收减免等方面的改革来实现税收政策的有效执行。在我国的各个历史时期，税收制度对经济、社会的制度变迁都起到了至关重要的推动作用。税制变革可以激发和指导各方面的积极性，为社会团体创造良好的制度环境，而税收对产业发展的投资规模也将发挥间接的调节作用，主要作用于新增投资，流转税税制难以实现预定的行业目标，需要与企业制度、投资政策、财政支出配套协同发展才能够发挥作用。在税法功能方面，我们不应该把税法的功能过度放大，从而导致“赋权论”的出现，应使所有的经济发展问题都得到充分解决，而不应任意淡化税法的功能，导致“税法无用”。我们通常期望税法可以扩展到无穷长的时间，但实际上，税收也有其局限性：税制完善的局限性为内在限度，税制不完善的局限性为外在限度。税制具有内在的责任作用：一是财务功能，也是以筹资为目的基本功能，是政府功能的法定程序；二是财政功能，实施税务行政可以促进国家对经济的介入，调整资源的收益；三是对财政收支的监管，通过对财政收支的分配、资金的配置进行监控，以达到对经济活动的“经济监督”。

减税政策是指国家利用税法调控纳税人的所得，影响纳税人的收入，从而影响纳税人的消费和投资行为，以改变整个国民经济的资源分配。税收对养老服务的影响表现在：降低了个人税费以及机构的土地使用成本和运营成本，为服务的接受方和供给方减轻了负担，通过完善服务、刺激生产和满足需求，使老年群体的需求得以实现，这与财政补助有异曲同工之妙[10]。

2. 养老服务业税收政策作用

养老服务业是一种半公益型的服务产业，包括居家型、社区型和机构型，以机构型养老为主，涉及增值税、消费税、出口退税、所得税和财产税。如果养老服务业取得了经营收入，就会对其进行征税，而将经营利润纳入企业的所得税之中；如果税率太高，则会提高整个产业的成本，减少税后收益，从而造成发展的压力，使得养老服务供应量下降。从民生本质和经济长期发展来看，养老服务业应区别于其他服务业，区别于中高盈利行业，享受更好的税收优惠，根据养老服务类别来设置普惠与优惠。所幸“营改增”和个税的综合分类等税费制度的变革，使得税负激励功能的不足被弥补。

随着我国经济和社会的发展，税制不断健全，政府越来越多地利用各种优惠政策，降低了企业的运营成本，减轻了企业管理的负担。但这既会造成政府税收的流失，也会造成政府权力的寻租，从而诱发贪污现象。从理论上讲，税收支出属于一种特定的政府补助支出，可以划分为照顾型和刺激型（特定的纳税人），一般形式有税收豁免、纳税扣除、税收抵免、优惠税率、延期纳税、亏损相抵等。税收支出的目的是通过财政预算控制税收激励，并将税收纳入政府财政，而国外多采取非制度化临时控制、设立税收账户等方式。

（三）财政直接投入促进养老服务业发展的作用机理

1. 财政直接投入的乘数效应与挤压效应

养老服务的资金来源包括财政的直接投入和财政补助，而养老服务的直接投入主要用于养老机构的经营和基础设施的建设，其中由国家主导的农村公共养老机构就是其中的代表。我国在计划经济和市场经济早期主要以直接投资为主，而在市场经济发展过程中，财政直接投入可以带来乘数效应和挤压效应。乘数效应表现为养老服务业的投资发展引起养老服务业的正外部性。挤压效应是非财政直接投入减少的金融现象，财政直接投入扩大导致利率上升，抑制了民间支出，特别是民间投资，政府向公众融资导致政府在民间贷款上形成需求竞争，社会资本出现问题。如果公司的盈利太多、税收太多，就会挤压公司的自主权和政府债券的收益，会带走一些人的存款，从而造成私人投资率下降，政府从银行贷款，也会挤压到社会的资金，从而妨碍了经济的发展。

2. 财政直接投资的责任分担

目前，政府的直接投资由中央政府承担，当前的融资渠道以地方政府为主。中央与地方政府要充分利用各种资金保证，通过转让机制合理分配基金，保证养老服务在基本服务水平上的均衡性，保证行业发展的稳定性。比如，基础设施要靠财政的支持，无论是营利性的、非营利性的社会组织还是公立组织，都必须要有财政的支持，因为它与其他服务业的特点不同，它的盈利能力很低，所以必须要增加对基础设施的投资，以促进社会资本的流通，为投资者打造路通、水通、电通以及各种不同的市场，明确政府的不同职能。

（四）财政补贴促进养老服务业发展的作用机理和作用形态

1. 财政补贴的作用机理

财政补贴是配合、调节工资的一种主要手段，政府补助的提高将促进消费需求的增加；政府补助的降低将抑制人们的消费需求。为了能更有利于增加支出，财政补贴应该满足以下条件：一是补贴数额和范围要适当；二是财政补贴应该随着经济的变化而不断进行调整；三是财政补贴的方式应该与补贴效应呈正相关关系。财政补贴有价格损失补贴、财政贴息补贴、税费补贴等，补贴的重点是价格补贴、亏损补贴。如果有足够的资金支持，财政补贴可以促进经济的发展；如果财政补贴不到位，则会减弱财政补贴的作用。如果能够对社会再生产的分配进行调整，财政将反作用于生产。直接的补助将挤压慈善机构的捐款筹资，加重其对基金的金融依赖度，限制式的政府补助比非限制式的政府补助要少。

财政补贴是一项由国家提供的公共资金，它不仅影响了养老服务的供求平衡，还影响了养老服务产品的相对价格。养老服务的补助主要包括对养老机构、相关的公司和个人的补助。

2. 财政补贴的作用形态

政府补贴能够激发老年人的购买意愿，增强其对养老机构的投入意愿，拓展其对养老服务的需要，从而提高养老机构入住比例，减少养老机构发展门槛，保障老年人获得优质的养老福利。

有学者指出，退休金实质上是一种向需求方提供的津贴，其本身没有自我选择的能力，而且由于自身体质的改变，老年人经常要频繁地在家庭和机构之间进行转移。因此，相关部门要根据老年人的服务需要对其进行补助，做到“费随人走”。养老保险的财政补助可以分为两种：一种是向老年人提供的补助；另一种是用于私营公司和民间团体经营的补助。《国务院办公厅转发全国老龄委办公室和发展改革委等部门关于加快发展养老服务业意见的通知》明确提出，以设立专门基金为主要目的，根据养老服务市场的不同，可将其划分为三大类型：建设期补助是由国家牵头的债务型融资方式；运营补助是由社会投资主体出资建设的，由政府根据服务数量、质量、效率等做出的价格补贴；混合补贴是在项目早期投入资本作为养老服务前期补贴，根据项目运作成本、服务价格承受能力等确定财政后期对养老服务机构的补助。因此，政府补助不仅要考虑老年人的需要，还要考虑对建筑供给的支持。

二、养老服务业发展中的财政政策问题探析

随着人口老龄化程度的增加，国家对养老服务业发展的扶持也将越来越多，而在养老产业协调发展和养老服务系统建设的进程中，也要充分认识到我国目前所存在的问题，以满足新时期具有中国特点的社会主义养老服务的新需求。挖掘问题、分析问题、解决问题正是改进体制和促进产业发展的重要措施，而问题的关键就是两者之间的整合和对立。金融政策本身是关系到养老服务发展的关键因素，因此充分把握好金融工具的实施效果、范围和对象，就显得尤为重要。

从中央政府到地方政府，国家对社会保障、养老服务等民生问题给予了有力的引导和财政扶持。但是，目前我国面对的问题仍然是财政制度的薄弱，出台实施、反馈作用衔接不到位，中央与地方、城镇与农村、东中西部地区之间的政策差距不断扩大，相关的法律规定和政策的执行不够明确，也是学者们对我国目前存在的问题研究得还不够充分、不够深入、不够具体的根本原因。

养老服务涉及的范围非常广泛，服务对象众多，服务方式多种多样。金融政策的功能和形式效应的步伐存在着一定的偏差，容易造成政出多头、落实不力、流于形式的现实问题，无法提高金融监管能力和资金使用效率，难以实现养老服务均等化的“最后一公里”。一些专家指出，目前我国的养老服务远远落后于人口的快速老龄化和老年人对相关服务的需求，主要表现在理论缺失、服务体系组织管理缺失、制度机制缺失、政府失灵、市场失灵。

（一）养老服务业的财政政策执行力不强

1. 法律法规配套不够齐全

现行立法的最高层次是对老年人的养老保障制度进行了全面的规划。有关养老保险的立法文件提出，要构建居家、社区、机构一体化的养老保障制度，以提高我国老年人的整体生活水平，“三无”老年人可以到公立机构或居家照料机构寻求帮助，而对农村“五保户”则详细制定了有关的特殊规定，如“照顾老人”“老人津贴”等。总体来说，目标很清晰，工作很繁重，可以帮

助国家发展老年服务业。但是，相关的法律法规并不完善，无法区分服务的种类和层次，也无法将服务的目标分为不同的层次。比如，公立医院床位不足、效率低下、形式单一、封闭经营等。私营部门的行政性收费偏高，按民用水电费标准收费执行不力，有线电视费、电话费、宽带费减免等措施还不到位，建立的门槛也较高。我国现行法律制度制约了我国养老服务的发展，包括行政许可的无效和落后、对事前管制的封闭思维、协调不足、操作困难等。

2. 财政绩效管理监督不力

目前，涉及老龄工作的机构包括：全国老龄工作委员会办公室、民政部、人力资源和社会保障部等部门，以及民间组织服务中心、社会保险管理中心等各类社会福利机构。在体制方面，我国的退休人员管理体制存在着行政级别低、政策分散、监督执行力度不够、业绩考核不到位等问题。财政部以养老服务需求为基础，国家税务总局为其优化税收政策，难免会影响政策的公平性和稳定性。此外，游离于行政部门与事业单位间的老干部局尽管权力较大，但主要针对退休老干部，因而会造成养老服务的局部不公。全国老龄工作委员会办公室与老干部局在行政设置和资源配置上的差别，也不利于政府部门对社会养老服务政策的制定。

伴随着体制改革的不断深入，如人力资源和社会保障部、国家医疗保障局、国家发展和改革委员会、国家卫生健康委员会、民政部的新农村合作医疗职能、药品和医疗服务价格管理职能、医疗救助职能改革，将更加有利于财政绩效运作，推动医院转型和改革。

3. 财政资金的部门耗损

随着社会迅猛发展，我国国民收入急剧增长，原有的社会关系、人们的思想观念、消费模式、语言模式等都逐渐被瓦解，文化力量和利益追求呈现碎片化的趋势，以社会保障为核心的社会保障系统，涉及财政、国土、税务、民政、社会保障等不同领域，极易导致权力分散化、政策碎片化、资金分散化。

如果财政和资金不够，对养老服务的关注不足，就会减少或延后财政支出，政策实施直接表现为“基本养老服务”，不利于养老服务均等化、标准化的实现。由于微观层面的法律法规不够完善，而实际的社会保障主体与监管职责处于外部，很难使上级机关之间和执行部门之间的矛盾得到化解，缺乏一个统一的行政管理职能部门。由于受上级的突然视察和政绩考核，地方政府临时高水平的专项经费处于消极、无力的状态，忽略了基本的长期补助，民政部门依靠手中的权力，可以在同等财政预算的竞争中维持较强的竞争力，而商业单位则会依据现代服务业的发展，适当地拨付养老服务经费。这样的话，行业的利益固化就不能促进我国养老服务事业的健康发展。财政部门的预算会根据金融、社保等部门的政策变化，制定专门的拨款，但资金的限制，会造成各部门的利益不均，造成“反扑”的计划经济思想，对整个市场经济的发展产生不利。

4. 基层政府分配财政资金的能力问题

（1）基层政府的能力还有待提高。

在养老服务领域存在着复杂的权力关系，在上级财政拨款的情况下，基层和乡镇集体难以应对。目前，基层干部面临的问题包括三个方面：一是人手不足、招聘不力，高校毕业生都不愿意到基层任职，缺少对财务的重视；二是“借而不调”的压力，一些具有较强综合素质、较好基础素质的基层干部会被借出，造成下级单位人员的工作量大幅上升，且由于人员数量不足，又没有时间去招聘员工，办事能力明显下降；三是经费管理不力，“事多眼杂”势必影响到财政资源使用的有效性，很难在集中力量上达成共识。

（2）财政资金运用效果不佳。

低保、养老金、三大补贴对特困老年人的社会保障产生了一定的冲击，“三无”人员、“五保户”等获得救济金和临时性救济的人员数量多、政策多、补助少，这些都成为制约我国养老服务事业发展的重要因素。各部门之间存在着信息壁垒，导致资金拨付、使用监管不力，从而使得收益下降，政策效果无法持久。

（二）养老服务业税收政策存在的问题

1. 税收政策的立法难题

目前，我国税收实体法律主要有《中华人民共和国个人所得税法》《中华人民共和国企业所得税法》《中华人民共和国车船税法》《中华人民共和国环境保护税法》《中华人民共和国烟叶税法》《中华人民共和国船舶吨税法》《中华人民共和国耕地占用税法》《中华人民共和国车辆购置税法》等，其中《中华人民共和国税收征收管理法》是唯一的程序性法规，其他的税种法规都是以行政法规、地方性法规和规范性文书为基础制定的，还需要进一步完善。我国现行税务体制较差的状况尚未得到有效的缓解，尤其是在城市化进程中，人口迁移造成了对老年人的照顾不足，而实际的财政资金紧张，也会迫使税制的变革“求解”积极的税负效应。因此，我国的养老服务税制的立法层级与其原有的法律形式密不可分，而在我国的养老服务领域，大多是以决定、意见、通知等形式发布的规范性文件，很难对其实施起到切实的约束作用。

2. 税收政策的适用范围狭窄

我国的养老税收政策还不够详细，养老机构和老年人的税收激励也比较复杂。在行业建设、投资和运营阶段，还没有实行“一管到底”的连续税制，而且对养老产品的消费税也不能给予一定的优惠。目前，我国对老年人的居住税优惠力度还不够。例如，在综合分门别类的个人所得税制度下，特别是在具体的减税需求方面，明显缺少对老年人供养的特别照顾，而且将来的财产税也会对老年人的生活造成一定的冲击，如果忽略“以房养老”等生活条件，老年人就没有足够的钱去进行支出，从而间接地降低了他们的生活品质；而环保税的征收，则会让生态环境得到更好的改善，从而使老年人的生命得以延续，这也就使得养老金的差距不断扩大，而养老保障的第二、第三支柱优惠政策仍然有些支离破碎。

3. 营利性及非营利性养老机构的税收政策差异较大

目前，我国对营利性组织退休待遇的规定还不够清晰，若不能区分收益使用的目的，将无法实现对非营利性组织的免征，而将利润用来发展机构，则是可以免征的。如果将利润用来发放股东分红，则需要缴纳个人所得税，而且由于没有产权税等税收政策，资产和市场的概念界定不明确，会影响到社会的经营秩序。另外，企业和个人为营利组织提供的养老保险，也不能在税前抵扣企业所得税和个人所得税。对符合小型微型企业要求的养老服务机构，养老保险收益扣除50%，以20%计算，明显不足。在鼓励社会资金方面，对养老旅游、养老产品等方面的税收支持力度不足，对公办民营、民办公助、PPP等形式的养老机构的税收优惠力度也远远赶不上实际需求。

4. 税收政策运用还不够严谨

目前，我国的税务制度以养老机构为主，从整体上将养老院与老年服务业分开，老年护理机构的规模较小，而老年护理机构的覆盖面较广。在税务政策分类方面，两者之间的差异并不明显，如“公益性”“非营利性”“福利性”“老年服务中心自用”“老年场所自用”等关键字含义不够清晰，相关政策的衔接也不够完善。

（三）养老服务业的财政直接投入乏力

1. 财政性资金支持结构不合理

目前，养老服务业发展的主要障碍是政府对养老机构的扶持力度不够，养老服务业的发展起步阶段存在着较大的问题，养老服务市场的发展滞后，城乡、区域、政府间养老服务的差异十分突出。资金分散化、政策分散化、权力分散化“三化”使得民营资本进入的难度增大，而对养老服务类的财政支持力度不够。

2. 财政直接投入养老服务机构床位面临困境

（1）养老服务床位的财政直接投入力度不够。

目前，公立和私立的养老院病床仍存在较大的发展潜力，其中公立养老机构的病床数量投入以政府财政补贴为主，而私立医院的病床数量投入则是以政府补助和税收优惠为主。

（2）财政直接投入社会养老机构的效率不高。

我国的养老设施和养老院病床数量离不开政府的财政补贴，养老资源分配不均，浪费了大量有效养老资源，基本养老服务与中高端养老服务的供给不均衡，存在“哑铃型”供给、公办中档床位“一床难求”、民办豪华型和低端型床位“大量闲置”等问题。

3. 养老服务业的土地供给存在问题

目前，房地产业仍处于火热状态，而留给养老保障系统发展的用地却是被政府独占或存在短缺，土地作为除税收以外的重要来源，又是一种直接投资的有效手段。相对于高收益的商业发展，目前我国的养老服务用地供给不足，尤其是我国土地资源紧缺、人员密集、设备更新难度大，导致很多养老院因用地不足而不能建设。与此同时，由于政府与投资机构间的磋商，将划拨供地变为“出让无效”，一些项目在缴纳了土地出让费后仍然属于“社会福利”，而没有转为“综合用地”，则可能无法作为抵押物和资金来源的阻塞。而在上述的政策背后，则是资金和土地的短缺，说明养老服务的土地政策还不够完善，随着《中华人民共和国土地管理法》的进一步修正，允许将土地的所有权出租、出让，交给私人或单位，这样的改革减少了很多的土地手续，具体细节还有待完善，应让集体土地发挥国有土地功能，以解决医疗与服务融合困难的问题。

（四）养老服务业财政补贴缺乏可操作性

在养老服务行业中，政府补助对于老年人选择居家养老还是社区养老具有重要意义，也是养老主体与养老对象之间的连接点。比如，政府为病床数量投入进行补助，需要大量的高消费群体来筹集这笔钱，而无法满足居民的需要和购买力，这就造成了很大的空间闲置，如果再将养老院建立在偏远的地方，就会影响医疗水平，使老人们的入住欲望大大减少。

1. 老年人居家选择的财政补贴分类失准

老年人家庭生活补助以“三大补贴”为主导，其确定的依据究竟是“社会救济”还是“家庭救济”？目前学术界对此意见不一，如按年龄进行补助，以照顾低收入、能力较弱的老年人，在内容上难以实现明显差异，在资金投入上明显乏力，顶层设计的强制分级导致补贴执行过程异常艰难，标准不统一，实施节点不统一。

2. 财政补贴形式冗杂

目前，实物补贴、现金补贴、退休金补贴等政策性补贴，在打破补贴重复和优化整合的问题上还存在着一个很大的误区。

现金支付会让老年人对提款产生恐惧，一些老年人不习惯一个人去银行取款。老人们都很节俭，只有少量的退休金可能会被用作其他用途，如用退休金来换取相关的服务。

第三节　民间资本参与养老服务的税收激励机制

一、民间资本参与养老服务业税收激励机制的概念与原则

（一）民间资本参与养老服务业税收激励机制的基本概念

对于民间资本的定义，学者们存在诸多不同的看法。其中一个较为普遍的观点是，私人资金是由非国家机构持有的，包括私营公司和家族中的金融资金两种形式。房地产性私人资金是指公民个人或私营公司的土地和房地产。财政私人资金是指居民储蓄存款、股票、债券、基金等。现金型私人资金是指由市民拥有的可支配现金，私人经济是其发展的主要媒介，私人经济的发展使其拥有庞大的私人资金。因此，将其引入养老服务，是解决养老问题和应对人口老龄化的新途径。民间资本是作为贷款或股权投资提供给企业的资金，它不是来自机构如银行或政府部门，也不是通过在证券交易所出售股票从公众那里获得的。这些钱来自个人，是属于个人不受政府或公共交易所规则监管的投资。民间资本投资通常是企业和投资者之间一对一的交易。一家公司可以在其生命周期的任何时候寻求民间资本，从启动时的种子资金到成长过程中的风险资本[11]。

（二）民间资本参与养老服务业税收激励机制的基本原则

1. 适度干预原则

适当地介入是指政府在调节经济时，必须遵守市场经济的规则，同时维持政府对重要的经济领域和发展方向的把握，在两者间寻找一个平衡。要适当地进行介入，相关部门就必须从正当与谨慎两个层面来掌握。介入的正当性可以被解读为合法，即介入的行为应当得到法定的许可，并按照法定的方式进行。干预是一种审慎的介入，即在介入过程中要遵循一定的理性，要把“市场规

律”与“国家调控”联系起来。

民营资金投入服务行业，可以为老年人提供更多的社会保障，缓解社会对老年人需求的压力，但是，这并不能减轻政府的社会责任。通过对民间资本进行税费优惠政策的鼓励，在促进我国社会经济发展的同时，相关部门也要充分发挥社会资源的创造力，不断提升其服务品质，形成产业化、连锁化、满足不同层次老年人需要的养老服务。而“市场失灵”则需要政府的适当介入。若政府介入的力度不够，势必导致市场的失效，从而导致养老服务行业的过度工业化、市场的紊乱以及社会资源的流失；但若政府介入过多，将会制约民间资本对养老服务的投资，而不能真正解决其自身的问题。为此，相关部门应采取适当的措施，以达到均衡的目的，同时缓解我国养老服务供应短缺的市场压力。税收激励机制的制定要遵循相关法律的规定。我国养老服务企业的发展，必须在税制上规范化、法制化。同时，在一定程度上，相关部门要保持审慎的态度，并以私人资金为主导，不能过分干涉。在建立完善的税收奖励体系时，相关部门必须遵循市场化原则，并在私人投资性质的基础上，为老年人的养老保险提供一种收益。

2. 社会本位原则

从描述的角度来讲，行政法是有关行政的主体及职权、行为及程度、违法及责任和救济的法律法规的总称。其重心是控制和规范行政权，保护行政相对人的合法权益。行政法作为一种维护民族利益的公共法律，它具有“国家本位”的性质。而作为一种保护私人权益的法律，它反映了“个体本位”。而经济法又是一种“公私相融”的法律，它既保护公众的权益，又是“社会本位”的表现。经济法的“社会本位”是它自身的立脚点和价值诉求，它是经济法律的保障对象，是经济法律化解社会冲突的核心指导和根本定位。

在我国人口老龄化的今天，我国面临着一个重大的问题，即怎样才能有效地应对人口老龄化问题。利用税收优惠政策来引导私人资金投入养老服务事业，可以减少我国的金融负担，从而将资金投入更多的地方，更好地缓解社会压力。同时，引进市场竞争的方式，也有利于促进我国的发展，改善我国的养老服务水平，完善我国的社会保障制度，从而有效地缓解人口老龄化问题。民间资本在发展养老服务领域中的作用，不仅关系到其自身的问题，更关系到经济发展、社会稳定等社会问题。所以，在发展养老服务业时，相关部门必须充分发挥其自身的市场化特征，推动其多元化发展；要在保障养老服务的前提下，提高其服务的供给水平，以保障其基本生活需要为根本目的；要加强对养老机构和老年人的激励，避免出现过度工业化现象，保障社会根本的权益。

3. 经济公平原则

经济公平是指市场经济中各市场主体在符合市场规则的前提下进行一切交易行为。经济公平是市场经济中的一个重要因素，它源自法的普遍价值。与民法中的形式公正不一样，经济法通过形式上的差异来达到实质上的公正。

目前，我国的老年服务行业还处于发展初期，是一种“弱质产业”，其维护与发展离不开国家的财政支持和政策支持。我国在推进养老服务税制改革时，既要重视制度的公平性，又要遵循“量能征税”的基本规律。例如，在制定税务激励的前提下，不能只按其所有者的所有制来设定不同的税务优惠，还要从规模、服务质量、产品或服务价格等方面来确定；但在强调平等的前提下，也不能完全排斥区别对待。又例如，可以在一定的限度之内，对营利性与非营利性的养老机构实行不同的税收减免政策。适当的区别待遇能够推动社会公平竞争，从而改善老年人的生活品质。此外，还要保障市场的公平性，以保障各类社会养老服务与养老产品的市场主体享有同等的合法权益和同等的竞争机遇。要真正实现社会公正，就必须建立起对民间资本的激励机制，从而推动我国的社会发展。

二、我国民间资本参与养老服务业税收激励机制的完善

（一）健全统一的民间资本参与养老服务业税收激励机制

1. 清理民间资本参与养老服务业税收激励制度

在税收奖励体系方面，我国要强化行政规制，整顿和规范现行的税制，并且依据具体的税法、法规来制定。目前，我国养老服务领域存在着大量的私人资金，缺乏系统的内容和相应的法律法规，无法对其进行有效的税收刺激。

因此，全面清理和整合涉及养老服务的各种法律、规章和其他相关的规范性文件，对于我国养老服务行业的发展具有十分重大的意义。一是要坚持依法纳税。现代税务法定的主要内涵是：征税要素法定、征税要素清晰、税制法定化。但总体而言，我国的税制也应该在立法上加以规范。如果没有相关的法规进行约束，税收机构和工作人员就不能任意地征收或减免税款。在税收法律的指导下，应遵循税制统一和公平的基本原则，对我国养老服务税收激励机制进行改革。二是对民间资本在养老服务领域的税务政策进行规范管理。我们应从完善我国养老服务税制入手，以增强我国民间资金进入养老服务行业的积极性[12]。

2. 统一民间资本参与养老服务业税收激励制度

民间资本对养老服务的税收优惠政策缺乏系统性，这主要是因为受委托立法导致的主体多元化、规范性不足以及缺少清晰的表达等。要使我国的税源制

度真正走向法治道路，并彻底消除这一问题，仅依靠清理是“治标”的，而要使我国的民间资本在这方面发挥更大的作用，就必须建立起一个“治本”的机制。税务机关要建立具体的法律和规章。本书从税收法定的角度出发，对我国养老服务企业的税收优惠政策进行了界定。按照我国的相关规定，在建立完善的税制激励机制时，应该由国家立法机构来承担，而在此基础上，政府的决策也需要相应的法定权力。

3. 加强税收激励机制对民间资本的激励作用

（1）建立系统化的民间资本参与养老服务业税收激励机制。

第一，加强养老金体系的税收。当前我国的民间资本以私营企业为主，在发展和完善我国的养老保险制度和特殊保险制度等领域应加大税收优惠力度。

第二，为养老服务提供更多的私人资金。目前我国对民间资本投资的税收优惠政策大多停留在运营阶段，未来的税收优惠应当覆盖到筹资、投资、建设、运营和退出等多个方面。

第三，提高民间资本对养老服务企业的税收优惠。目前我国民间资本对养老服务业的税收优惠政策的实施，多是针对基础养老产业，未来还需进一步拓展到相关产业。我国的养老服务行业是一个跨行业、多层次的行业体系，建立完善的税制可以激发更多的社会资金进入社会养老服务体系中，促进我国养老事业的健康、可持续发展。

（2）加强民间资本参与养老服务业税收激励机制的引导性。

第一，要缩短与营利性、非营利性的退休金之间的差距。当前我国对老年人的税收优惠政策主要是针对非营利性的退休金，而在“待遇”上，营利性的退休金与其相距甚远。我国的养老服务在初期投资很大，通常不能在短时间内实现盈利，因此是一个小产业。此外，尽管营利性养老机构从事的业务活动是营利性质的，但不可忽视它所产生的积极影响和外在影响。为此，相关部门必须加强对营利性组织的税务刺激，可以采取的方式有两种：一是对营利性组织进行减税，在这里可以参考对小型企业和微型企业的税务奖励；二是从盈利年份算起，对营利性事业单位实行五年减免的优惠政策。

第二，要正确认识民间资本的性质。民间资本在发展过程中存在着“逐利性”，但与其自身的福利性质并无矛盾。所以，在促进民间资本投资的同时，相关部门必须明确其性质，并赋予其一些盈利的余地。

（二）健全民间资本参与养老服务业税收激励范围方面的制度

1. 健全养老机构税收激励范围方面的制度

健全养老机构的垂直税制。目前，我国的养老服务企业所得税优惠政策过于狭窄，且大多局限于经营活动。要在现行的税制刺激政策的基础上，适当放宽对退休人员的征税范围，加大对养老设施的投资和建造等方面的税费优惠力度。本书提出了以下几个方面的建议：

第一，通过对银行业等金融组织发放的低利率信贷，对其进行税收优惠，从而有效地缓解其融资压力。

第二，对以股本形式进行投资的单位，在股份持有者持股满三年后，可以将其出资总额中的某一部分，在其纳税所得之前予以扣除。当年不能抵减的，可以在下一年内抵减。

第三，企业通过建设、安装、改造等方式获得的收益，可以免除企业所得税。企业购买土地、房产建设养老设施时，应免除土地、房产的税费。

第四，推动“医养融合”，即在对基本医疗服务实行免税的同时，对因购买医疗护理、康复保健等器械或设备而发生的增值税实行免征，对康复护理服务免征增值税。为此，本书提出要在现有的基础上，进一步拓宽对养老服务企业所得税的激励，并进一步提高其对社会资金的吸引力。

第五，要健全养老机构的横向税制。我国的老年服务业有一个完整的制度，其制度的变革必须由多种形式的老年服务机构参与。在社区中心服务站、社区托老所等社区养老机构中，我们应该建立相关的税收奖励机制，具体措施包括利用私人资金针对社区老年服务项目进行投资，可以在企业所得税和个人所得税前扣除；对小区内的房产和土地免征房产税及城镇土地使用税；可以按期缴纳企业所得税及土地增值税费用，用作公共辅助设备。为此，我们提出要在现有的基础上，进一步拓展对养老服务的税负激励，并进一步强化对社会资本的激励。

2. 健全养老服务与产品的税收激励范围方面的制度

（1）健全养老服务税收激励范围方面的制度。

目前，我国的养老保险税制规模较小，其根源是定义过于狭窄，仅限于基础养老。此外，在老年人的日常生活、娱乐、居住、金融、专业咨询、精神慰藉等领域，还应该在税务上予以激励。

（2）健全养老产品税收激励范围方面的制度。

民营资本对养老服务的投入包括对各类养老服务的投入和对老年人产品的投入。目前，我国对养老服务企业的税收优惠政策主要是针对前者的税收优惠，而对后者的重视程度还不够。

3. 健全其他参与者税收激励范围方面的制度

健全企业和个人向养老机构捐赠的税收优惠范围的制度。目前，我国的民间资本参与了养老行业的税收激励机制。个人和企业通过非营利性社会组织和政府部门向非营利性养老机构捐赠的金额不超过规定金额的，可以在所得税前扣除，而对非营利性养老机构的捐赠没有税收激励制度。无论是非营利性养老机构还是营利性养老机构，它们提供的养老服务几乎都是公共资产，具有福利性和正外部性的特点，必须通过税收优惠制度予以激励，具体可以采取以下两种措施：

第一，对于在养老机构中具有专业资格的老年护理人员，为老年人提供护理服务的收入可以直接享受个人所得税优惠。

第二，教育机构开展的养老技能培训免征增值税，养老技能培训所得免征企业所得税。因此，为了保证养老机构的高效运行，相关部门要更好地发挥其对民间资本和社会资金的激励作用。

（三）健全民间资本参与养老服务业税收激励方式方面的制度

1. 健全直接税收激励方式方面的制度

（1）完善对养老机构的税收减免方式。

在我国的养老税收制度中，对于不同的养老机构，其税收激励体系的设置也不尽相同，其特点是以其自身的营利性和非营利为目的。前面提到的，养老是一种准公共物品，它的外在作用是积极的。营利性养老机构在市场化的同时，也有其自身的福利性质。在将来，当养老服务系统建设完成后，可以为老年人提供各种形式的养老服务，营利性的养老机构可以为老年人提供非营利性的养老服务，也可以为老年人提供营利性的养老服务。在此背景下，我们必须重新定义营利性与非营利性：一是营利性养老机构和非营利性养老机构都必须办理税务登记与纳税申报。二是对养老机构的税收奖励机制不能以机构的性质来划分，而应根据特定的服务种类来确定。可以由国家税务总局和民政部联合制定具体的减免政策。三是应将营利性和非营利性两种类型的养老机构分别进行分类，无法单独核算的，不得给予税收优惠。

（2）适度调整养老服务业信贷增值税率。

由于我国养老产业投资高、收益低、回收速度慢等特点，我国的养老服务企业普遍存在着对其放款困难的现象。为了解决这一问题，相关部门可以采取以下措施：一是银行等金融组织在放款时给予养老服务企业无息或低利率等利率优惠，可免除其增值税、企业所得税；二是为企业在银行间发放信贷担保时，可以免除对企业的增值税；三是在非营利性养老机构中，必须明确其所有权。完全由私人出资的养老机构，可以以房产作为抵押物。

（3）适度降低老年人专用产品的增值税率。

老年人专用物品是养老产业不可或缺的一项重要内容，而在此基础上，私人投资对其进行了税务筹划。相对于对残疾人的特殊商品免税，对老年人的专用商品实行17%的增值税率明显偏高，对促进民间资本进入养老服务领域具有不利影响。这里，我们建议相关部门可以采取以下两种措施：一种是制定专门的养老保险产品，并将其纳入民政部门的范围；另一种是按照特定类别的老年人的特殊商品目录，制定相关的税收奖励政策，并与财政、税务等部门共同商定。

2. 健全间接税收激励方式方面的制度

（1）完善税前扣除的税收激励制度。

个人或公司对非营利性组织的捐赠，在一定数额内可以从税前扣除。但是，相对于西方国家的相关规定，我国目前对民间资本的税收激励还远远不足。为了更好地发挥激励作用，对个人、企业、社会组织、政府机关对非营利性组织的捐助，在税法规定的限额之内，可以从个人所得税、企业所得税中扣除。如果当年不能全部抵扣的，可以延长五年再抵扣。

（2）实行加速折旧和亏损结转的税收激励制度。

目前，我国的养老服务行业还处于起步阶段，存在着明显的“弱质性”，很多企业刚起步时就出现了亏损。为进一步促进民营资本的投资和发展，我们提出以下两个建议：一个是对从事养老服务的专业生产单位和企业的生产设备等固定资产进行加速折旧，促进其设施设备的更新和改造，降低企业的运营成本；另一个是适当地延长公司的损失年限，将损失的时间缩短到10年，从而达到补偿损失的目的，进而实现养老服务企业的持续发展。

（3）实行延期纳税的税收激励制度。

目前，我国对社会养老部门的私人投资采取了税收激励措施，对养老机构免征企业所得税的，仅限于非营利性养老机构，对商业性养老机构的企业所得税没有税收优惠，其特点是投资额大、盈利能力低、回收时间长。因此，我们建议从企业开始盈利的纳税年度起，第一年至第五年免征企业所得税，并在未来五年内将企业所得税减半。

（四）健全民间资本参与养老服务业税收激励配套制度

1. 健全税收激励管理制度

（1）完善税务激励机制和行政机制。

目前，我国的养老保险税收制度已基本确立，我国的税务激励体制还有待进一步完善。我国的民营资本在享受退休金政策时，其审批程序较为复杂，手续较为烦琐，在无形中增加了其时间成本，也使老年人对社会投资的积极性下降。要想让更多的民间资金进入养老服务领域，我们应该采取两种措施：一种是要精简税务手续，降低税务机关的税务管理工作，对退休金企业实行“报名制”，简化办理流程，机构不需要再经过一系列的审核，即可获得相应的减税政策；另一种是要改革经营模式，强化税务激励与监督政策。我们应该明确和规范民政、财政、税务、审计等部门的监督职责、相关权限和程序，并形成政府、社会、非营利性社会组织“三位一体”的监督机制，避免民间资本参与养老服务业税收激励制度在社会中“搭便车”的行为。为此，我们应该完善我国税务机关的税务激励机制，以减少经营费用，提高民间资本的积极性。

（2）健全税收激励标准管理制度。

要建立起一套科学的养老保险体系，就必须有一个制度的私营企业对养老服务进行有效的投资。我国的产业规范缺失，增大了民间资本在社会上进行投资的风险性，对促进民间资本进入养老服务领域具有不利影响；同时，也会造成我国养老机构的整体水平不高，影响到老年群体的合法权益和他们购买相关产品的积极性。针对我国目前存在的问题，我们提出以下几点对策：一是依据养老院面积、床位数量、人员数量、收费水平等因素，制定相应的分类标准。在此基础上，结合老年人的体质特点，将各类养老服务的内容和面向老年群体的养老产品进行分类。二是按照养老院的等级，以及居民的住宿量和经济状况，对各个层次的养老院实施了不同程度的税收优惠。针对养老服务和养老产品的档次，以及市场需求与物价水平，对各种类型的养老保险及养老产品实行不同的征税标准。对价格低廉且需求量大的商品，可以实行更高的税负奖励，而价格高、需求量小的商品，则可以降低其税负奖励。三是在保证老年人的基本生活需要的前提下，促进多元化的养老服务业发展。因此，完善我国的税收优惠政策，可以提高我国的养老服务品质，鼓励社会资金积极投入养老服务行业。

（3）健全税收激励评估制度。

目前，我国养老服务业中存在着私营企业参与税收优惠的问题，但由于缺乏后续评价体系，无法保证我国养老服务质量的持续发展。在这方面，我们可以参考日本的“老年商业发展协会”和“银牌认证委员会”，强化养老机构的自我管理和评价体系，并对养老机构、养老产品、养老服务进行定期的监督和管理，以推动养老服务业的健康、良性发展。具体措施包括三个：一是建立养老服务行业协会，以消费者、企业代表为成员，参与评定。行业协会对养老机构、养老服务、养老产品等进行定期的监管。二是根据养老服务和养老产品的质量评定，编制评定报告，并定期发布结果。三是税务部门每年都要依据社会福利组织对养老设施和养老产品的品质进行评价，确定未来一年是否继续为其提供税收奖励，并确定有关的税收激励体系和限额的增减力度。因此，建立完善的税收激励评价体系，可以保证我国养老服务和养老产品的质量，并能更好地发挥民营资本的激励功能。

2. 健全税收激励服务制度

面对人口老龄化问题，需要加强民间资本的社会支持。在规范私人资金的同时，必须遵守市场经济的规则，树立起服务的观念。目前，由于纳税人不熟悉这种错综复杂的税制，其在税制改革中发挥不出应有的作用。在促进我国养老服务企业的发展过程中，相关部门要引入民间资本对其进行税收优惠。

第一，要加强对我国养老服务企业的税收优惠政策的宣传，并对有关企业在这方面的优惠政策进行公开；利用报刊、电视、网络等媒体，开展多渠道、大力度的宣传，包括印制制度汇编、制作电视宣传片、网站系统答疑、开通纳税服务电话、举办纳税服务培训班等形式，以确保纳税人及时了解相关情况。

第二，在当地税务部门设立一个专业的税制咨询中心，以解读和咨询本国的税法；在年度纳税申报期间，可以安排税务人员到社区、广场等场所为企业、个人和其他机构提供关于减税政策的建议。

第三，要强化各方面的合作和完善税务奖励机制。首先要让税务机关与劳动保障机关、民政机关建立起相互交流的信息机制，增强与老龄人员的交流合作，并做好税务政策的基础工作；其次是要加强税务、工商等部门的合作，使纳税人在办理企业经营许可证的过程中可以更好地了解民间资本在养老服务中的作用。为此，我国应该完善养老服务税收激励机制，以促进我国社会资本在养老服务领域的发展。

第三章　社会企业参与养老服务的发展

第一节　社会企业参与养老服务的理论分析

一、社会企业与养老服务的相关概念界定

社会企业是以实现社会利益为目标的组织。社会企业追求利润最大化，同时也追求社会和环境的利益最大化。其利润主要用于资助社会项目。社会企业的概念是20世纪70年代末在英国发展起来的，以对抗传统的商业企业。社会企业存在于私营部门和志愿者部门的交汇处，其资金主要通过向消费者销售商品和服务获得，也有少量资金是通过赠与获得的。因为利润最大化不是首要目标，所以一个社会企业的运作方式不同于一个标准企业。虽然赚取利润不是主要的动机，但是收入对社会企业的可持续性仍然起着至关重要的作用。可持续收入将社会企业与依赖外部资金来完成其社会使命的传统慈善机构区分开来。这个目标并不意味着社会企业不能盈利，很简单，其首要任务是将利润再投资于它们的社会使命，而不是向股东支付资金。

社会企业的雇员有着许多背景，但优先考虑的是那些来自社区的风险群体。这些人包括长期失业的工人、历史上曾从事非正式薪酬工作的人以及边缘化群体的成员。有时，从风险群体中吸收员工可能是企业的既定社会目标[13]。

（一）社会企业的本质特征

1. 社会目标优先性

社会目标优先性即社会企业应将社会福利置于首位，而不是为了利益。社会企业的组织经营必须有明确的社会任务，它的社会影响最好可以根据它所处理的问题来定；当社会企业参与解决社会问题的时候，就必须要坚持在该领域运作，而不是因经济效益不尽如人意而转投其他高利润的行业；要尽可能地发展自己的市场，用自己的毅力和创新来改变劣势，达到可持续发展的目的。

2. 具有机会识别能力

社会企业要具有机会识别能力，是指社会企业必须具备识别目前政府与市场存在的缺陷，并且在发展过程中能处理这些问题的能力。该准则旨在防止社会企业再次卷入那些曾经被解决过的问题中。政府、市场、志愿者三方面都存在着缺位，如目前的社会养老资源短缺问题，政府和市场都无法单独处理，而那些专注于养老领域、致力于解决养老问题的社会企业，则是符合这一要求的。

3. 管理运营的可持续性

社会企业管理运营具有可持续性，是指社会企业必须与传统的非营利性经营方式相区分，不仅要寻求社会效益，还要保持可持续发展。这就需要社会企业具备雄厚的资本实力和进行不断的革新才能确保自身的竞争优势。例如，对社会事业的经营与管理，社会企业必须采用与公益慈善机构不同的经营模式，它是一种以不定时捐赠、志愿者活动、依赖于企业或国家的不间断资金补贴为主的非营利性机构。

4. 目标的稳定性

社会企业目标的稳定性，是指社会企业在解决社会问题上的长期坚持，而非寻求经济利益的转移。这就要求我们理性地评判企业的社会目的、治理结构以及利润分配模式。比如，在制度上，让社会各方参与决策，共同监督，建立自律制度，约束利益的最大化，以价格为基础，将商品经济的一部分或全部收益转移到运营中去，从而找到一个更好的解决问题的方式，同时获得一个良好的发展循环。

（二）社会企业的定位

我国的社会企业具有一定的非营利性，但并非单纯地包括了非营利的性质，而是从非营利的性质上发展出来的。社会企业的首要目的不在于获得利益，而在于获得社会效益，这一理念与非营利性机构相符合，属于第三类，作为 NGO 的一个重要补充，已经在发展过程中逐渐形成了自己的一套系统。

从组织形态上说，由于社会和经济的差异，各国都有各种类型的社会企业。有些国家把社会企业划入非营利性机构，如英国的一些公益机构。还有一些国家把这个观念放在了非营利性组织之上，这种新的组织形态包括合作社和商业企业。

在治理架构方面，世界各国和区域内的社会企业与非营利性组织并没有什么不同。财政收入的来源是政府补贴、社会捐赠和市场性收益。两者在融资渠道上的差异主要表现为市场收益所占比重，即市场化水平。因此，从法律所确立的治理架构上，很难判定一个社会企业的本质。

非营利性机构在法定条件下不得向成员、董事和其他股东分配利益，其主要特点是不允许任何利益分配，完全抛弃了整个社会经济合作的内涵。而从企业的类别来看，社会企业有不同的派息方式。

二、社会企业参与养老服务的理论基础

（一）市场失灵理论

新古典主义认为，市场失效可能被看作个体为了自己的利益而造成的后果。从社会角度来看，这种结果是可以改善的。经济学家第一次使用这个术语是在 1958 年，但这个概念可以追溯到维多利亚时代的哲学家亨利·西吉维克。市场失灵通常与公共产品、时间不一致的偏好、信息不对称、非竞争市场、委托代理问题或外部性有关。当经济条件导致市场无法达到供求市场均衡时，市场失灵就会发生。市场失灵可以是完全的，也可以是部分的。在完全市场失灵的情况下，根本没有商品供应。然而，市场失灵最常与部分市场失灵联系在一起。在这种情况下，商品的价格和数量与商品供求曲线相交的点不匹配，从而使得资源分配效率低下。此外，许多因素会导致市场失灵，其中一些因素是负外部性和正外部性、垄断、生产投入的减损或固定性以及市场信息崩溃。最低工资法经常被引用作为导致市场失灵的生产投入受损的例子。通常，最低工资被设定为高于特定工作的市场均衡价格。那些对最低工资法持批评态度的人认为，这导致雇主为这些特定类型的工作雇用更少的员工。而价格和数量的不匹配，会促使失业率上升，进而增加社会成本。

亚当·斯密提出了一个具有代表性的自由化市场经济，他主张通过市场的方式来调整当前的情况。尤其是在推动资本主义的发展方面，更是如此。但是，随着西方资本主义经济向独裁式的经济转型，自由市场自身也出现了一定程度的缺陷，如极端的贫富分化、全球经济危机、失业率上升以及相关的养老体制。从经济发展的角度来看，这个市场也是有缺陷的，具体体现在两个方面：一方面，市场经济具有一定的局限性，它处于一个基本的社会层面，不能解决全部的问题；另一方面，个人的干扰会使市场调控系统不能有效地发挥作用，从而造成很大的资源配置偏差，甚至造成资源的浪费。这种现象使得我国的市场资源分配不能达到帕累托最优，就是所谓的“市场失灵”。在充分竞争的情况下，这仅是一个理论假定，而实际情况下，必须符合的先决性条件太高，不能被充分实施。非公共物品的价格被打破，价格异常，由于公共物品信息的不平衡以及外界的负面作用，资源的配置效率下降。在帕累托最优无法达

到的情况下，就会发生市场失效的情况，即“市场失灵”。

一般而言，那些以自身为目的的顾客，并没有为公益而积极贡献的动力；同时，那些以利润为导向的生意人，也早已认识到，投身于公益事业是没有利润的。由于市场无法有效地配置公共资源，因此社会经济发展低效。尽管一些企业仍在继续关注公益活动，试图协助解决养老等社会问题，但其覆盖面不大，而且其增值能力也不强。

（二）政府失灵理论

在公共经济学的背景下，政府失灵是政府干预导致的经济低效。如果这种低效在真正的自由市场中不存在的话，那么它可以与市场失灵形成对比，市场失灵是自由市场本身导致的经济低效率，可以通过政府监管加以纠正。政府失灵的观点与政策论点相关，即使特定市场可能不符合确保社会最优所需的完全竞争的标准条件，政府干预也可能使事情变得更糟而不是更好。

美国经济学家韦斯布罗德的“政府失灵”学说认为，当政府面对市场失灵对经济的负面影响时，其自身的行动也可能导致各种问题出现。也就是说，政府在执行宏观和微观的调控政策时，会出现很多问题，这些问题会让政府的政策效果大打折扣。

政府受到利害关系的影响，其目的也会发生偏差，所以在干预过程中，也会出现不公平现象。我国的政府应当以公众的名义进行自我矫正，以达到社会稳定的目的。在当今社会，由于信息传播的复杂性，政府在获得全部的资料时，存在着不切实际、耗费资源等问题。最终，个人收入、财富、种族背景和文化水平的不同，使得个人在购买公共产品上存在着不同的需要，而在政策制定过程中，往往会体现出“中位选民”的偏爱，因而产生了一批不满的人群。

（三）志愿失灵理论

由于政府和市场的双重失效，公益慈善组织日益成为人们关注的焦点，而在一些国家和市场都不能处理的问题上，它的角色尤为突出。但是，不能仅依靠第三产业来填补前面两个方面的不足，忽略其内在的限制，也就是不可能依靠个人的能力去推动慈善事业和社会福利的发展。原因有四个：一是“慈善不足”，在组织数量、领域、服务类型和服务提供等诸多方面尚有差距。二是“公益的特别”，指的是非营利性的公益组织常常是某一特定的社会团体，如老年人协会组织的受益人仅限于老年人。这样的受众范围狭窄，会造成提供的服务不均衡，而不能真正满足所有群体的各种需要。三是“慈善的家长式作风”，指的是公共事业的行为通常由一个资本的提供者控制着组织的财务生命线，而不能满足社会的需要。四是“慈善的业余性”，是指非营利机构着重于自愿的工作，而且通常不会给出很高的薪水，从而不能招揽到专家。由于社会福利机构员工缺少专业的训练和辅导，不能及时向社会公众提供必要的社会产品，从而制约其发展。

志愿失灵的结果就是，第三部门变得与其他两个部门一样，这不能完美解决问题，而是要多方合作，才能为老年人提供优质的服务。

（四）合作治理理论

20世纪80年代，“合作治理”理论已被国际社会广泛关注。在后工业化时期，各国都呈现出一种无法改变的发展态势。从多个方面来分析，多个国家在共同管理的进程中都会着重于各国之间的多方合作。

目前，合作治理的理念、方法也在不断地被运用到实际工作中，从而使它成为一个逐渐发展的过程，它将对现代国家的公共机构和其他机构的互动产生深远的影响，并在新的治理模式、过程和理念的构建中发挥举足轻重的作用。在我国的社会保障体系中，如果社会能够充分意识到这一进程的意义，并集结政府、社会和公众三者的力量，就可以很好地解决这一问题。

第二节　社会企业与政府资源的互相依赖

一、社会企业对政府的资源依赖分析

（一）财政资源依赖

大多数社会养老企业的经营收益主要来自老年人的服务支付、政府一次性补贴和经常性补贴。社会企业的日常运营，除人工成本以外，还要承担办公场所、办公用品、护理器械等开支，且都是大额开支。社会企业需要大量的资本来支撑它们的正常运转。

各行业在融资渠道中的比重存在一定的差异，从整体上看，我国作为各行业最大的社会资本资源供应体，但是与公立养老机构相比，国家在社会事业上的投资并不高，加上不是每一个社会企业都能参与到政府采购的项目中，以及养老服务业是一个微利行业等各种因素，致使很多养老型社会企业都因资金不足而发展滞后。资本是社会企业的基本资源，是促进社会事业进一步发展的重要因素。从整体上看，我国的社会组织在参与养老保险的进程中存在着很大程度依赖于国家财政扶持的情况。

英国的养老机构的日常运作经费来自两大途径：一是来自英国政府的基金资助；二是由社会企业家进行私人筹资。例如，Well and Wise 就是英国的一个

具有代表性的养老型社会性公司，在创建过程中共募集了150亿英镑，而这150亿英镑是英国一家私营基金公司提供的，它将在四年内分期向英国这家公司提供资助，养老机构的日常经费以政府采购为主。国家在制订养老金计划的同时，也要承担监督的职责，重点是养老机构的养老设施费用和对中低收入的老年人的生活费补助，而这些补助的内容和形式则是养老社会企业自己定的。韩国的养老机构的日常运作经费以国家补助为主，其中包括人工成本补贴、岗位补贴、经营设备费支持、服务开发费支持等。韩国对经认定为社科单位的养老机构，按有关政策给予2万~5 000万韩元的经营补助，并对相应增加工作机会的社科单位给予人力及工作机会的补助。

（二）人力资源依赖

在我国，养老型社会企业根据有关法律法规进行了登记，政府有关部门对其进行监管和引导，其经营方式与一般的商业公司一样，都是自负盈亏。社会企业的人力资源因素包括社会企业家、行政管理人员、社会工作者和志愿者。小型养老型社会企业有很大的可能仅由护士、洗衣工、厨师等少数人员构成，但大型养老型社会企业通常装备完备，人员众多，功能分工明确，通常设有人事科、办公室、药剂科、财务科、门诊科等。职业护士是社会养老事业发展的重要力量，它不仅关系到医疗机构的整体服务质量，还关系到企业的声誉与竞争能力。目前，在我国的养老机构中，职业护理工作者总体上呈现出数量少、年龄大、稳定性差、学历较低等特征，而社会事业则急需大量的人力资源来支撑其发展。

美国的一些基金部门为很多知名的商业学校都提供了社交商业项目，这些项目都是以吸引杰出的毕业生和培养大学生的创业意识为目的开设的。现在，学校已经招收了大批高水平的企业类专业博士生，旨在培养杰出的企业家，从而为社会创造更多的价值。美国的养老院也重视对护理师的教育与培训，其所培养的资深护理师具有较强的专业知识和熟练的操作技巧，目前已经有了一支由本科、硕士、博士学历人员组成的庞大的医疗团队，可以很好地解决高龄老年人的照料问题，同时也为老年人提供了最基础的医疗保障。

日本政府在管理护理学院方面下了很大的功夫，使护理人员通过接受更多教育的方式获得全国的护士资格证书。日本政府在某种意义上对护理人员的人数与素质进行了严格的管制，护理人员由护士与专职护士组成，以便为老年人提供全方位的照顾与医疗服务。

日本是一个超级老龄化的社会，其养老系统面临着老年人口日益增长的压力。相关学者对日本中部和北部的八个老年护理机构进行了自然观察，以探索老年护理应如何配置。日本政府规定，养老机构必须雇用合格的营养师来监督膳食准备，以便老年人可以摄入最佳膳食。生活康复的概念是寻求最大限度提高人们身体素质及认知能力的方法，并可能延长寿命。日本政府还要求降低养老机构的员工与养老机构的老年人的比例，以便为老年人提供高水平的人际关系护理。最后，日本设施优先考虑季节性和文化体验，将虚弱的老年人与墙外的世界联系起来。

在日本，生活康复是一个影响深远的概念，涵盖了整个生命周期的恢复、维持功能和认知能力的精神。生活康复可以说反映了日本医疗保健中报道的一种支配性“家长式”养老模式，该模式主张干预。在日本的养老机构中，常见的是老年人参与监督下的力量训练和文化追求，以提供认知刺激（如书法）。虽然许多国家的老年人通常在相似的年龄（80 周岁左右）进入老年护理机构，但是日本养老机构的居民寿命更长。

日本养老机构的工作人员与居民的比例受到控制，国家政府对公共机构和私营机构的规定是 1∶3。对日本医疗机构汇总数据的研究显示，在日本养老机构工作人员总数中，注册护士约占 16%、护理人员占 35%、物理和职业治疗师占 4%、营养师占 3%、非临床角色占 42%。这类临床工作人员的构成与包括美国在内的其他发达国家相当。可以说，只有在国家长期护理保险计划的帮助下，养老服务人员与养老者比例的合理化才有可能实现，该计划减轻了老年护理的税收负担。

日本的老年人照料中心是指协助他们解决日常事务的相关护理机构。一名护理人员需要帮助老年人洗衣、做饭、打扫卫生、洗澡和上厕所，以及共同参与娱乐活动，如偶尔的游戏和户外散步。现代技术也为这项工作提供了很大的帮助。有许多技术的进步使老年人的生活方式变得更轻松，护理人员的工作更简单。部分日本护理机构中最流行的现代设备是自动配药机。每个居民的药都是经过预分拣后放入这台机器的，然后根据医生开的处方，按照确定的时间来安排，到了该吃药的时候就会发出警报，提醒老年人按时吃药。这样，工作人员就不必记住所有不同的医疗保健方案，混合药物的可能性也变得更小了。在许多养老院，每个房间都配备有警报器，一旦被触发，就会在房间门上方亮起红灯，并在配电盘上闪烁信号，员工可以在任何情况下快速做出反应。由于老年人口越来越多，养老院也越来越多，为人们提供了更好的工作条件。很多时候，养老院会提供全职工作和所有福利，包括养老金计划；也提供兼职工作，特别方便那些根本没有时间做全职的人，包括学生、对兼职感兴趣的家庭主妇等。养老院经常欢迎初学者，为他们开辟了一条新的求职道路，并使其有晋升的机会。新员工在开始工作前，养老机构会对他们进行课程培训，并在工作中进一步学习。

（三）政策资源依赖

一般来说，政策资源是指政府与公共机构对社会企业的发展所采取的各种规范与扶持措施的总称。目前，我国针对社会企业的政策主要包括两个方面：一是引导社会企业在国家法律制度下进行有秩序的、有利于社会发展的服务工作；二是由国务院、地方、财政等多方提供扶持政策。目前，推动社会力量参与养老事业、促进养老社会事业向更高层面发展的政策扶持力度相对较小。

在国务院关于进一步加强“土地供应政策”“税费优惠政策”和“人才激励政策”等政策措施的指导下，各级人民政府都将按照各自的实际需要，制定相应的政策。如为了支持各种社会资本投入新的或用已有的资金来改建专门的养老院，青岛市将按每人每年 5 000～12 000 元的标准，对服务质量好、收费低的养老机构进行补贴，此外每个月再发放 100 元的运营补贴。社会企业受国家的影响，其经营与发展的情况同国家的决策密切相关。

（四）合法性资源依赖

由于目前国内的社会企业在广告上的传播方式非常单一且成效不佳，大众对社会企业的认识程度一般都较差。由于缺乏政府的认可和公共舆论支持，社会企业在参与养老的进程中往往不能被公众接受和信赖。尤其是目前，由于缺乏专门的社会企业相关法规，其注册和登记标准参差不齐，存在着“两条腿走路”、经营不规范等问题。社会企业渴望得到一个合法的身份。

根据实际需要，美国各州分别设立了“低收益”“弹性目标公司”等不同的组织结构，对社会企业进行了分类和规制，目前还没有一个统一的标准，但是在其他有关法规的支持下，它们对企业的管理进行了界定。这就需要社会责任主体明确利益主体所能获得的利益的分配量，明确利益主体享有获得利益和保障其价值的权利。

韩国政府制定和执行了专门的社会企业法规，虽然起步比较迟，但也做出了有关的规定，如登记管理、政策优惠等。韩国的社工企业数目大幅增长，主要是建立行业协会，提供各种培训和咨询服务，以及建立全国范围内的企业组织。

在社会经济发展的进程中，社会企业依赖于政府的财政、政策、人力资源和合法性资源，而资源的匮乏对社会经济的发展不利。资源在经济发展的过程中的重要程度决定了社会企业对资源的依赖。

政府作为向社会企业提供资源的最主要的供应体，其在政策和资本两个层面上扮演着举足轻重的角色。政府主要是以政策的制定、财政补助等方式引导和规范社会企业的经营活动，以实现社会企业的高质量发展。目前，中央和地方各级政府正积极和民间组织建立伙伴关系，争取更多的社会组织加入社会保障体系中。

二、政府对社会企业的资源依赖

（一）对专业技术的依赖

在从事养老服务的过程中，社会企业拥有专业化管理人员，可以根据自己的特长，为老年人提供优质的养老护理服务。职业的养老机构通常都会有护理师、营养师、医生、护士等相关工作人员，并建立起一支系统的员工队伍。大型的养老服务企业都开设了自己的专业培训学院和专门的培训班，如天津鹤童集团创办了国内首个老年人教育培训中心，创办至今，为国内许多养老服务机构输送了专业化护理人才，树立起引领行业的人才标杆。

社会企业实行企业制运作，护理人员通常是依照规范持证上岗，定期接受训练和进修，社会企业的技术人员配置能够保证为老年人提供优质的护理。另外，一些比较发达的社会组织，也与国外的一些先进的养老服务组织进行了合作，构建了一套比较先进的康复培训系统。

（二）对服务方式的依赖

目前，国内公立养老机构多以“三无”、“五保”、烈士遗属、退休老干部、家庭收入低于本地区平均最低收入水平的贫困老年人等为主体，其服务范围相对广泛，服务品质相对有保障。尽管公立养老院整体环境好、收费低，但床位有限，供不应求，使大部分老年人望而却步。

在经济高速发展的今天，我国的养老模式越来越不能满足现代社会老年人的需要。根据国家的多层次养老服务制度，社会企业既可以自行建设，也可以通过“公建民营”的形式进行经营，增加老年公寓的病床数，同时也可以建设多种形式的养老机构为老年人提供养老服务。社会企业通过为老年人提供各种形式的养老服务，以达到满足其多元化的需要，从而提升社区居民的满意程度的目的。

三、社会企业与政府资源互动关系分析

从资源依存的角度来看，社会组织在社会中的作用主要体现在财政、政策、物质和合法性四个方面。尽管社会企业和国家有一定的相互依赖关系，但可以看出，社会企业更多是依赖于国家，而不是依赖于政府。经济、物质、信

息、合法性等资源是社会企业赖以生存和发展的重要资源。社会企业通常都是由国家出资，而登记、年检则是由政府负责，所需要的经费大多来自国家补助，甚至服务费用也与国家的方针紧密相连。因此，社会企业更多是依赖于国家的资源。

社区组织在从事养老服务的同时，也要借助外部环境的影响，获得更多的资源，从而实现自身的长远发展。在创业之初，社会企业对国家的经济发展有很大的依赖性，在此期间，权力的不均衡将会出现。目前，社会组织越来越多地参与到对老年人的服务中，并逐步地产生了资源上的优越性。这样既降低了社会企业对外界的依赖度，也增强了政府的力量。

（一）关系类型

从社会企业在各个发展时期的资源状况和相互依存程度来看，主要包括四个时期："资源匮乏""不平衡""累积"和"比较富裕"。我们可以将社会企业和国家的依赖关系分为：疏离型、非对称型、逆向依赖型和合作共赢型。

（二）关系分析

目前，还有一部分老年人仍存在着"养儿防老"的传统观念，从而造成资源的交流程度较差，社会企业与国家之间的互动不紧密，关系日益疏远。这一时期受诸多因素限制，我国的养老服务产业发展相对滞后，大多数的老年人都选择以家庭为主的养老模式，而对于部分"三无"老年人，国家往往采取的是社会救济等形式。

在不平衡的情况下，社会企业与国家之间存在着非对等的依赖关系。这一时期，社会企业依靠的是国家的资源。

在这种资源累积的背景下，政府与社会企业之间的相互依存关系逐步形成。逆向依赖关系是一个动态演化的过程，其原因在于，当人口老龄化问题日益严重时，政府必须寻找更多的社会力量介入老年人的生活，从而减轻其负担。在这种情况下，政府既要有社会和经济两种属性，也要有其自身的特点。而在资源比较充裕的情况下，两者可以建立起一种"共赢"的合作模式。这样的合作既要求国家持续地营造和优化外部的资源，以使社会企业更好地投入养老事业的过程中，同时也要求社会企业通过不断地调整和适应，寻求最佳的发展空间。合作共赢的关系是一种对各方都能达成自己的目的和利益最大化的最佳均衡状态，是人们所希望达成的一种最好的关系。

第三节　新时期我国社会企业参与养老服务的问题与对策

一、新时期我国社会企业参与养老服务的现状

（一）新时期我国社会企业参与养老服务的必要性

在我们国家的发展与社会发展中，社会企业逐渐被大众认识和认同，而我们也清楚，这关乎着每个家庭的福利，也是一个极具发展前景的行业。在缓解国家养老负担、发展养老事业的过程中，社会企业发挥着举足轻重的作用。新时期，我国的社会组织在养老事业中的作用主要体现在以下四个方面：

（1）通过对社会养老机构的投入，可以解决因国家功能不完善引起的问题。国家并非无所不能，如果国家介入市场，势必会出现“过度干涉”的问题，从而造成“政府失效”。而由“政府失效”导致的弊端，则可以由社会企业的介入来解决。

（2）通过引入社会机构，可以减轻政府在养老机构中投入巨额资金的压力和负担。建立一个高效率的养老保障系统，必须要进行巨额的财政投资，而财政一直是一个很难解决的问题，只有通过民间投资，才能有效地解决养老基金的投资问题。社会化的商业组织能够通过自己的运营方式获取利益。

（3）社区组织的介入有助于改善我国老年人的生活质量和生活水平。公立养老院依靠国家财政补贴和社会慈善捐助来支撑，缺乏竞争性，以居家养老、公立养老机构为辅的养老市场，其整体的养老服务质量相对较差。在以社会企业为主要养老机构的市场中，社会企业的介入必然能够满足其高品质、高层次的养老需求。

（4）有助于提高人们对养老模式、社会事业的理解。在我国，由于受到传统养老观念和社会发展等因素的制约，目前的养老方式主要以家庭为主体，人们对其存在着一定的偏见和误区。社区组织的加入不仅有利于促进社区企业自身的发展，也有利于促进老年人的健康成长。

（二）新时期我国社会企业参与养老服务的优势

我们通过运用马克思主义方法论中的唯物辩证法分析新时期我国社会企业参与养老服务的情形可知，新时期我国社会企业参与养老服务的实践优势表现在以下四个方面：

1. 提高养老服务的水平

随着人们的生活质量和生活水平的提高，原来的公立养老机构在没有市场竞争压力的情况下，所能提供的养老服务的质量已无法适应如今老年人的需求。现有的养老机构主要是养老院、老年公寓等，它们只提供基本的生活保障，服务功能单一、经费不足、专业化程度低。而市场是最好的调整器，企业是一个市场的组织形式，具有适者生存的规律。社会企业参与到养老服务中，可以使企业的社会属性和市场属性达到均衡。一方面，社会企业以其自身的利益为宗旨，以解决社会问题，其具有公益性质；另一方面，社会企业的经营模式是以营利为目的，以求生存和发展。社会企业在养老活动中具有双重性质，这就决定了其自身所具有的高品质、高层次的养老服务。随着社会企业规模的扩大，其运营模式也从单纯的以老年人为中心，转变为向更多的人提供更多的服务。社会企业的参与，使我国的养老服务质量得到了全面提升[14]。

2. 减轻政府养老负担

目前，我国社会养老保险主要是由国家财政提供的，但由于我国人口快速老龄化，政府的养老责任越来越重。目前我国急需建立一个高效、系统的养老保障制度。我国一直以来都在鼓励社会力量参与养老服务，但是由于其公益性，必然会对以利润最大化为目标的商业活动产生天然的排斥。近几年，随着经济增长速度的减缓，政府收入增长速度的下降，政府财政承受的压力日益增大，从而使得财政收入不能完全满足社会的养老需求。政府急需引入新的养老机构，为社会企业参与养老服务创造条件。社会企业的营利性使其能够通过经营活动获得一定的收益，从而有效地解决养老机构的资金不足等问题。社会企业的特性决定了其不需要像商业企业一样追求最大的收益，所以社会企业可以为老年人提供高质量的养老服务，从而减少政府的养老负担。政府通过引进社会企业，可以极大地缓解其社会养老的压力和负担。同时，政府也从原来的提供养老服务，变成了监督、管理、评价养老服务，角色与工作的转变，直接体现了政府减负的成效。

3. 养老服务中的创新角色

目前，我国的养老服务存在诸多问题，亟待在养老服务的主体上创造新的角色。在养老服务的主体中，社会企业发挥了很大的作用。这种优势主要体现在灵活的经营方式、明确的业务范围和未来的发展潜力等。首先，当前的社会企业一般都是以小型、中型机构为单位进行管理的，这样可以避免大量的人力、物力、财力的浪费；其次，社会企业的反应速度很快，对养老市场的需求做出了迅速的反应；最后，社会企业的盈利模式使其能够获得更多的资本，而不是单纯地依靠外部的资金来支持，而社会企业也是在竞争中生存下来的，它们必须不断地提升自己的实力，不断地壮大自己。由于社会企业的营利性，它在为老年人提供养老服务时，必须兼顾成本。但是，在市场竞争中，社会企业有别于普通企业，这种“公共服务”的社会使命意识，使其既要寻求“最优”的效益，又要从提高“供给”的品质与水准两个层面来加以考量。另外，由于社会企业的特殊性，它能提供的服务不是政府能提供的，有些地方是政府所不能触及的。总之，在我国的养老服务体系中，社会企业发挥着独特作用和创新作用。

4. 社会企业家精神的体现

社会企业家是有潜力解决社区问题的新颖应用人才。这些人愿意承担风险，并努力通过他们的倡议为社会做出贡献。

社会企业家精神是一种责任，也是个人、团体、初创公司或企业家的一种方法，社会企业家在其中开发、资助和实施针对社会、文化或环境问题的解决方案。这个概念可以应用于各种各样的组织，这些组织的规模、目标和信念各不相同。营利性企业家通常使用利润、收入和股价上涨等商业指标来衡量业绩，然而，社会企业家要么是非营利性的，要么其将盈利目标与创造积极的“社会回报”结合在一起。社会企业家精神通常试图推进广泛的社会、文化和环境目标，这些目标往往与保健和社区发展等领域的志愿部门相关联。社会企业家精神的一个例子是小额信贷机构，这些机构向失业或低收入个人或群体提供银行服务，否则他们将无法获得其他金融服务。社会企业家精神的其他例子包括教育项目、在服务不足的地区提供银行服务以及帮助因流行病而成为孤儿的儿童。所有这些努力都旨在解决社区内未得到满足的需求，这些需求被忽视或未能获得较发达社区提供的服务、产品或基本必需品。

社会企业家的主要目标并不是为了赚取利润；相反，社会企业家寻求在社会中实现广泛的改善。然而，一个社会企业家仍然必须精通财务才能在自身的事业中取得成功。社会责任投资是将资金投资于具有积极社会影响的公司和基金的做法。对社会负责的投资者通常会避开对生产或销售成瘾物质（如酒精、烟草等）的公司的投资，他们可能会寻找从事社会正义、环境可持续性和替代能源/清洁技术工作的公司。

目前，国内的公司很多都是世界上有名的公司。尽管有许多著名的公司为社会服务做出了榜样，但总体来说，公司仍缺少一种“企业家精神”。而在社区中，社区的养老是以老年人为主要目标的，而社区的养老也是社区公共福利的一个主要内容。在以商业模式经营和从事社会福利事业的过程中，社会企业的社会责任感促使它们坚持以社会效益为导向，这既是一种社会企业的公益性质，也是一种企业家精神的表现。

二、新时期我国社会企业参与养老服务的完善建议

（一）提高社会企业参与养老服务的运行能力和竞争力

尽管在市场上的竞争中，收益并不是社会企业追求的最终目标，但是它所带来的收益对于社会企业达到其预期目的具有十分重要的作用。只有强大的竞争力，才能保证它能够获得充足的资本，为老年人提供优质的养老服务。我们一般从以下四个领域着手分析：

第一，要提高社区养老机构为老年人改善生活品质的能力。社区企业的养老服务既要有目标，又要有品质。例如，老年服务中心可以为老年人提供陪伴、谈话等增值服务，让老年人能更好地度过晚年生活；提高社会企业养老服务的水平和质量，才能提高在多种养老活动中社会企业参与的竞争力。

第二，为老年人提供专业的养老服务。首先，在社区单位从事退休工作的员工的工作技术训练中，可以选择有规律的进修或不定时的沟通，让他们有充足的时间学习专业技术。其次，学校是创造知识、培养专业人才最理想的场所，除对退休人员进行专业的训练之外，还应该在高校设置专门的专业人才培训课程，以培育专业人才，为社会养老服务事业注入新的活力。只有提高社会对老年群体的关注度，提高社会企业在社区中的地位，才能保证新的青年人才的涌入。因此，要加强社会企业的经营管理和市场竞争，就必须加强专业的人力资源管理。

第三，要促进社会企业的发展，增强其市场竞争能力。通过发展壮大社会企业，可以有效地缓解社区企业规模小、发展缓慢等问题。例如，设立连锁式的社会养老服务机构和小公司，并形成多种规模的运营模式。又比如，利用企业发展的特点，进行融资再投资，不断地扩张自身的规模，争取成为养老服务领域的领军者。通过对社会企业的垄断和规模效应的分析，可以有效地促进其在养老服务中发挥作用。

第四，要提高社会企业的知名度。企业在社区经营活动中的核心是一种具有软竞争力的产品，构建一个具有社会性的企业品牌，是提高社会企业竞争能力的重要途径。首先，在从事养老的过程中，为老年人提供优质的养老服务时，企业自身的某些行动就表现出了对老年人的公益属性。公益是区别于一般企业的最大特点，也是社会企业的品牌。其次，透过社会企业的声誉与优质的服务，增进老年人对社会企业的认识与了解，进而建立起社会企业本身的品牌

与文化。所以，在养老服务方面，社会企业要提高其品牌影响力。

要使社会企业更好地为老年人提供养老的有效途径，必须提升其运营能力和市场竞争能力。由于社会企业是一个具有创新性的机构，其必须持续提升自己的市场竞争能力，成为参与养老事业的主要力量，并充分利用自身的力量。

（二）完善社会企业参与养老服务的法律保障

目前，我国的法律法规没有对社会企业进行清晰的界定，而且它的发展还处于初级阶段。由于缺乏相关法律法规的保护，社会企业的社会地位模糊，导致其注册混乱以及民众对其认同程度低等一系列负面结果，这将直接关系到社会企业的发展和社会组织的积极性。

法律制度完备是社会组织有序进行养老服务的先决条件。为此，相关部门必须加快对社会企业的法定身份进行确认，对其进行专门的立法，建立相应的法律制度。通过对社会企业的含义、性质及外延、社会组织性质、目标、社会组织的基本原理等进行清晰的法律阐释，以界定社会企业的法定身份，并将其与非营利性组织相区分；通过对社会企业登记程序、工商经营、章程等各环节进行全方位的清晰界定，从而实现在实践上的规范；在此基础上，要对社会企业的服务内容、服务方式、服务主体、服务人员要求等方面进行探讨；要在立法上明晰，以确保社会企业在全流程中能够更好地保障老年人的生活质量。

相关部门要加强对社会事业的认识，通过政府媒介宣传公益精神、创新精神，提高公众对公益事业的认识与认同；利用社交媒介，特别是以老年人为主要受众，以传播媒介的形式，让公众了解到社区企业的经营模式，并让更多的老年人选择以社会化形式获得养老服务；利用社交媒介进行宣传，以创造公众对其进行讨论和甄选的良好氛围。此外，传播途径也是五花八门的，不只是社交媒介。例如，社区可以利用自身资源，定期组织老年人学习保健知识，让他们既能学习到一些卫生方面的常识，又能让一些社会企业得到更多的信息，这些举措强化了老年人对社区的认识，提高了他们对社区活动的参与意识。另外，针对参加养老事业成效显著的企业，政府部门要积极鼓励、扶持，也可以通过新闻媒介对社会企业进行表彰和表扬。同时，也可以利用这一系列的形式，提高社会组织对养老服务的参与程度，从而摆脱目前我国养老服务供应的难题。

（三）鼓励社会企业参与养老服务的创新方式——公益信托

目前，我国的公益信托在立法上的内容十分局限，其具体的法律条文也很少。我国在立法过程中，若是没有明确的规范指导，必然会遭遇种种困难。

目前，在我国的社会保障体系中，通过公共利益的委托来进行老年人的养老服务是一种比较好的选择。英国的公益信托已经发展得相当成熟，英国的公益事业组织的公益信托可以为中国的社会企业提供一个真正的、切实可行的参考。在我国，社会组织可以利用公益信托的形式为老年人提供养老保险。因此，利用公益信托进行融资，具有多元化的融资途径和融资方式。因为各类基金的来源途径各异，能够相互互补，所以公益信托可以通过专门的团队进行资产的经营，从而保证其价值的提升。资本是制约社会企业发展的一个关键要素，资本充足对其发展起到推动作用。

公益信托的财产可以是由国家征收的税款和补助，也可以是私人捐款，还可以是慈善机构的捐款。公益信托融资具有一定的弹性和多元化的特点，使其能够更好地实现社会公益。由于社会资本的差异性，公益信托的受托者也多种多样，有政府机构、公司、个体等。而公益财产的信托人是指从事养老事业的社会组织。在委托经营的过程中，社会企业通过委托经营的方式，与其他机构共同努力，从而积累更多的社会公益资金。与具有多种社会职能的其他义工机构进行合作，可以相互借鉴，弥补不足，从而实现更多元化的老年护理。通过与家属、朋友、同事的合作，可以让老年人的生活更具人性化。

（四）完善监管和评估体系

尽管国内的社会企业还处于起步期，但由于老年人对养老服务的需求日益增长，企业规模也在迅速扩大。我国目前缺乏对社会组织的管理和评价，导致其发展水平参差不齐。为了推动社会事业的良性发展，政府部门必须建立和完善社会企业对养老事业的监管与评价体系。

第一，必须建立起一套行之有效的监督制度。有效而严密的行政监管应当包含两个方面：内控和外控。内控是指一种与社会企业有关的财务审批管理体系，它的作用是对资金的运用进行监控。所谓的“舆论监管”，就是让社会大众对社会企业的参与进行监管。外控是指利用传媒的手段，用一种客观、公正的态度来反映社会组织对养老事业的负面影响，以引起社会的普遍关注和重视。第三方监管是指在审计程序中引进第三方独立的中介组织，对审计结果进行客观、公正的评估。无论是内控还是外控，其目标都是统一的，即为社区企业提供高质量的养老保障。

第二，要完善绩效考评制度。评价是对社会企业在这一问题上的积极评价。得分的多少反映了社会企业在养老机构中的作用。政府部门在建立一个统一的评价准则的基础上，还要积极引进有专业权威的第三方评价机构来进行评价。第三方的独立评估组织将依据一个综合评定的标准，对其在社会企业中的作用进行综合的评价。该评价可以为社会企业在参加养老保险过程中的评价提供参考，从而达到社会企业的最高标准。

第四章　社区居家养老服务的发展

第一节　社区居家养老服务及其标准

一、社区居家养老服务的相关概念

（一）社区居家养老服务的概念

1. “社区”的概念

“社区”的定义必须具备三个基本要素：一是地域范围。如果一个地区的地域划分没有界线，这个概念是不成立的。二是“社区”的居民。其必须在某一特定的地区，拥有相同的价值观。三是社区成员之间必须存在一定的社会关系。

2. “社区居家养老”的概念

“社区居家养老”是指在具备一定条件的情况下，政府会给予一定的财政支持，并给予社会支持，当老年人因个人原因某些需求不能被满足时，也会有相关的服务人员上门为其服务[15]。

（二）社区居家养老服务的主要内容

随着人口老龄化程度的加快，老年人口越来越多，其需求也越来越迫切，而社区居家养老服务因其自身的优势和特点，逐渐得到了社会的广泛认可，并在全国范围内陆续展开。因为各个地区的发展水平不同，因此各个地区都有自己的特色，老年人应选择适合自己的社区养老模式。

1. 生活照料类服务

生活照护服务的工作重心是照顾老年人的日常事务，其中包含了老年人的饮食问题，也就是要为他们提供食物帮助；如果老年人需要社区人员帮忙打扫房间或给予其陪伴，社区则需要为他们提供诸如打扫卫生、配送购物等基本的日常护理服务。

2. 医疗护理类服务

我国正大力推进医疗护理“融合”模式，因而，在社区养老服务中，卫生保健是一项十分重要的工作。社区养老服务中心提供的保健服务主要包括：在子女外出期间为老年人提供生活照料服务，送老年人去医院进行日常体检等，如后期护理和紧急救援等。

3. 心理辅导类服务

老年人的心理孤独是一种普遍的问题，这一特点使得他们对外界的刺激更加敏感，他们的孤独感和心理敏感度也会随年龄增长而增加。服务提供者可以帮助老年人在群体中感受温暖，包括长者教育服务、陪同谈话及法律咨询，从而使其摆脱心理上的孤独感。

4. 文化娱乐类服务

文化娱乐类服务为老年人提供了多样化的人生体验，使其在晚年生活中也能体会到人生的可贵，并能有机会继续做自己感兴趣的事，如象棋、书法、艺术表演等。

上述四大功能按照马斯洛的需求，能够满足老年人的基本需求。

（三）社区居家养老服务的基本特征

1. 服务种类和内容的多样性

服务种类和内容的多样性这一特点主要体现在社区居家养老服务符合广大老年人的养老需求。简单来说，我们能看见数十种不同的服务，虽然这些服务都是由外在条件所决定的，如老年人的生活习惯及地区文化的不同，但它们的内容却各不相同。

2. 服务方式的多变性

由于老年人的需求不清晰，且其行为的多样性，使得其在服务方式上的选择也较为模糊。这些不同的状况体现在，老年人可以选择在家里做护理，也可以在一些时候临时取消这一决定或改变他们的选择。

3. 服务水准的差异性

老年人的身体素质和文化水平各不相同，不同的性别、年龄、职业训练和工作经验也会影响到他们对服务水准的需求。即便是相同的老年人，相同的照顾对象，对于相同的医疗条件也有一定的差别。

二、居家养老服务标准

（一）养老服务标准

1. “标准”的概念

“标准”被界定为由特定的机关批准的文件，包含各种形式的文件、规范或参数等。标准是一种规范，旨在反复使用。规范是一项旨在规范人类社会的协议，包括行政规范、技术规范等。标准是对重复的东西和观念做出的一个统一的规范，它是以科学、技术和实践的结合为基础，经由相关各方同意后，以具体的方式公布，并以此作为一个共同遵循的指导原则和依据。

2. “服务标准”的概念

服务规则源于世界贸易中服务贸易的快速发展；为了消除贸易壁垒，世贸组织乌拉圭回合谈判的一项重要成果是《服务贸易总协定》，其中规定服务质量必须被视为服务贸易的基础，服务产品的质量和市场准入的资格条件必须标准化。ISO 根据 WTO/GATS 对服务质量标准做出了积极回应，并提议用技术标准来标准化服务质量，以支持或促进服务贸易的发展。中国是世界上最早重视制定服务标准的国家之一。

3. “养老服务标准”的概念

养老服务标准定义为规范化的管理体系、统一的技术标准、服务岗位项目的设计和培训、预定的养老机构管理人员程序和目标、统一的重复服务。养老服务标准本身就是老年人权益的体现，标准的每一条都突出了满足和保护老年人权益及安全的理念。养老服务标准规定了需要保护的老年人权益，包括选择服务的权利、老年人的自主权、老年人资产的保护、个人数据的隐私保护以及老年人的个人尊严和民主管理。

（二）社区居家养老服务标准

社区居家养老服务标准是指规范社区居家养老服务组织、服务项目、从业人员、服务流程、服务改进和服务保障等，以及社区居家养老服务中心（社区助老服务社）、社区老年人日间服务中心、社区老年人助餐服务点等社区居家养老服务组织（机构）的相关法律、法规、条例、标准和规范。

（三）社区居家养老服务标准的实施

社区养老服务标准的制定与执行，以达到服务品质为目的，使老年人在生活中得到更好的照顾。要达到设计的基本目的，相关部门就必须建立高效、无缝的执行流程，以保证其执行效果。在我国的社区中，家庭照料体系的建立和完善是一个非常复杂的体系。相关部门应参考现行的政府服务规范执行制度，制定养老服务规范，包括法律法规、管理机制、人才、资金、广告、培训等支撑制度。

三、社区居家养老服务标准实施评价的内涵

（一）社区居家养老服务标准实施评价的构成

评价的目的在于评估世界各地的居家护理标准执行状况，以便更好地理解

目前的标准制定与执行中的问题，为以后的新标准制定与执行工作打下基础。社区居家养老服务体系的执行状况主要包括政府、社区养老服务生产组织、社区养老服务机构以及第三方机构。评估的主体也是评估的载体，而在家庭中执行老年人照护规范的评估则是在社区照护中执行的。评估的内容体现在评估指标上，它是一种量化和定性的评估手段，其科学与否直接关系到评估精准度的高低，而评估的终极目标是得到一个有效的评估结论。评价的内容、指标、方法是否科学、是否有效、是否合理，将直接影响评价可信度的高低。

（二）评估社区居家养老服务标准的作用

评估我国目前的社区居家护理规范执行情况，有助于判断我国目前的社区居家养老服务标准的作用，检验目前的规范情况，并引导未来的发展。

1. 判断作用

通过对目前有关标准执行情况进行评价，我们可以更好地判断目前整个工作的进程。

2. 检测作用

评估标准执行情况既可以确定执行社区护理规范所需支持的基础和方向，也可以明确各个执行机构之间的权利和责任，使其在各自的职能上得到充分体现。评估可以检查方法与有关规范的一致情况，还可以指出目前我国社区养老标准在制定中存在的问题，如标准过时、缺失、冲突、不适用、操作性差等。

3. 指导作用

我们通过对现行的社区居家护理规范的实施情况进行评估，可以完善该规范实施的支持条件、确定各实施主体的权利义务、合理使用合适的实施方法、完善规范的制定、改善实施的成效等，从而更好地为老年人提供养老保障。

（三）社区居家养老服务标准实施评价的构建流程

制定适用于社区居家照料准则实施情况的评价应当遵循以下步骤：

1. 明确工作目标

评估我国目前实行的家庭养老服务制度，我们应根据现行制度和执行情况明确其执行评价的目的和任务，并将其纳入评价指标体系。

2. 构建评价指标体系

如何建立一个评估指标，是评估社区养老服务质量水平的关键。建立评价指标的第一项工作就是建立评价准则，以确定评价准则为依据，筛选出目标明确、科学、系统的评价指标。

3. 评价结果分析

对社区居家老年人服务标准执行评估模式进行研究可以发现目前社区居家

养老服务标准存在的问题，由此提出改进社区居家养老服务标准的支持措施，明确政府、服务组织和第三方组织之间的权利和义务，从而推动社区居家护理产业的良性发展。

四、推进社区居家老年人标准化工作的措施

（一）提高标准的可用性

1. 制定更加精炼和更具指导性的准则

目前，我国社区居家护理服务规范存在的问题是范围太广，服务机构往往将其搁置一旁，无法有效引导行业发展，提高服务质量。为此，相关部门在制定标准时，除一般的标准外，还应根据特定的服务种类，如助医、助浴、助餐、助洁、助行等类型，对各种类型的业务分别制定更加具体、切实可行的业务标准，明确业务规程和业务重点，引导社会团体改善自己的工作，使其更好地发挥其指引和规范的功能。

2. 制定前进行全面调查

标准的制定要根据工作的具体情况来看，如果超出了现实，制定的标准过高或过低都不可行。因此，在制定标准之前，我们应该进行广泛、充分的调研，使服务机构的主管人员亲自参加制定的流程，保证各项规范条款的应用，使大部分服务机构能够采纳。这样既保证了规范的执行对服务机构的负荷，也可以提高服务机构的服务能力，规范其服务行为，给予社区居家护理服务产业持续健康发展的内在动力。

3. 促进服务机构建立和改进自己的业务程序及服务规范

由于国家制定的社区老年人服务规范要兼顾不同地区、不同服务对象、不同层次的特点，所以在适用范围上一般都不会过于详尽，避免出现顾此失彼的情况。因此，要弥补我国现行的行政管理机构在规范方面存在的缺陷，各个地区就必须根据自身发展的实际情况和需要，制定出适合自己的业务活动和业务规范。只有量身定做、因地制宜，标准才能达到最佳效果。为此，相关部门应该通过各种途径，引导和督促各行业协会根据自己的实际，制定、改进和实施相应的业务程序及业务规范。

（二）以老年人利益需求为导向制定标准

1. 以提高老年人的满意度为主要考虑要素

社区居家养老服务标准的制定和执行，其关键在于提高老年人的居住品质，保证其能够健康长寿。所以，在制定规范时，相关部门应以提高老年人满意度为中心，兼顾其在物质与心理上的需求，使之融入标准的制定与执行之

中。我们必须以老年人的切身利益为出发点，正确把握标准制定与执行的基本方针。

2. 把减少老年人的人身伤害列为必须考虑的要素

由于老年人的自身状况，对他们的护理工作具有很高的危险性，如果护理工作做得不好，很可能会对其身心造成损害，从而对健康产生很大的危害。比如，护理人员要时刻注意老年人的身体状况，并适当地为其添加必要的保健产品；为老年人提供洗浴服务时，洗手间必须配备足够的扶手、防滑垫等设施，以免老年人滑倒。在标准的制定过程中，相关部门应该根据老年人的自身特点，充分顾及其在服务过程中所面临的安全隐患，以达到事先防范和避免事故发生的目的。

（三）加强标准的宣教及训练力度

1. 增加训练的规范化

目前，我国的社区机构标准培训的频次还不够高，主要是因为它们没有认识到标准的功能和规范化对服务质量及效率的促进作用。要想提高标准的推广效果，各地区民政局、老龄办应联合主办，由社区居家养老机构牵头，组织各机构参加有关标准的培训。

2. 增强社区居家养老机构规范化宣传观念

良好的宣传培训能够提升服务组织管理人员和服务人员的标准化意识，营造良好的标准化氛围，培养服务人员按照标准执行操作的思维模式，在思想上提升服务人员执行标准的积极性。相关部门应当发挥引领作用，多组织标准化的讲座及培训等活动，带动社区居家养老服务组织内部开展自我学习、自我教育活动，使各服务机构了解标准化对本机构的重要性，并在此基础上，加大标准宣传力度，印发标准宣传材料。

（四）增加标准实施后评价环节

1. 改进社区居家养老服务标准评估程序

在社区居家养老服务标准的具体执行过程之中，我们应该增加评价环节。在评价标准实施结果之后，我们可以掌握各地区的养老机构执行的状况，并将在执行中发现的问题及时向制定单位反映，使其在执行中得到持续改进，并确保其适用范围。

2. 在服务机构评级评价中引入对执行准则的评价

社区居家养老服务中心的分级评价是各个养老服务机构所关注的焦点，它们期望能够通过政府的正式认可，获得更高的评价和更多的补助。所以，将老年人的评价与服务机构的评价结合起来，我们可以有效地促进服务机构在执行规范方面的自主性和主动性。在制定分级评估方法时，我们要把评估的内容与执行情况联系起来，以使其更好地执行，进而提高执行的效率。

3. 纳入政府购买资质审核和政府购买后的评价考核中

为确保政府采购的社区养老机构的服务品质，我们必须在投标时审查其机构资质，在项目完成后，要对项目的服务状况进行评估，在招投标阶段以及在采购后的评估阶段，将该项目的执行状况与该评估结果相结合，对该项目的服务机构进行评估。在实际工作中，我们要把各项标准贯彻落实到老年人的生活中去。

第二节　社区居家养老服务供应链的管理

一、社区居家养老服务供应链的概念和运作模式

（一）社区居家养老服务供应链的概念

随着社会的发展，许多传统的观念都发生了变化，当人们衣食无忧的时候，他们的生活品质就会越来越好，其对生活品质的要求也逐渐提高。在服务业逐步发展壮大的同时，服务供应链也逐步被人们关注。近年来，学者们对服务供应链进行了深入的探讨。随着服务供应链的发展，其在各种服务中的运用越来越广泛，养老服务业的发展也越来越受到人们的重视[16]。

供应链是生产和交付产品或服务的整个系统，从原材料采购的最初阶段到最终向用户交付产品或服务，供应链展示了生产过程的所有方面，包括每个阶段涉及的活动、正在交流的信息、转化为有用材料的自然资源和人力资源，以及进入成品或服务的其他组成部分。

在服务供应链这种模式下，企业的最大优点就是可以充分利用各种不同的资源，但是它的弊端也很大，即不能很好地解决客户的需要，从而对客户的服务产生消极的效果。

随着服务业的不断发展和运用，人们对服务供应链的认识出现了百花齐放的倾向。经过归纳和剖析，我们可以将其归纳为三种类型：第一种类型着重于“普遍化”，它不能孤立地看待“服务”的特性，只把它看作生产中的一个环节，而不把它当作一个独立的体系来加以分析；第二种类型着重于服务链的运用和相关的服务链模式；第三种类型强调了在物流系统的运行中，服务自身的重要性。

关于社区居家护理的价值链，我们可以从以上所述的“第三种服务链”

这一角度出发，以“养老”为核心，从而构建出一个独特的“社区”式“家庭养老”供应链。例如，以老年人的需求为基础的服务链，先将其需求集中到服务机构之中，再由机构委派合适的服务人员进行居家服务，这就是一条完整的供应链。

（二）社区居家养老服务供应链的运作模式

1. 单一服务主体模式

单一服务主体模式强调服务对象的“单一化”。这种模式的最大优点是充分利用了现有的各种资源，但是其弊端也很明显，不能很好地适应市场的需要，会对老年人的服务产生消极的作用，从而导致其在服务过程中产生心理上的失落感。

2. 社区购买模式

从本质上讲，社区购买模式就是通过政府采购以市场为导向的公共产品，再向老人们提供养老服务。从经营的意义上讲，该模式是一种“管办分离”的方式，可以将资源进行外包，从而提高社区养老服务模式的运营效率。但该模式也有一个巨大的缺陷，那就是经过社区采购之后，提供服务的主体身份不明确，从而导致客户的服务品质不能得到保证。

3. 社区与企业合作模式

社区与企业合作模式的特点在于，它不会由居民自己来购买，而是由公司进驻。在为老年人事业单位提供办公场地之外，社区还将对企业进行年度补助，帮助其从事老年服务工作。该模式建立在一种合作的基础上，而在公司参与后，其运营和服务的专业度也会相应提高。但从当前的状况来看，收费是否合理将直接关系到老年人是否满意社区的养老服务。

4. 社区开发商与居委会联合服务模式

在社区开发商与居委会联合服务模式下，社区会向老年人提供一定的生活费和抚恤金。一般来说，这些社区都是不对外开放的，不会有任何的公司入驻，都是独立运作的。虽然老年人可以得到一些福利，但因为没有足够的实力去争取，所以他们的资金并没有得到有效利用。

二、社区居家养老服务供应链的现状和问题

（一）社区居家养老服务供应链的现状

在引入问题之前，我们要先对以下几个问题进行简要的分析和说明：

1. 社区居家养老服务供应链的主体参与者

在社区居家护理的供应链中，参与主体以三个方面为核心：护理人员、社

区居家养老服务中心、接受服务的老年人。例如，在老年人理发的问题上，大部分社区和理发店都有联系，理发店可以在老年人家里或者是在社区服务机构中为其剪发。如果需要理发的老年人数量太多，或者是大型理发店没有足够的人手，那么，那些大型理发店就会和那些有一定名气的小型理发店进行合作，而从供应链的意义上讲，那些大型理发店就是供应商，小型理发店则是第二类供应商。

2. 社区居家养老服务供应链的服务提供过程

社区居家养老服务供应链是一种以老年人为中心的养老模式，既可以照顾老年人的生活起居，也可以给老年人带来心理上的慰藉，缓解老年人的孤独感。通过多种形式的服务，减轻了老年人家庭的赡养负担，充分发挥了社区居家养老的优越性，也是部分失能老年人和半失能老年人的一大幸事。

3. 社区居家养老服务供应链的基本结构

就老年人的需要来说，与一般的产品要求相比，老年人的随机性很大，再加上其体质、疾病的严重程度等因素，这些都是随机的。综上所述，在实际工作中，我们要尽可能地缩短供应链，因为太长的话，会降低信息的真实性，从而影响到整个供应链的运营。

在养老机构多元化的服务需要下，传统的分散式、单一的运营方式逐步被集中化的管理方式取代。所以，在这种环境下，大部分的服务整合都是以社区为主，有些则是以政府为主，还有些则是以其他方式进行的。

（二）社区居家养老服务供应链存在的问题

1. 服务订单常有堆积

在实地调查和探访社区养老服务中心之后，我们可以发现，订单累积率接近一半。与商品供应链相比，服务供应链中并不存在存货。但是，从积累情况可以发现，在具体的操作过程中，供应链中出现了一些问题，主要集中在供应商和集成商上，这些因素导致了供应链中供应商和集成商之间的资源不均衡。这并不只是因为各节点的利润被放大了，更重要的是，这些数据在各个供应链节点的传输过程中，信息容易出现失真，从而导致信息的不对称。

2. 服务订单处理能力不强

虽然因为老年人的需求和外部环境因素存在差异，客户的订单延迟很常见，不过有些社会团体，如供应商，因为没有足够的能力去解决问题，从而无法给出一个让用户满意的答案，一旦出现问题，那么整个系统的运行速度将会大幅度降低。

3. 服务者和服务商的工作负担过大

不管是服务者还是服务商，任其如何预计，由于信息的非对称性，双方的预期都会发生变化，而另外一端则会通过各种方式来满足双方的需求，从而导致双方的工作压力越来越大。甚至在某些时候，这种额外的工作都是无济于事的，白白消耗了大量的人力物力。另外，由于工作负载的增大，员工的工作负担也随之增大，在高强度的工作环境下，工作失误的概率会大大增加，从而降低了服务的质量，而且在服务出现误差的时候，会浪费大量的资源和时间，不利于整个系统的处理效率。

4. 老年人满意度不高

实际生活中，尽管这样的养老服务方式已经被普遍认同，然而总体上的满意度却没有预料中的高。参访的老年群体可以分为两类：一类是具备生活自理能力的老年人；另一类是丧失或半丧失生活自理能力的老年人。绝大部分老年人都表示他们被照顾得很好，但也有老年人觉得他们所享受的服务与他们所期望的服务存在着一定的差异。还有一些老年人没有及时享受到服务，因为无法看到订单的进度而产生犹豫，从而影响到他们的服务体验。

通过对这些问题的分析和归纳我们可以发现，这些问题已经严重影响到社区居家护理服务的质量。

三、供应链服务质量的策略优化

（一）强化信息平台的建立与管理

由于信息传输的失真和延迟会对供应链运营的有效性产生一定的负面作用，从而制约养老供应链的发展。在此基础上，完善的养老服务管理系统可以提高养老机构的信息传输质量和传输速率，从而为老年人提供更好的选择。随着信息平台的建立，管理变得更加严密，信息的交流也会更加紧密，从而确保整个产业链的运营效率，同时也会提高订单量、工作量和用户的满意度。

（二）确定养老服务集成商的位置

由于服务集成商的服务资源整合功能没有得到很好的应用，因此从目前的状况来看，这些企业并不处于供应链的核心地位。建立一个以老年人为服务中心的机构，可以有效地将社区内的优质的养老资源进行有效整合，同时也可以有效地为老年人提供更好的服务。

（三）个性化和模块化的护理服务

高龄老年人的服务需要多元化，规模也比较庞大，给服务者或服务商的工作造成了很大的困难，同时也增加了相关机构的工作负担。经调研后我们认为，尽管老年人的服务需要具有一定的规模和多样性，但大部分都具有普遍性，即针对特定需要的老年人，对其进行个性化的养老服务，既能减少单一的服务费用，又能降低员工的劳动强度。

（四）构建社区养老产业集群的产业链

要想改善社区居家护理供应链的服务品质，我们除了要通过供应链的优化外，还要通过强化各社区的协同配合，来提升各机构的资源整合度，以达到最佳的协同效果。

（五）发挥国家的领导职能

在我国的社区养老机构中，政府是必不可少的一部分。随着国家对其进行规范和支持，以及有关的社会保障制度和政策的出台，将会推动我国的养老服务业健康发展，从而为我国的居家养老服务体系的运行提供一个有利的外部环境。

第三节　我国社区治理背景下养老服务业发展机制不断完善

一、相关概念

（一）“社区治理”的概念

19 世纪 80 年代以来，欧美各国一直以社会为视角对社区进行探讨，但直至 20 世纪 30 年代以后，西方学者们的社群观念与学术范例才被引入国内。裴迪楠和滕尼斯把社区看作一个基于地理、血液、自然意愿和情感的传统的社会性团体。社会观念的核心要素是人际关系和地域[17]。

社区管理的内涵十分广泛，包括卫生、安全、医疗、教育、社区自治、文化以及完善的社区组织体系。目前，我国的社会管理有三种模式：一是以以色列、日本为代表的混合模式；二是以美国等发达国家为代表的“自治”模式；三是以新加坡、韩国等新兴发展中国家为代表的行政模式，即政府主导类模式。

社区治理侧重于社区行使权力，以实现符合其需求的政策成果。为了成功地制定正确的政策，社区政府必须确定和规划社区的资产、能力，以便正确理解社区的优势和劣势，即物质、经济、政治、社会等。通过这种方式，它填补了更大的政府结构和市场滞后造成的空白，而这些空白在州和联邦一级都没有得到解决。自上而下的社区治理方法包括社区政府。在社区政府中，由民选官员制定政策，而自下而上的方法侧重于基层的公民行动，在基层，社区组成行动小组，领导人要求变革并制定政策。社区治理需要由对社区有既得利益的社区成员执行决策和领导社区。通过关注社区非营利性、营利性和政府部门，可以发现社区治理有别于其他形式的治理。

“社区治理”和“社区管理”只有一个字的区别，其意义却相差甚远。“管”更多的是一种由上至下的纵向模式，带有行政权力的方式；“治”强调的是扁平的协同模式，强调实施的有效性。

（二）社区治理与养老服务业之间的关系

城乡共同体是人们居住的幸福家园，是社会管理的基础。在社区管理中，如何正确地解决好养老服务的问题，直接影响到居民的生活质量。俞可平（2014）在政府现代化过程中所提出的，养老服务事业的发展需要遵守以下五大准则：一是规范化、制度化的公共权力运行，也就是说，要对养老服务机构进行健全的制度设计；二是要保障老年人的基本生存，要努力改善其生活质量；三是要做到法治，用法律和法规来促进养老服务的发展；四是要有效，既能有效地为老年人服务，又能避免资源闲置和乱置，以迎合中国人口越来越多的老龄化人群的需要；五是要协调，在横向和纵向上都要有协调的机构支撑，以达到多个主体的协同管理。我国在发展中如何更好地实现政府的管理，需要有法律、制度、技术、资金、人力等要素的支持。

二、我国社区治理下养老服务发展取得的成就

近年来，我国的社会管理工作已有了长足的进步，在社区居民中培育出了一种文化凝聚力，并利用科学技术提升了其管理的能力。我国的老年社会保障制度越来越注重发挥社会功能，并在探索中继续向前推进。在社区养老机构方面，它们涵盖了全部城镇和50%以上的乡村地区。

（一）福利性养老服务有一定的发展

在提供退休金服务上，国家最大的贡献是提供资金，购买退休金服务，提供有关的机构和设备。近年来，我国逐渐增加了老年医疗机构、养护协调机构、法律援助机构、老年活动室、老年大学等的数量，这些都是我国在应对人口老龄化问题上所做的努力。在老年人补助上，老年人获得多种补助的比例不断增加。从这一大批发展趋势来看，我国的社区福利机构的发展已经进入一个新的阶段。

（二）养老服务理念和模式的创新

1. 互惠养老

互惠养老是指在社区中充分利用邻里之间的互惠互助，实现双赢。第一类

是由村委会出资，将未使用的公共房屋建成“快乐院”，让老年人自行管理、自助养老。第二类是“基地”型，是指有资格的老年人或者企业提出的老年公寓，由社会按照自愿或者需要的原则，将其安置在老年公寓中。第三类是时间银行，也就是由社区养老服务站设立“时间储蓄银行”，将参加者所提供的服务时间记录下来，待年迈之后，就可以享有相同时长的“养老服务”。

2. 医养结合养老

近年来，我国的“医养一体化”已逐渐受到国内外学者的重视，是我国“十三五”期间的一个重要发展方向。通过健康护理与老年护理，实现对老年人的慢性病防治，特别是有晚期、慢性病、身体残疾等特征的老年人更是如此。其中“整合照料”是医疗机构和养老机构联合运营的一种方式。“支撑辐射”是指由养老机构和医疗机构共同承担的“整合照料”。

3. 智慧养老

智慧养老是指利用云计算、互联网、可穿戴设备等先进的信息化技术，在老年人中心建立信息化、物联网、融合本地的资源平台，实现了对老年人的健康管理。其中，最重要的是能够实现对老年人的生理特点的无障碍辨识，对其进行智能化的分析，为其提供及时、快捷、精确、高效的管理与监管。在此基础上，这种模式实现了个性化、家庭式、专业化的养老服务，使其业务领域得到了极大的突破和扩展。目前，该模式在世界范围内还处于技术革新的初期，是一种基本的、渐进的技术革新。

4. 虚拟养老

虚拟养老是一种高度专业化的养老模式，它通过现有的互联网平台和社会机构的优势，将社区及其周围的生活设施综合在一起，从而实现“一站式”的养老服务。虚拟养老模式就是一座没有围墙的“养老院”。该模式不仅能解决老年人“居家养老”的需求，也能为老年人提供更加专业、全面的照顾。它最大的优点是能很好地关注老年人的情感问题，同时也能有效地规避社区非人文关怀的养老服务。

5. 旅游养老

在旅游养老模式下，老年人采取临时居住、旅行和游览等方式进行“离家”养老。这些老年人，有的身体健康，且具有经济实力，他们会选择到国外旅游，也有为了治疗心理疾病，定期前往特定的地方（如自然环境和气候条件比较好的地方）进行疗养的。

（三）以市场为导向的老年服务业初露端倪

目前，我国的社会养老机构在社会中的作用主要表现在以下四个方面：

一是政府管理下的养老保险经营是基于家庭化的养老服务的转变。近年来，部分民营企业和非营利性机构在国家和地区的政策及管理上得到了大力的扶持。

二是把握医疗保险、房地产、旅游业等行业的优势，瞄准房地产市场，以房地产为主要业务，进军老年行业。

三是以中国社区为代表，引进先进的思想和经验，引导社会的发展。例如，上海亲和源养老公寓是全国首个引入 CCRC（持续照料退休社区）运营模式的综合性养老社区，它将机构养老、居家养老与社会紧密结合，形成开放的、独立的高端生活社区。

四是养老产品的销售情况也越来越好，涉及老年人食品、服装、医药等产品的生产领域不断革新，产品种类不断增多，产品的可靠性和实用性不断增强。

三、中国养老服务在社区管理中的改进措施

我国有着独特的国情，它的政治地位对政府机关和社区居委会的运行产生着重要的影响，而在养老服务业，它起着决定性的作用。

（一）构建以多点为核心的合作治理体系

1. 行政机构的领导与合作职责

政府的总体要求是构建法治型、规则型和效率型养老服务体系。作为市场操作者，政府要适时地协助各地区把握转瞬即逝的机会，扫清扰乱市场秩序的障碍。在养老服务方面，政府要发挥监督作用，规范市场的进出与退出机制，不能再直接为老年人提供养老服务，但要利用市场主体的专业性来撬动社会养老服务资源，建立健全养老服务的专业评估体系。

法治型养老服务的法治性主要表现在以下几个方面：一是政府应适时地适应经济发展的要求，适时地修改相关的法律、法规；二是要严格执行相关的程序和规定，实行公开透明、公平公正的行政许可制度，允许具有商业实力的机构进入，通过法治的方式，充分保证其在运营中的合法权益；三是禁止一切以违法的方式干扰企业的正常运营的行为，禁止以非法的方式将国家的优惠政策作为商业行为的依据。

效率型主要表现在以下几个方面：一是通过金融手段向市场传递直接投资、融资租赁、PPP 项目、金融折扣、混合资本重组等；二是运用税务手段，特别是鼓励、降低税率、减免税额等；三是通过航空燃油等相关的政策支持，可以使养老服务业早日步入发展轨道，并能快速发展。

2. 促进社会组织的发展和壮大

（1）我们必须加强硬性力量，采取财政倾斜政策，调动社会资本，增加员工薪酬，完善基层基础设施；同时，要建立以社区为基础的养老服务中心，实现品牌化和连锁化的目标。

（2）我们要增强自身的软性力量，通过对机构内的员工进行专门的训练，组建专门的医疗队伍，完善制度体系和管理体系，增强社会团体的交流能力，实现养老机构运作的规范化、法制化和高效化。

3. 市场主体应加大参与力度

社区老年人服务体系可以充分利用其专业化服务、庞大的资金、先进的设施和丰富的人才资源，为老年人的健康服务创造条件。在此基础上，市场主体要根据社会的养老需求，进行最优的养老保障。在参与养老服务的过程中，需要对其进行准确全面的把握，以获得更大的收益。在构建养老机构的过程中，我们要转变传统的“偏向于高端”的观念，把老年人的服务需求视为自己的任务和责任。因此，我们要从老龄人口的需求出发，大力发展老年服务业，使其整体素质得到提升，得到更好的发展。

4. 社区居民发挥主人翁作用

在社区的发展过程中，居民要转变负面思维，主动融入与自身生活密切相关的社会治理之中；将个人的兴趣和社会的兴趣结合在一起，并且要有先见之明。其中，社区成员的身份认同与归属感是其关键因素。居民应该自觉培养和提高民主意识、公民意识、法治意识和责任感。与此同时，我们还要不断地在各大城市进行多层次的人性化服务，以加深对居民情感的理解，缩短他们的精神空间距离，促进他们的感情发展；以合作、信任、协商、互利、对话为基础，建立共同的价值观念，增强居民对社区的认同感和归属感。

（二）加大供需双方的资金支持力度

1. 提高老年人的经济购买能力

在“未备先老”和“未富先老”的社会背景下，依靠个人、社会或国家的某一方面来处理老年人的财务问题已成为不切合实际的想法。因此，相关部门应建立健全老年人多元化的养老保障制度，为老年人提供充分的财政保障。

（1）要培养老年群体自身的养老观念，增强其自身的养老保障能力；中国老年人都有存钱的好习惯，因此我们可以通过教育、宣传等手段让老年人重视安排自己的终身养老金和财务计划。我们可以鼓励退休者再找工作，或实行灵活的退休金制度，让他们有选择地退休，特别是体制内的人员、管理人才、知识分子等，可以在社会生活中不断奉献自己的知识与技术。

（2）要建立健全多项养老保险体系：一是要加速我国养老保障的顶层设计，最大限度地优化其投入运作，增强公众对养老保障的信任，激励农村和农村居民共同努力；二是要促进社会福利事业的发展，特别是促进企业年金的发展，实行税收优惠，相关法律法规的制定可以使员工与企业在体制上达成一致，实现共赢；三是商业养老，政府要通过立法来控制，尽量降低因道德风险、信息不对称等因素引起的风险，从而增加其投保的密度和深度；四是要以物价指数和通货膨胀指数为依据，对高龄津贴和养老补贴进行照常调整。

2. 促进民间资金进入

私营企业在我国养老服务领域中的投资状况如何，主要依赖于政府的扶持。政府应创造一个有利于私人资金参与到市场和经营中的有效的制度环境，使其能够更有效地为老年人提供更多的养老保障：一是实行倾斜式的政策导向，其一方面要采取减免税收、补贴机构床位等措施，另一方面还要在用地上提供政策扶持，政府可以将旧学校、工业厂房等土地的使用权优先留给民间养老服务企业；二是要强化对市场的管理，实行区别化管理，要在整个过程中逐步予以扶持，以达到规范化、标准化的管理水平，使养老机构拥有一个稳定的经营环境。

（三）增强人力资源的供给

1. 积极发挥社会工作者的作用

（1）加强社工的力量。我国政府要加强法律制度建设，制定有关职业法律，组织业务法律；构建和健全社会工作者组织制度，使之真正实现党委领导、政府负责、行业管理、民间组织运作、社会工作者服务、志愿者参与的管理机制；要推动建立健全的社会工作服务体系，必须解决注册难、社会福利机构的补助问题；要制定对社会工作人员进行考核的奖惩制度。这些措施将有助于提升社工的认同感，为社工的发展营造良好的成长氛围。

（2）加强社工队伍建设。其内容包括：实施个案工作、评估老年人个人需求、制订照顾方案；以团队合作的形式，让长者参与团体活动，协助老年人脱离孤独；利用社区工作法，连接家人与社区，集中社会的力量，以敬老爱老的社区文化抚慰老年群体的心灵。社区工作人员要充分利用自己的专业技术和知识，为社区老年人提供有益的帮助，并借鉴西方国家先进的管理模式，培养出一支优秀的社区工作人员队伍。

2. 改善社区义工队伍

（1）建立一个稳定的、日益壮大的志愿人员团队。学校可以提供一定数量的志愿者，社区可以为学生提供调研和实习的机会；同时，还可以把公益与义工结合起来，鼓励更多的人参与进来。

（2）加强志愿人员的组织和管理，完善各级志愿人员的队伍，形成市、区、街道、社区的志愿服务体系；健全社区义工的组织、登记、保护等制度，加强义工的组织管理，健全社区义工的表彰与激励机制。

（四）加强社区老年人的管理与服务水平

1. 改善社区的养老服务管理水平

（1）加强与老年人相关的技术，建设智慧的社区。我们要学会利用多种资讯科技，如通过资讯储存技术协助记忆、影像通信技术拉近人类之间的距离，通过遥控器与导引技术有效预防老年人走失；无线传感器技术能即时收集老年人的身体状况。通过这些方式，可以减少人力、物质的消耗，把人们的交往转化为人与制度的相互作用，把注意力放在对需要特殊关注的老年人的心理关怀上，从而提高他们的福利水平。此外，科技还可以提升人们的认知、拓展人体器官的技能、帮助人们思考并做出正确的决策，也可以在很大程度上取代残疾老年人的某些生理功能，从而改善他们的生活质量。

（2）推动建立养老机构的“网上养老”模式。网络养老机构主要利用互联网、电话等信息平台，并将其与其他为老年人提供的服务相结合。这样，老年人就可以在家里用手机或者电脑指令来进行操作，告诉他们提供上门服务的时间及内容，使他们能够得到标准化、人性化和个性化的护理。为老年人建造一座“没有墙的疗养所”。“一键通”是我国目前最具代表性的一种服务方式，具有结合实际、分类服务、企业服务、政府付费等特征。甘肃省嘉峪关市老年人家庭照料中心采用“一键式”服务模式，取得了较好的效果。

2. 优化养老服务供给结构

（1）要提供符合老年人需要的养老保障。在服务种类上，我们应注重心理慰藉、文化娱乐、姑息治疗和临终关怀，而不只是满足老年人基本的生存需要。另外，在以社区为中心的养老服务中，不能采取统一的方法提供服务，而是要针对老年人的特性，为老年人提供全方位的服务。

（2）要加大对医疗和养老的扶持力度。将老年人健康保险与医疗保险有机融合，能够有效地缓解我国老年人不断增加的护理需要并提高照护质量，从而有效地缓解目前我国老年人就医困难的状况。在距离社区或医院较近的地方，养老机构需要与老年人或其家属签订健康保险合约，以方便老年人就医。相关部门要充分利用现有的医疗资源，将一些中、小型医院改建为老年疗养院。

3. 改善养老服务配套设施

（1）改进了老年人福利机构的供应。针对目前我国高档养老机构供应不足的现状，相关部门可以采取购买或提供补助的方式，将其向更多的老年人提供。针对目前中、低收入机构床位不足、设施陈旧、存在安全隐患等问题，相关部门应采取相关措施，扶持有条件的企业发展其经营机构，改造其设施，让更多老年人安全地居住。此外，由于我国居民的生命周期较长，导致部分失能老年人和慢性病老年人增多，因此我国必须积极推行医养一体化方针，并将资源进行整合，以提高老年人的生活质量。

（2）提升养老服务质量，其中包含了老年生活用品、老年保健康复器械、老年食品、老年服务食品以及医药药品的研发。第一种是老年人的日常消费品，如有助于提高视力和听力的商品。尤其是在视力方面，随着年龄的增长，人们的视力会开始下降，有许多常见的眼部疾病伴随而来，包括青光眼（眼睛内压力增加导致视神经损伤）、白内障、远视（看不清近处物体和小字）、颞动脉炎（炎症和血管损伤）和干眼症等。随着老年人视力的下降，家庭护理可能成为一种可行的选择。护理人员可以提供各种不同类型的护理，这对视力不佳的人来说是有益的，因为他们可以帮助完成诸如准备膳食、家务和药物管理等任务。这可能是有益的，因为家庭护理可以帮助缓解一些与视力不佳相关的压力。护理人员还可以确保正确地采取措施，由专业的眼科医生进行定期的眼部检查，并确保任何推荐的矫正设备都得到正确使用。护理人员可以确保老年人没有被障碍物绊倒的风险，并且有适当的照明，以便老年人在家里走动和阅读。第二种是可以促进老年人身体恢复的产品。第三种是老年人的营养保健食品。第四种是手工产品，主要是鞋帽、衣服、家纺等相关物品。在实际运作中，我们还可以设立老年人用品专柜，指导老年人购物。第五种是饮食提示服务。饮食是人类最基本的需求之一。老年人可能面临不同的问题，如食欲不振、咀嚼或吞咽困难、某些慢性疾病等，他们需要定时定量增加蔬菜和水果的摄入量。总的来说，新鲜植物中的纤维、维生素和酶对我们所有人都是最好的。做蔬菜之前，先蒸一下，这样对有牙齿问题的老年人来说会更软，方便老年人吸收。对于那些没有咀嚼困难的人来说，可以把生蔬菜切碎，蘸上美味的酱料作为零食或小餐。

第五章　农村养老服务的发展与创新

第一节　农村居家养老服务及其法律制度

一、农村居家养老服务的概念界定、理论基础

（一）农村居家养老服务的形成背景

1. 我国农村老龄化问题研究

目前，我国老龄人口呈现增速快、比例高、数量大、空巢比例不断增加等特点。从人口的年龄结构来看，65周岁及以上的农村老年人占总人口数的10.06%，因此在人口老龄化程度方面，农村高于城市。

2. 制约农村老年人养老的主要因素

我国农村居民的养老问题日益突出，农村“五保”制度的局限，不断增加的留守老人、空巢老人和独居老人，这些都是制约农村老年人养老的主要因素。其主要体现在以下四个方面：

（1）随着我国老龄化社会的发展和农村劳动力的大量外流，我国的老年人资源也在逐步减少，而在农村地区，老年人的数量和对养老服务的需要却在持续增长，这就导致了传统“家庭养老”方式逐步式微，乡村的养老服务供给存在很大漏洞。

（2）“五保”养老的体制作用使其具有一定的“小范围”适用性。尽管我国已经在全国范围内设立了养老院等各类社会福利设施，但是这些养老设施只针对“五保”老年人，且只提供了最基础的安全保障。目前，我国农村养老服务的发展遇到了一些困难，老年人既不属于“五保”家庭，也缺少应有的照顾。

（3）目前，我国养老服务存在运营效率低下、制度缺失等问题，老年人的多元化需求使得其需求规模迅速扩大，目前的养老服务种类很难与多元化的

需求达到全面的平衡和匹配。

(4) 目前，由于我国大多数农村经济基础尚不健全，农业生产的现代化仍存在着动因和体制上的障碍，农民的财富增加途径极其匮乏，因此养老成本远远超过了他们的经济承受能力。

要想解决上述四个问题，我们就必须探索出一种与传统农村养老模式不同的模式——“农村居家”养老服务[18]。

(二) 农村居家养老服务的概念界定

从总体上看，居家养老就是一种以家庭为单位，由社会为老年人提供社会化服务的养老方式。在基础设施建设、经济发展等各领域，我国城乡差距较大，所以对这一概念进行归纳与总结，必须针对问题进行细致和具体的剖析，特别要从服务对象、服务主体、服务方式、职责划分等方面进行深入研究。

在“居家养老服务”的法制背景下，“社会”这个术语应该属于一个宽泛的范畴，是一个由政府、非政府组织和个人等组成的共同体。

(1) “居家养老服务”的对象，即针对达到一定年龄、具有养老需求的，但由于子女外出打工等因素，没有得到照顾的农村老年人。

(2) 体系的基础建设，即由政府牵头并组织各个公益机构、医疗保健机构、服务机构等。

(3) 养老的有关支出，应由服务对象所在的政府财政、家庭、公益机构等一起承担。

(4) 供给主体包括公共医疗机构、村民互助、服务企业、公益机构等。

综上所述，农村居家养老服务是适应我国城乡居民的需要，结合我国社会发展的实际情况，基于家庭赡养义务和家庭居住，以国家的金融政策为支撑的养老模式。

(三) 农村居家养老服务的特点

农村居家养老服务满足了我国目前的两个基本国情：一是社会发展水平相对较低；二是家庭的财力相对薄弱。一方面，尽管我国的经济总量在全球排名中位居第二位，但区域发展水平存在巨大差距。作为发展中国家，我国在建立农村养老体系方面应该比较全面地掌握和了解这一根本条件，需结合我国的实际情况，探索一种切实可行的养老服务保障制度。另一方面，农村相较于城市而言基础薄弱，农民生活水平偏低，若以高层次的国家为主的“五保”制度为发展对象，那么就忽略了我国农村的现实情况。农村居家养老服务不仅能满足农村老年人的基本生活需求，而且还能在某种意义上缓解社会对政府的过度依赖，大幅度降低政府在养老服务方面的负担，从而促进社会福利制度的健康发展。

居家养老不仅可以满足农村老年人的居家愿望，也可以提供足够的生活服务。居家养老让每年几百万老年人可以在当地享受到养老服务。受风俗习惯、传统思想等因素的制约，农村居民对家的归属感较重，对与子女、孙辈一起生活尤为重视，有的甚至还有照顾孙辈的负担。对于农村老年人而言，居家养老是他们的首选养老模式。然而，“五保”养老因其缺失对老年人的特殊心理需求和家庭需求的照顾，存在着固有的缺陷。发展居家养老不仅能够解决老年人“老无所养”的问题，而且能使老年人得到一定程度的精神抚慰，使其不自觉地减少对社会退休养老的顾虑和排斥。

（四）区分各种养老模式

1. 农村家庭养老的概念

我国农村家庭有很强的“养儿防老”意识，就此产生了“家庭养老”这一概念，它是指在没有生活来源、没有收入和劳动能力的背景下，老年人养老需求都是由自己子女负责的一种养老模式。就养老的责任对象而言，只有自己的子女负责赡养。而这一模式过于倚重子女的财务条件与赡养责任意识，一方面，会使不富有的子女产生较大的养老负担；另一方面，老年人得到的照料程度也会出现很大的差异，甚至存在老年人被遗弃的风险。然而，由于我国农民的耕地收益下降，青年劳动力的大量流失，这种传统养老模式所依托的社会和经济基础出现了一定程度的变化，从而使其面临着日益衰退、无法满足老年人养老需求的困境。

2. 农村“五保”养老的概念

从本质上讲，“五保”养老是一种福利型的养老服务，其本质是国家资助的福利事业单位，主体是国家对其进行财政资助，为老年人提供基本生活设施，如饮食、住房和娱乐等。目前，我国“五保”养老基本都是国家出资兴建的，可以为“五保户”提供一些娱乐、生活、饮食等基础设施，它对老年人的生活需要有着较为稳固的保证。然而，由于种种因素的影响，农村养老机构仍有如下限制：

（1）由于政府对养老机构的投资水平有限，养老机构的基本配套条件也比较差；

（2）就当前实际执行来看，大多数地区的养老机构以农村“五保户”及少数没有人照顾的独居老年人为主，并未涵盖一般老年人；

（3）由于硬件设施、资金、员工素质等原因，目前的养老机构只能满足老年人的基本生活需求，其娱乐、健康和卫生保健等方面的情况没有得到改善。

3. 农村居家养老服务与其他养老模式的差别

农村居家养老与上述两种养老模式都有很大的差异，主要体现在以下几个方面：

（1）在我国的政府、家庭、社会三个层面上，政府承担着社会组织和经济支持的责任，而农村集体经济也承担着社会的双重角色，同时也注重对老年人家庭的扶持和照料责任，社会团体的积极介入，使政府、家庭、社会三者有机结合；

（2）农村居家养老覆盖范围扩大，并能满足老年人的基本生存保障需要；

（3）农村居家养老服务不仅可以满足老年人的日常生活需求，而且特别关注老年人的身体和精神、休闲等需求，使其服务的内容更加多样化。

二、中国农村居家养老服务法律制度的健全

（一）建立城乡、区域共同发展的法治建设

1. 变革农村土地体制、实现农民集体土地增值

政府要改变现有的农用地管理体制，完善现有的农用地经营权转让制度，保护农民的土地经济利益，增强农民的土地使用权，促进农民的经济发展。从根源上看，我国目前存在的主要问题是各区域间的发展差距较大，特别是农村老年人缺乏足够的物质基础，这是造成我国“居家养老”服务落后的一个重要原因。而城市老年人在经济来源上表现出多元化特征，其社会保障状况相对比较好。因此，我们必须加快中部地区和西部地区的发展步伐，并在“三权分置”体制的大背景下，进一步推进农村的土地改革，注重保障老年人的土地权利，以解决我国由于发展的不同时期所造成的社会保障问题。从土地体制的角度来看，农民将土地进行出租、抵押、入股等经济行为，可以提升农民的经济收入，这在一定程度上缓解了农民的养老基金问题。

2. 通过对政府综合养老功能进行法律调整

我国政府提出的“共享发展”理念，在经济不平衡、人口老龄化、社会人性化等问题上都有着重要的借鉴意义。这一理念改变了当地政府对老年人事业的发展观念，把构建并健全农村和城市居家服务放在同一位置，通过“城乡平权”促进家庭基本养老的均衡。就像约翰·罗尔斯说的那样，“各国应该为每个人都制定最基础的健康保障制度”。

（1）要解决当前我国农村社区养老机构的主要问题，解决基层社区养老机构管理体制改革的问题，解决居家养老过程中存在的地域性和不平衡性问

题，政府应该健全相应的配套政策、法规，以促进农村及地区居家养老体制的健康发展。农村居家养老保障责任的落实要靠国家立法和各级政府的主动作为，必须坚持共同发展的思想，实现公共服务平等。在社会保障的供给中，国家扮演着举足轻重的角色，它的整体功能包含了从长远规划到发展政策再到建设进度的协调。

（2）进一步健全社会安全法律、法规，明确地区、城市和农村养老服务的公平性，尤其是为中、西部地区的经济、社会发展提供或创造机遇；深化现行的社会利益分配体制，充分利用政府的力量协调东、中、西部地区农村养老服务发展差距和城乡差别；增加对农村老年人居家养老服务的机构偏好，使农村地区能够获得经济发展的实际反馈。尤其需要注意的是，在非大城市附近的乡村（特别是在中、西部地区的乡村），由于缺少足够的社会资源和财力来发展老年人的家庭照料，因此中央政府和地方各级政府不但要在政策和资金上保持基本的城乡服务平等，而且要加大对边远地区的特殊保护力度，真正做到城乡居家养老保险的平等发展。

（二）重塑政府部门职责与家庭义务共担的相关法律关系

1. 立法规定家庭对老年人的责任

我们应把“孝”纳入法律范围，把“家”作为解决乡村老年人养老问题的根本方法。我国从先秦时期开始就已经通过立法促进和传播孝文化，通过健全相关的法律制度，维护其权利。“孝”是儒家思想的核心伦理。更笼统地说，“孝”的意思就是要对父母好，要照顾父母；要懂得表达爱、尊重和支持；要礼貌对待父母。孝道不仅是对父母外在的尊重，还是一种内在的态度，更是一种偿还父母的意识。因此，孝顺是为了回报父母给予的关怀。儒家伦理并不把孝道当作一种选择，而是把孝道当作孩子无条件的义务。孝道被视为社会有序的基础。简而言之，孝道是儒家角色伦理的核心，是基本美德。虽然人们越来越关注老年人家庭护理，但这并不意味着老年人家庭护理的负担应由政府和社会承担。我国农村社会保障制度的基本功能和对农村社会的多元化需要，是一个不可忽略的问题。从传统伦理视角和家庭伦理视角来分析，中国农村是“熟人”的典型，这是因为农村的家庭环境更加浓厚，伦理联系更加紧密。所以，在乡村提供精神陪伴、生活照料等服务，既能满足老年人的心愿，又能达到对制度合理利用、节省社会公益的目的。因此，我国的社区养老保障以不完全的城乡居民为对象，在其自身存在不足的情况下，可以为其提供一种保障。

2. 健全老年人社会保障责任的多元机制

农村老年人居家养老服务主体关系的核心内容是家庭、政府、社会和市场之间的合理养老费用负担和养老义务。它还与为体制发展留下可持续的空间有关。家庭、政府、社会和市场在农村社区养老中的权利和义务及其相互影响是我国农村社区养老法律体系建设的主要问题。因此，建立健全多点融合型的乡村养老服务体系与城市社区的养老服务体系相比，应该从以下三个层面入手：

（1）应当从老年人权益保障法中确定老年人的基本合法权利，并在此基础上对老年人的权利构成、内涵及实现途径进行界定；厘清农村社区养老机构的权利和责任，建立社会责任平等分配的法制体系。虽然我国对老年人的基本权益做出了规定，但仍然较为笼统，其权利构成还需要更仔细地加以区别。

（2）应制定相关法规，把农村养老保险列入政府工作计划和年度预算，提高国家资金的比重，并在此项工作中确定国家对养老机构的领导角色，尤其是在建设基础结构、整合人才、审查相关的各项服务和政策支持、制定评估制度等方面。此外，在现有制度环境下，应建立“干则干”的有限的政府理念。在保障农民退休金权益的基础上，不能因为不符合国情而增加财政负担。

（3）提倡社会大众积极参加居家养老是实现共同发展的必然要求，要通过立法对市场和社会的参与进行相关程序的法律制度和特定的进入途径进行规制。

（三）构建多层面金融支撑和融资的法制体系

1. 健全国家财政分级保障的法制体系

要实现社区养老保险的协同发展，必须建立完善的养老保险基金体系，尤其要完善医疗保险体系。我国政府对发展既有“干预”作用，又有配置与调控作用。在家庭护理领域，建立完善的政府资金分级保证制度，主要有以下三个方面：

（1）应当加强对公共事业的投资，特别是要加强公共服务建设，加强对有关专业技术人员的培训。在建立健全有序、合理、分层的公共服务的基础上，政府应建立完善的金融支持体系，并在财政部的领导下，加强对农村居家养老服务的支持。应当指出，“五保”制度只针对那些生活困难最严重的脆弱人群，并不具备普惠性，所以在一定程度上，政府要正确地区分居家养老和“五保”供养的经济补助，而不要混淆。

（2）在财政扶持对象上，不仅要由省、市两级财政拨款，还要明确民政部门、财政部门在财政上的扶持责任。另外，在财政补助层次上，要确定中央补助数额和中央预算内补助的比重，并构建起一套完整的农村居家养老保险资金保障制度。

（3）在财政上，应加强对中、西部地区的建设，并在一定程度上给予财政倾斜，以补偿地区间的发展不平衡，从而保证农村居家老年人的服务质量。国家各有关部门要加大对农村地区的资金扶持力度，适当重视中、西部农村地区。

2. 建立农村长期护理保险制度

从本质上说，我国目前丧失自我护理能力的老年人的照料需求越来越多。构建我国的长期农村护理保险制度，既可以借鉴外国的做法，也可以借鉴我国城市养老保险制度。从国外的实践来看，发达国家的长期护理保险模式存在着以下两种模型：一是以美国为代表的商业性、较为成熟的长期护理模型；二是以日本为代表的基础性长期护理模型。这两种模型都有各自的优点和不足：第一种模型具有社会风险低、灵活性强等优点，但同时也存在信息不对称、成本高、公平性差、存在负外部性等问题；第二种模型离“全民覆盖”已经很近了，但是这要求国家和社会都要付出巨大的努力。从目前的情况来看，我国应该尽早开展农村养老保险的试点工作，主要包括以下几个方面的内容：

（1）应当遵循循序渐进和自愿自主的方针。从目前农户的收入状况来看，我国目前的养老保险推进条件较差，实行政府和农村老年人共同承担的基础养老保障模式比较合适。关于投保与否，因保费的持久性和长期性特点，不是每个农民都有参与的条件。因此，农村老年人必须在充分地了解保险制度的前提下，遵循自愿原则选择投保。

（2）农村长期护理保险既可以吸收城市养老保险的相关内容，又可根据农村自身的特征，适时地调整其参保资金和参保范围。

（3）要充分利用社会责任共担、保障互助的价值和作用，适度放宽对农民的准入条件，避免过分严格的条件将有意参加的农户排除在外，这样才能提高农民参与农村长期护理保险的热情。特别是目前我国大多数农户不具有完整连续的医疗保险记录和稳定的经济收入，过高的保障责任和筹资标准会打消农民参保的热情。因此，我国要循序渐进地提高保费。如果没有连续投保的农村老年人自愿再参加，就应该给他们适当的照顾，而不能以之前没有参与的理由拒绝他们的医疗保障。

3. 建立慈善基金和社会捐赠的统筹法制保障体系

我国现行的法律保障体系有两种基本的立法方式：一种是对《中华人民共和国慈善法》进行修订；另一种是国家制定相应的政府规章，对农村居家养老服务内容进行确定。在考虑立法成本、立法效力、内容针对性和实施适宜性等诸多因素的影响下，目前采用第二种方法较为合适。建立慈善基金和社会捐赠的统筹法制保障体系，我们应该从以下几个方面着手：

（1）要想改革农村居家养老服务，我们必须在筹资渠道多样化、标准化的基础上，不断增加社会资本，不断提升广大群众的参与度。通过构建社会责任制度，可以使政府主导体制和非体制资源得以高效结合。

（2）随着《中华人民共和国慈善法》的出台，我国的社会捐赠与慈善组织在法律上的定位更为明确，其在我国社会公益和公共服务的发展过程中扮演了一个重要角色。要逐步健全社会资本投入农村养老机构的长效机制，地方政府要对基金的用途和使用额度进行严格的限定。

（3）应当对《中华人民共和国慈善法》中关于养老公益事业的相关规定进行修订，对社会团体和个人行使质询权、追索权、监督权等法定权利进行说明。另外，要定期公布农村老年人家庭养老基金的使用情况，并在一定程度上确立剩余资金提取、返还等基本制度。

（四）完善医养一体化的法治保障体系

1. 构建养老机构和医疗机构的共存关系

养老机构和医疗机构相结合是我国农村社区养老服务发展的必然选择。从养老机构和医疗机构的合作形式上的不同，可以将其归纳为以下四种模式：

（1）在现有的医疗机构制度下，拓展业务范围，强化服务对象，使部分医疗机构向护理、康复医院转型。

（2）完善养老机构，在有关部门审核、核准后，增加老年人从事医疗工作的条件；在养老院设立小型照护中心或医务室，并配备专业医护人员。

（3）以政府为导向，与大型医疗机构进行深度合作，并根据“便利”的原则，在社区设置医疗保健中心，适当扩大乡村医疗机构的规模。

（4）建立一个更高层次的家庭医生系统，让医生为他们提供上门服务。

以上四种医疗服务模式的经济条件、具体制度、医疗服务水平都有明显的不同。第一种模式和第二种模式使医疗服务与居家养老成为一种形态上的融合，但同时也有制度成本高、专业水平不足等问题。而第四种模式则是目前被西方国家普遍接受的，它与我国的高经济发展程度以及老年人的高消费能力有直接关系，是一种高费用、高层次的医疗服务模式，不适合我国农村养老。因此，从总体上看，第三种模式更加适合我国目前和未来农村发展的现实情况，在具体的规模和形式上，该模式具有一定的灵活性，可以与现有农村的卫生服务设施进行结合，从而使农村的医疗服务得到最大程度的优化，值得在我国中、西部农村地区进一步普及。

2. 健全养老机构和医疗机构体系的顶层设计

我国现行的医保体系由两部分组成：医疗机构的法制体系和医疗保险的法制体系。同时，我国的养老保障制度也得到了老年人权益保障法和国务院相关法规的大力支持。要使两者相结合，就必须强化两者的基本框架，强化其制度的顶层设计。目前，我国的制度整合还没有形成一种全国性的制度规范，这需要从以下三个层面来解决：

（1）要逐步健全对乡村老年人护理机构的审批和发放，以消除其医疗机构的主体地位的障碍。工商、卫生等部门要精简养老服务的审批手续，在此过程中，由政府部门和卫生部门对农村及社区养老服务机构进行归类，并对它们的开办条件进行审核。

（2）要完善农村社区卫生保健工作的监督管理体制。针对养老机构、医疗机构、行政主管部门等有关机构，设立一道不正当的利益驱动的“防火墙”，以避免医疗保险资金为日常养老服务买单的情况发生，要确保其运作上的独立性，避免滥用职权。

（3）要以统一的方式来解决医疗和养老关系在民政、社会保障、卫生计生、国土资源等方面的权力分割，从而减少医疗和养老关系中的一些不必要的制度费用和障碍。特别是要加强对各部委和各省份制定的发展规划、工作计划、政策指标和管理办法的协调，使之成为一股强大的力量。同时，要重视城乡间的健康、养老等方面的信息互联，为人口的流动提供方便。

（五）构建互助化、市场化、专业化的法律激励机制

1. 建设以“互助”为特征的乡村社会保障体系

在推动农村社区养老法律体系的建设中，要注重“互助”的特征，尊重基层群众的主动性，并借鉴这种创新的方式，在农村社区建立老年互助体系。只有引进互助模式，才能促进和支持中老年群体的互相帮助和自我护理。

2. 建立以市场为导向的农村居家养老服务机制

随着我国农村老年人日益多元化的需要，不仅要实现自助服务，还要推进农村社区的互助和市场化运作的结合，强调养老服务市场主体在社会保障中的责任。

3. 健全专业技术人员培训的奖励体系

在对养老服务人员的培养和管理方面，我们应该加强其医疗、心理疏导、精神慰藉等方面的能力。为了解决乡村家庭护理人员短缺的问题，我们应从两个方面着手：一是要改革大学专门人才的教育体系，健全家庭护理教育体系，建立专科、本科、硕士三级护理人才培训体系，提高农村居家护理工作人员的

专业水平；二是要加强农村养老机构对专业技术人员的吸引力，并采取相应的措施，以鼓励他们的参与。

目前，我国的乡村社会公益机构的发展还处于初级阶段，存在着参与度低、数量少和常规性差等问题。为此，我们必须从农村社会公共机构自身的力量和城市公共机构的外在扩展两个层面来改进：一方面要对乡村建设公益组织的政策加以放松，在发展之初，可以采用以国家为主体的方式，积极发掘乡村民间组织的专业技术人员，在组织活动、资金等方面予以协助，为乡村公益组织的蓬勃发展铺平道路；另一方面，要健全城市社区的社会公益机构，在城市建立专业的社区义工机构，引导城市社区的公益机构进入农村，进一步拓展社会义工的覆盖面，吸引更多城市的居民参与到农村居家养老的义工队伍中来。

第二节　农村养老服务模式的创新

农村养老服务模式改革方案的创新，应该从五个层面进行研究。

一、分层次来解决乡村老年人的需要

（一）养老服务项目的层级需求

在老年人生病、身体不好的情况下，他们最迫切需要的就是被关心和照顾，这个时候，他们自己又不方便，又怕痛苦，这是老年人最大的担忧。

“疾病护理”是大部分老年人所需要的，根据“患者”的身体状况，这项工作所需的服务时长也各不相同，有些长期躺在病床上，有些则是突发疾病。俗话说“久病床前无孝子”，如果只靠家人来照料，势必会对家庭的劳动产生不利的影响，甚至会影响到家人的感情。一个专业的护理团队，并配有专门的护理人员提供技术辅导，团队人员轮换，就能减少患者家属的压力，避免“服务者”因为过度护理而成为“被服务者”。

老年人突发疾病，大多是因为没有进行及时诊断和治疗。老年人若有自我保护意识，懂得一定的预防与保健知识，可以尽快地发现病情，避免因病而造成残疾。为此，农村养老服务应把重点放在解决“疾病护理”上，以便护理人员更好地发挥自身的专业能力。

洗衣服、做饭、打扫卫生、看病取药是老年人普遍而又日常的需要。因此，为了适应我国老年人普遍且日常的生活需要，我们必须培养具备家庭相关技能的保姆型人才。根据农村老年人的生活特点，在一定程度上培养出符合农

村老年人基本工作需求的健康低龄老年人，以满足其基本工作需求[19]。

“聊天”是乡村老年人心理安慰的具体体现，反映出他们在“疾病护理”“生活照料”等方面有需要以外，心理安慰也是必不可少的。若能组建“老年人互助小组”，以老年人为单位，为他们提供日常照顾，“聊天”的需要也会非常容易得到解决。由于村子里的老人们彼此都很熟悉，从小时候的回忆到邻居们最近的热点问题，他们都有共同的经历和爱好，所以才会“同病相怜”地“热聊”。因此，我们可以在农村社区设立老年人活动中心，开展球类、棋牌、沙龙、影视等活动，给老年人创造一个交流的空间，让他们有一个共同的娱乐空间，充实他们的生活，满足他们的心理需要，减轻家属的赡养负担。

由“老年人互助小组”的领导，对每个乡村老年人的家庭设备损坏和故障进行及时的修复。大部分老年人不需要“洗澡”“购物”等服务，但仍有少数体质不佳的老年人仍需他人帮忙购买衣物及洗澡，而“购物”及轻度患者“洗澡”则可委托“老年人互助小组”的会员办理，而对于危重患者，则须由护理人员或管家人员进行帮助。

根据老年人的需要，养老服务大致可以分为四个方面：一是疾病的护理；二是日常生活的照顾；三是心理上的安慰；四是其他。

（二）养老服务需求对象群体分析

农村老年人的生活需要取决于自身的经济状况。养老作为一种消费，其服务质量不可避免地会受其自身的经济基础所左右。农村老年人有养老服务的需求，也需要群众组织提供帮助，这种“帮助”中含有“人情”。也许有些老年人对别人的帮忙有一种“欠人情”的感觉，自己能够解决的问题尽量不要再增加别人的烦恼。而他们对于“服务”的看法则更为认可，无论是从主观上还是从客观上说，有能力购买养老服务都是比较合乎逻辑和容易被人接受的。这些分析对改善我国养老服务的公共管理提出了明确的建议；对“以老养老”的“时间银行”、从“帮助”到“服务”的转变，使老人们能够心甘情愿地接纳和建立起深厚的家乡情怀，从而在改善其生存品质的同时，缓解养老的财政负担。

传统的老年消费理念也会对农村老年人的养老需求产生一定的影响。除了受社会经济因素的制约，农村老年人的养老服务消费理念也对养老需求产生了一定的影响，即农村老年人在生活水平较低时不愿意购买养老保险。但是，如果有足够的财力，有 30%以上的老年人不会选择购买养老服务，有 20%的老年人会选择购买养老服务，有 50%的老年人偶尔会选择购买养老服务。所以，要在农村全面实行市场化的老年服务，必须要加大对老年人消费理念的教育力度以及对养老服务的宣传力度；反之，由“市场化”向“助老”转变，则更有利于促进农村养老服务的发展。

二、多样化的农村养老机构建设

职业标准是我国职业资格制度的重要组成部分，它引导着职业培训、职业教育、技能竞赛、鉴定考核等活动。从职业功能角度出发，我国提出了一种新职业规范的基本理论架构，即职业功能模块、职业名称、操作规范、职业技能模块、知识内容、活动领域、证明方式和考核指导等。一套符合劳动力市场和公司发展的统一的专业技术标准，将直接关系到整个国家职业技能的发展。我国制定了很多关于养老服务的行业规范，如养老护理人员、社会工作者、营养配餐师、家政服务员、洗衣师、心理顾问等。然而，在我国农村养老机构中，往往涉及社会工作者、养老护理人员、家政服务员等。

社会工作者是致力于通过咨询、引导和报告来帮助个人、家庭和社区提高生活质量的人。社会工作者可以向家庭和社区提供直接咨询服务，并向社区组织或其他卫生专业人员进行宣传，或者通过在法庭听证期间提供证词或援助，帮助指导客户通过法律系统解决问题。

换句话说，社会工作者致力于帮助人们改善生活。社会工作者通过帮助病人应对和缓解他们可能面临的困难或压力来改善他们的生活。社会工作者将会与患者见面，倾听他们的担忧，并制订一个计划来更好地帮助他们的患者解决生活中的问题。对社会工作者来说，在评估病人时，必须积极倾听，并观察他们的行为和整体肢体语言，这是很重要的。有各种类型的社会工作者专门从事不同的领域，包括儿童、家庭、学校、公共卫生和毒瘾患者。宏观社会工作者是指他们能在社区或其他大规模人群中发现需求未得到满足的群体，如与儿童及其父母和监护人合作，解决影响其生活质量的其他问题。医疗保健社会工作者通过提供资源和信息来帮助人们更好地理解他们的诊断以及如何更好地生活，从而帮助人们从医院过渡回到家中。卫生保健社会工作者帮助这些患者改变生活方式，学习如何管理他们的疾病，并在家中提供必要的服务，帮助他们独立生活。学校社会工作者主要是为教师、家长和学生提供他们需要的服务，让学生为学习做好准备。学校社会工作者为工作人员提供信息，以更好地了解影响学生成绩的因素，并为学生提供他们在课堂上取得成功所需的咨询和资源。临床社会工作者是指有执照的临床社会工作者向经历疾病、药物滥用或其他创伤的个人和家庭提供咨询和治疗。持牌临床社会工作者具有最深厚的社会工作资历，可对精神疾病进行临床评估和诊断。

这里的社会工作者是指以个人、团体、社区、行政等专业方式来协助组织与个人发展，以协调社会关系、化解与防范社会问题、推动社会公平的专业人员。养老护理员是指照顾老年人生活的服务工作者。家政服务员是指按需要为其服务的家庭料理家务，照顾儿童、老年人、病人以及处理家庭事务的人员。

目前，我国对老年护理人员的职业教育还处在起步阶段，只有一些高校开设了护理专业，但由于缺乏经验和方向不明，大多数学生对其毕业后的薪酬期望偏高，与目前的现实状况相差甚远。因此，这些学生更倾向于在社区中担任护理人员。

鉴于我国的实际情况以及社会对老年人的经济支持等因素，我国需要进一步加强教育，加强宣传，完善国家有关政策。尽管保姆的性质是家庭佣工，但在我国农村老年人的认知现状下，我们在此采用了“保姆”一词。同时，将社区志愿者设置为社区和亲戚，由自己、配偶和子女组成。由于我国农村养老机构的成员构成比较复杂，因此在调查数据时，我们主要根据老年人、保姆、钟点工、志愿者（邻居+亲戚）、家庭成员等不同类别的人群进行调查，从而对目前农村养老服务的职业供给状况进行分析。

（一）养老护理员

目前，国内大部分的养老院只有老年人的扶养、院舍的管理等基础工作，而对康复、医疗、教育、心理、娱乐、文化、体育等方面的工作却很少。老年人精神心理、健康保健、尊重与被爱、人际沟通、社会认知和教育等高水平的需要也是十分重要的，因此就要求护理人员具备相应的专业素养。

在农村养老服务队伍中，养老护理员是十分专业的人员，他们以国家采购的形式对“政府救助”的老年人进行集中服务。随着我国农村经济基础的逐步完善，“高消费”的老年人群将逐步增多，需要更多的专业化的养老护理员。此外，随着我国农村社区的发展，人们对农村养老服务的需求也越来越大。为此，农村应积极利用护理人员的职业示范效应，通过传、帮、带等方式，对养老护理员进行技术、业务能力的培训，发掘其人力资本。

（二）保姆（家政服务员）

保姆占全球非正规就业劳动力的很大一部分，属于最弱势的工人群体。他们为私人家庭工作，通常没有明确的就业条件，并且被排除在劳动立法的范围之外。他们的工作可能包括打扫房子，做饭，洗衣服和熨衣服，照顾孩子、老年人或生病的家庭成员，园艺，看家，为家人开车，照顾家里的宠物等。保姆可以全职或兼职；可能受雇于单个家庭或多个雇主；可能住在雇主的家里（留宿工人），也可能住在自己的住处。保姆还可能在其他国家工作，因此也被称为“移民保姆”。

根据《家政服务员国家职业标准》，从事农村护理的保姆，其工作条件应当达到基本岗位的要求。在实际工作中，保姆的主要工作就是为老年人提供护理服务。

老年人家政服务业不断细化，如陪护、洗衣做饭、聊天等服务可能将进一步细化。老年人文化、老年人活动、老年人艺术、老年人舞蹈、老年人书画、老年人书法、老年人诗词朗诵、老年人弹奏唱歌等文化服务需求不断增长。老年人保姆市场或进一步细分，好保姆、好护工供不应求，保姆服务也可能进一步细分，以期为消费者提供更好的和更加规范的保姆供给服务。在农村老年人的“生活照料”中，没有对保姆的需求，大多是在“病院”期间对老年人进行照料。现实中，一些农村老年人采取了“请托”的方式来解决家庭老年人的问题，尤其是对患病期间的老年人。目前，我国农村老年人的消费能力普遍偏弱，因此更适宜于购买保姆服务。

目前，我国出现了一种新型保姆模式，即共享保姆。随着共享单车遍地开花，“共享经济”成为当下最热的词语。从交通出行到房屋住宿，从知识技能到生活服务，随处可见的“共享+”模式给我们带来了诸多便利。同样在养老服务领域，传统家政服务也在谋求转型，新型的居家养老服务模式令人期待。很多老年人因为自尊心等不愿意到养老机构，如果选择在家就需要一位保姆，这位保姆不仅要会做饭、打扫卫生，还要受过“如何照顾老年人”的训练。但我们现在面临的最大问题是保姆紧缺，所以需要建立一个高素质、经过训练的养老保姆体系，因此以后可能会出现“共享保姆”。对于“共享保姆”的提议，我国业内专家分析，这一思路比较新颖，不失为一种性价比较高的、可充分共享养老服务资源的商业模式，有望为破解养老服务困境打开新的突破口，具体有以下优势：针对老年人个性化需求提供服务，服务更专业；从“请保姆”到“租保姆”，降低用户使用成本；低价高性能的特点能扩大使用人群，使更多人享受服务；通过整合劳动力资源，提高服务人员收入。

从我国的养老格局来看，居家养老仍是大多数老年人的选择，不过在“四二一”① 家庭结构日渐普遍的情况下，照顾老年人面临不少现实难题，这也直接带动了人们对照顾、采购、护理等多元化、专业化服务的需求。然而，我国养老保姆市场也面临人才短缺、品质欠缺的问题，无法给老年人提供高质

① “四二一”家庭结构是指在广义家庭形式下的三代共存现象，强调的是一种基于血缘关系和婚姻关系而形成的社会生活共同体，包括祖辈4人、父辈2人和子辈1人。

量的服务。居家养老服务业缺口巨大，特别是因人口红利消失、人力资源成本骤增所带来的越来越大的服务类产品的缺口，使得“共享保姆”的市场空间和发展前景巨大。将来经过专业训练的保姆，或许会成为老年人的“随身管家”。不过我们也应该看到，“共享保姆”这一理念如果要走向落地运营并发展成熟，需要打通多项环节，如专业培训上岗、服务的标准化、服务时间的储蓄与调配、市场监管等。总而言之，“共享保姆”作为一项新生事物，对我们来说，充满着机遇和挑战。

（三）钟点工

钟点工或小时工是指按小时获取收入的劳动者，他们的工资不是固定工资。钟点工可能经常出现在服务行业和制造行业，但在许多领域都很常见。在农村老年人的日常照顾和患病的情况下，很难将其投入老年人的护理之中，因此在农村，钟点工的角色并不重要。

（四）志愿者（邻居和亲戚）

在农村老年人服务团体中，除家人以外，最重要的是邻里关系，除照顾老年人的日常生活之外，还会为他们提供一定的协助。实际上，这样的养老服务不是以钱为基础的，它建立在邻居和亲戚之间的友谊和亲情之上。在提供服务方面，邻里关系成为农村老年人最有希望的一种服务对象，在乡村养老中有着举足轻重的作用，被老年人信赖和认可，也成为农村老年人在新的养老服务方式中应该着重发展的人力资源。

（五）家庭成员

目前，农村居民的养老模式以家庭为主，所以在养老机构中，家人是不可或缺的。在农村老年人的日常生活照顾中，如果老年人身体健康，他们对自己和配偶的依赖性要比对子女的依赖性强得多，当其患病或者身体不能自理时，配偶和子女的照顾变得必不可少，特别是当他们患病时，子女的赡养责任变得更为沉重。但是，如果只依靠孩子的话，是不太现实的，为缓解老年人的养老服务压力，可以充分利用老年人的力量，以亲人、朋友的感情和信任为基础，组织低年龄老年人来照顾高年龄老年人，将他们的观念扩展到更广的范围，将这个村庄变成一个大家庭，将全村的所有人都当成亲人，使老年人在日常护理和医疗保健中得到相应的保障。

除此以外，有援助和护理的养老金是为数不多的政府项目之一，这些项目向家庭护理人员支付费用，为他们的亲人提供护理服务，帮助他们留在家中，并使个人有资格获得每月的养老金收入。

需要注意的是，支付给家庭照顾者的可扣除医疗费用适用于所有家庭成员。例如，如果有一名健康的退伍军人索赔人，他有一个不健康的配偶，正在产生医疗费用，这些费用可以从家庭总收入中扣除。如果有一名健康的老年索赔人，其另一个受抚养的家庭成员生活在该家庭中，并产生医疗费用，这些费用也可从家庭总收入中扣除。同样，健康的未亡配偶索赔人，如果有不健康的受抚养家庭成员，如受抚养的子女或依赖家庭收入的成年子女，仍可扣除该受抚养家庭成员的医疗费用。监护护理可由无执照的家庭护理人员提供，如家庭成员、朋友或受雇提供监护护理的无执照人员。向这些未获得许可的提供商支付的服务费用也是可以扣除的，如残疾索赔人被评定为援助和护理或被评定为居家。

综上所述，目前我国农村地区的养老护理人员以“政府救助”为主，同时也为一些家庭较为富裕的老年人提供服务。保姆一般在老年人居家服务中并不常见，但是他们最有希望在低价格的基础上，为老年人提供相关服务。在农村养老服务队伍中，钟点工人数不多，尚未得到广泛认可。邻里关系在乡村的养老机构中承担的责任仅排在家人之后，虽然他们的工作经常断断续续并具有偶然性和无偿性，但是因为彼此熟悉、彼此信任，使他们更愿意为乡村老年人提供心理上的支持，只不过现在还处在一种自发的阶段，还有待相关部门来组织和配合。家庭成员主要负责老年人的日常生活护理，但是当老年人患病或身体状况不佳时，则要由其子女来照看，而农村大部分老年人的子女的工作都相对繁忙，还要为他们的赡养工作支付一定的费用，在一定条件下，老年人的养老负担很重，严重地影响了家庭和睦、社会稳定、经济发展。农村养老服务的专业化市场还没有形成，当前农村的养老问题可以通过农村的血缘关系、亲情关系和乡情关系来实现。

为此，要实现按层级的养老服务，就必须吸纳保姆、护理员、志愿者、钟点工、家庭人员等加入养老服务行列，形成多元化的养老服务队伍，让每一位农村老年人老有所养。

三、建立政府监管、社区组织协调的管理机制

新的公共管理学主张，地方政府应该更加主动地把对公众的管理和控制的权力交给社会，由政府部门来承担监督和筹集资金等责任。近几年，我国已出台多项政策，以发展社区、改善老年人家庭生活、完善家庭服务体系。农村养老机构要想形成养老保险的新格局，就必须采取相应的管理措施。

为了发展我国的农村社会化养老服务，国家还需要投入大量的资金来支撑和完善农村的“时间银行”，并通过公众引导、政治引导、典型领导和奖励援

助制度来管理、贯彻和发扬中国的“敬老养老”美德。要将家庭养老融入社区治理之中，我们就必须建立完善的监测评估制度，使其达到一个新的高度。

《全国老龄委办公室、国家发展和改革委员会、教育部、民政部、劳动和社会保障部、财政部、建设部、卫生部、人口和计划生育委员会、国家税务总局关于全面推进居家养老服务工作的意见》针对城乡地区的具体国情，对城乡社区养老工作的具体目标和任务进行了阐述。该意见指出，乡村地区要利用已有的各种设施，力争80%以上的乡镇建立一个综合养老机构，每个行政村和自然村都设一个养老机构，并在原有的基础上尽量为老年人提供更多的服务。

因为政府扮演了领导的角色，所以必须由农村团体来提供照料老年人的服务，尤其是要在农村社区进行问卷调查，建立服务档案，对农村老年人的照料服务进行全面的组织和管理；严格实行“时间银行”，规范“服务储蓄”；严格执行农村老年人的职业活动管理制度，规范农村老年护理服务市场；严格执行农村老年护理服务质量控制制度，解决农村地区老年护理服务纠纷；建立农村养老服务职业培训示范中心，提高农村职业培训水平；实施“公援”政策，保障农村老年人的生计，保证其顺利度过晚年生活；为农村老年人举办文化活动和服务，以提升老年人的受教育水平和生活水准。

农村老年人已经成为一个很大的群体。由于社会变迁，乡村新老一代之间产生了隔阂，加之家庭规模缩小，使得农村老年人从家庭获得的服务越来越少。由于我国农村养老事业尚处于初级阶段，市场发展不够成熟，政策不够完善，从而使很多人对农村养老服务行业的认知与市场的差异巨大。目前，我国农村养老机构的从业人员普遍存在着职业素养偏低、服务不完善等问题。要解决这一问题，当务之急是要建设好社区养老服务制度，继承和发展优良的家庭养老传统，培养农村养老服务人才。

四、农村养老服务模式架构

（一）经济支持平台

经济支持平台的作用决定了农村老年人对养老模式的选择，以及他们对养老服务需求水平的形成。农村老年人首选家庭养老。大部分“普通消费”的老年人可以选择居家养老和家庭养老。贫困地区的老年人可以通过“政府救助”来实现集体养老。

（二）养老方式平台

目前，我国农村的养老模式主要是家庭养老，并逐步向居家养老模式转变。“集体养老”是一种辅助性的制度，它主要依靠国家对社会的救济。“民办养老机构”的数量很少，只有部分家庭经济状况比较好的老年人可以选择。每种类型的养老服务都有其各自的经济支撑平台，并在一定程度上决定了它们的服务水平。

（三）服务队伍平台

服务团队的组成主要有：保姆、护理人员、志愿者（邻居、亲戚）、钟点工和家人。在乡村，可以按级别为老年人提供养老服务。

我们要充分利用护理人员的专业化服务。每个农村地区都有国家拨款，或引进三五位养老护理人才，除了提供一定数量的工作之外，还担负着乡村养老机构的技术训练和教育。通过政府购买、家庭购买或“时间银行”“服务储蓄”等手段，使老年人在生病或死亡之前得到专业的护理，并将国家的养老服务标准融入他们的日常学习、工作中，引导乡村养老服务向高水平、高质量、规范化方向发展。

我们还要结合社区居民的健康状况、服务需求、经济支持、工作意愿等因素，组成“互助小组”，充分利用老年人的长处，鼓励他们参与不同的服务项目，如洗衣服、做饭、打扫卫生等对于健康低龄老年人来说是力所能及的事，朋友、家人、亲戚、邻居可以提供购物服务和维修服务，家政服务员、养老护理员可以提供疾病护理、看病取药服务，以及为危重患者提供沐浴服务。

（四）协调组织平台

1. 社区服务中心

由于我国目前的人口基数庞大、养老服务购买力受到限制、家庭养老功能弱化等因素，“家庭养老”必然会朝着“居家养老”方向发展。如何有效地利用农村的养老资源，是当前我国农村社会保障体系建设的核心问题。在此基础上，政府在管理、服务、教育等方面发挥了重要的作用，并以农村养老机构和农村护理专业教育与培训机构为代表，成功地构建了一套监控机制。

2. 政府部门

为改革农村社区养老服务体系，促进社区的发展，政府必须要在社区中扮演引导和监督的双重角色，具体措施如下：一是设立“时间银行”体系，对“服务储蓄”进行规范化的监督，成立“互助小组”；二是充分利用乡村老年人的教育功能，开发低年龄老年人的人力资源，把“消费”的老年人变成“服务”的老年人；三是改进农村养老机构的财政支撑，缓解机构的经营压力，为老年人提供更多的参与空间。

从根本上讲，乡村老年人的养老问题属于社会问题，应当以国家为主体，将其纳入社会治理与公共事务的治理之中。然而，与国内、国外的农村老年人养老问题比较起来，这就要求我们要对乡村地区的具体情况进行调研，寻找切实有效的办法。在中国新农村的发展过程中，非政府和政府的合作关系将成为我国新农村发展的一个重大课题。

五、方案实施建议——实行农村老年教育

本书在对我国乡村居民的养老需求进行调研和研究的基础上，构建了乡村老年人的养老需求层次结构，通过建立多样化的乡村老年服务团队，以适应各类老年人的需要。政府监管和社区组织协调是农村社会养老服务体系的重要组成部分，但是在转变传统的养老理念、提升健康护理知识、掌握基本护理技术等方面，我们就必须加强农村老年人教育政策的实施。

发展乡村老年人的教育、增强老年人的自养能力、培育大量身强体壮的老年人、形成多样化的社会保障体系，这些都是改革农村社会养老的重要基础。

农村老年人的教育，从宏观意义上讲，是对农村老年人知识、技能、身心健康、思想道德形成和发展产生多重影响的教育；从狭义上讲，农村老年人的教育是以农村老年人为对象的一种教育行为，是以乡村老年人为主体的自我发展的一种活动。农村老年教育实质上是国家终身教育的一个组成部分，是实现农村老年人社会化的一个重要进程，是实现农村老年人生存品质、建设社会主义和谐社会的一个必要条件。

（一）普及终身教育的基本要素

农村老年教育是一项重要的、具有普遍性的终身教育。教育是指全民教育，即人人都是教育对象，其中包括农村老年人；终身教育是教育制度，使全民参与，不断提高教育质量，以适应社会发展的需求，其中包括早期教育、基础教育、高等教育、成人教育和老年人教育。因此，对农村老年人进行全方位的教育，对于我们的终身学习至关重要。

（二）农村老龄人口社会化的一个不可避免的进程

农村老龄教育是实现其社会化的重要途径。农村老年人具有社会地位低下、社会角色混乱、社会参与弱化等特点。在社会生活方面，其表现形式有：先天生理功能低下、心理失调、心理疾病、生活幸福感下降。通过对老年人的知识、技能、行为规范、价值观念等进行培训，以促进老年人融入社会，使其更好地适应自身的生存与社会角色，才能更好地解决老年人所面对的重大问题。

（三）改善我国农村老龄人口的主要途径

农村老龄教育是改善其生存环境的重要手段。目前，农村养老观念普遍存

在，家庭养老仍是我国农村养老的主要形态。调查显示，农民希望与子女一起生活，但随着社会经济转型、家庭流动性频繁化、家庭养老观念的淡化，越来越多的农村老年人给家庭和社会带来了沉重负担的同时，老年生活质量也没有得到相应的保障。农村老年教育旨在培养老年人的自主思维模式，培养其独立生活技能，超越自我，增强自我修养，以实现老有所养、老有所乐的目标。

（四）建设社会主义和谐社会的必要条件

农村老龄教育是建设社会主义和谐社会的必要前提。建设社会主义和谐社会必须有大批的农村人口，唯有如此，人们才能安居乐业，国泰民安。但现实中，农村的老年人大多是没有受过良好教育的人，他们的文化程度较低，生活质量较差，养老收入也只能维持他们的基本生活水准。目前，我国法律规定了农村老年人受教育的权利，但在保障其受教育权利方面存在着立法上的不足。农村老年人是我国社会发展的一个重要方面，应发挥其继续教育职能，提高其受教育程度和文化素质，增强其法律意识，提升其遵守社会道德、遵守法律法规的能力。

（五）农村养老模式改革的重要依据

农村老年教育是我国农村养老服务体系改革的重要内容。农村老年服务机构的构成比较复杂，其中以非全职护士居多，相关部门应发挥农村教育的优势，开展职业教育、职业培训，以提升其服务质量。对老年人来说，学会和掌握护理知识，不仅能提高其防病能力，还能使其更好地履行照顾配偶的责任，在实际情况中，还能为社区发展贡献余热，为自己的退休金“储蓄时间”。

在新一轮经济变迁的浪潮中，传统观念面临前所未有的挑战：虽然在特定的时间内，农村家庭仍然具有一定的养老功能，但是其发展的方向取决于人口政策、家庭结构、社会保障等因素。我们要改变农村老年人的观念，改变他们的养老观念，积极引导他们远离小家庭，建立农村社区养老互助组织，推进农村养老服务社会化，培育农村社会养老新文化，完善和创新农村养老服务模式。

第三节　农村“空巢”型老年人养老服务模式的创新

一、我国农村“空巢”形态改革的必要性

目前，我国的“空巢”型老年人的养老问题是影响到整个社会的重大问题。目前，我国农村“空巢”型老年人的主要生活方式仍然是家庭化的，而

“政府”型的“老龄房”等养老服务方式也只是作为“辅助”。根据调查，目前国内80%左右的机构退休人员都是在公立养老院，在私立养老院的只占20%左右，而在其他经济条件较好的地方，私立养老院所占据的比重较高，在经济条件较差的地方则较少，有些地方连私立养老院都没有[20]。

目前，由于没有能解决农村“空巢”型老年人的特殊养老服务问题的方式，其仍然存在于我国现有的养老体制之中，并没有被孤立出来。众多的养老方式都以各种形式存在，但因为其内涵的单一和各方面的作用都不完善，随着时代的发展，广大农民的生活质量不断提高，传统的养老服务方式已经难以适应农村养老的多元化需要，所暴露的问题也越来越突出。要破解这个问题，我们就需要对“空巢”型老年人的养老方式进行改革。

（一）有助于实现老有所养

人都会经历婴儿—孩童—少年—青年—壮年—老年的过程，这种由生命到死亡的变化过程是一种永恒的法则，是一种不随人的意志变化而变化的自然进程。这个进程是人们在无意识中体验的，而且是普遍存在的，每个在这个群体中生存的个体都不可避免地遭遇且不可抉择。在这样的自然规律下，每个人都要经历一个老化的过程，因此每个人都要面临养老金问题。从社会和私人的观点来看，参加养老服务事业的发展，是每一个人都要面临的问题。

为了让老年人能够安享晚年，我国近几年陆续推出了一批新的政策，可以说，“养老”是我国人民一个永恒的话题。随着我国经济发展和广大农民群众的生活条件不断改善，我国对养老服务质量的要求不断提升。为了改善我国老年人的生存状况和满足老年人的基本需求，我们必须对养老服务进行改造。

（二）可促进养老事业健康发展

我国以往的一些福利组织，如养老院、老年公寓等，都或多或少与养老服务相关，但因为其自身的历史背景，大部分是公立性质的。为了促进和吸引更多的社会闲暇资金进入养老产业，政府在此方面也将大量的资金用于投资。不管是城镇还是农村，都有大批的闲置资本流入，为养老服务事业提供了新的发展机会。通过这种方式，可以让整个社会的养老链条得到持续发展。在未来，我国可以形成以“企业带动行业”的新型养老模式。目前，我国政府对发展养老问题给予了非常大的关注，特别是在农村地区，在面对巨大的市场需要时，进行新型的养老服务，既能有效地缓解目前的困境，也可以作为促进养老事业制度发展的一种有效途径。

（三）促进内需平稳发展

由于社会变迁，国内外经济环境不断改变，美国等国家对我国的出口进行了各种限制，对我国的产品进行了大量的反垄断，使国内的对外贸易遭到了极大的打击，目前的国际经济状况十分严峻。与以往的情况相比，我国的出口量出现了显著的下滑。当我国的出口量受到限制时，发展国内需求成为带动经济发展的一个主要来源。在“三驾马车”中，只有国内需求才是最突出的，而在这个时候，养老服务业的发展会产生连锁反应，如餐饮、家政、建筑、旅游等，这些都会对国内需求和就业产生积极的影响，推动国家的发展。

二、当前农村“空巢”形态问题成因分析

（一）家庭养老格局发生变化

在我国，由于城镇化、计划生育等政策的推行，农村人口老龄化和“空巢”化的发展迅速，从而使农村人口的数量和结构发生改变。

一方面，由于实行了一系列的计划生育，我国的人口年龄构成出现了明显的改变，并且出现了老龄化的发展态势。我国实行计划生育后，人口出生率出现了明显的下滑，人口数量不断减少。随着总体人口老龄化程度的增加，农村地区的老龄化程度将进一步加剧。

另一方面，城市化进程中，农村居民的家庭结构发生了变化，导致“空巢”现象的加重，促使“家庭”以“老年人”为主导。目前我国的农村地区，“空巢”型老年人的数量在不断增加，在老年人中占有很大的比例。目前，城市化正在全面推进，相关数据表明，近年来，城市化的发展速度持续保持在较快的水平，也使农民的生存模式发生了变化，很多年轻的农民都会选择走出乡村，到城市中谋生。居住在农村的，只有一些丧失了基本工作能力和基本生活能力的老年人。那些体弱多病的老年人和高龄老年人在生活照料上出现了实际困难。

（二）没有根除“养儿防老”观念

一方面，我国农村老年人由于长期坚持“家庭养老”的观念，在养老问题的认识上存在偏差。以前，这些老年人把一辈子的钱都花在了抚养子女和子女的婚姻上，所以到了晚年，他们就不得不依靠子女养活自己。这也说明了我国农村老年人对其他养老手段认识不足，如部分老年人对养老保险没有一个明确的认识。我们也可以看到，由于农民从事农业生产，工作时间较长，他们的身体出现了一定的损害，如腿疼、腰疼等常见疾病。尽管大部分老年人都参加了“新农合”医疗保险，但因为没有医保，所以很多人宁愿待在家里，也不愿意去看医生。

另一方面，农村老年人不愿住进养老院。大部分的老年人都认为，如果把

他们送入养老院，邻里亲人会觉得其子女不孝顺，从而被邻居们耻笑。因此，老年人为了儿女的“颜面”，往往宁愿一个人住在家里，也不愿意住进养老院。也有人觉得，自己有孩子，如果被送到养老院，那就是败坏自己的名声。还有一些人觉得，养老院的生活质量不是很好，无法让他们满意。总而言之，人们对养老院的认识不足，对老年人的养老模式有一定的不适应，甚至不太认可。

（三）社会化参与程度较低

目前，尽管我们亟须改善社会养老水平，但由于我国的特殊性以及农村社会的发展状况，使得养老服务事业仍处在起步期，尚未完全发展起来。总之，社会资本和人才参与程度不足，并没有激发民间组织等参与社会养老服务的热情，志愿者组织、社会中介组织、慈善组织参与到乡村公益养老服务的风气尚未形成。

1. 缺乏养老服务资金投入保障

我国的养老保险基金投资不足。一方面，我国的财政投入比例偏低；单纯由国家财政来负担，压力很大，而且财政上的巨大差距，短期内很难缩小。另一方面，也存在着社会资金投入不足的情况。由于建设养老设施的建设费用高、效益差、政府补助经费不足等原因，单从政府对养老基金的投入比例来看，非政府组织对建立社区养老机构的热情并不高。

2. 缺乏专门的服务队伍

未来，专业化应当是我国农村养老服务的重要内容。目前，由于农村的经济条件比较落后，特别是“空巢”型老年人本身无力负担起养老服务的费用，地方财政资源十分紧张，又没有足够的资金来支撑农村的发展，且农村老年人数量众多，所以在短期之内无法达到城镇“空巢”型老年人均购买养老服务的水平。在这种情况下，大部分的老年人都会选择自己照顾自己或周围的人来照顾自己，而这些志愿者，则是来自村子里的一些热心人，他们或许很有同情心，也很热心，但他们也要生活，不能将所有的时间都用在“送爱心”上。由于自身能力有限，且对专业的护理人员的认识不足，这些服务人员只能为老年人提供基本的医疗服务，其服务水准与专业的医疗机构相比有很大的差距。

（四）无法做到医养结合

目前，我国的“空巢”型老年人身体状况不容乐观，其卫生保健需求难以满足。而农村的“空巢”型老年人，由于他们的经济承受能力比较差，许多人连生病都负担不起，最怕的就是遇到大病。虽然现在已经建立了农村合作医疗、大病救助、慈善救助等多种救助方式，但很多老年人还是负担不起自己的医疗支出。

一方面，农村整体的医疗服务供给短缺，医院的配置失衡。县级以上地区的医疗资源过于密集，基层卫生院的医疗水平较低，基层医疗服务系统不健全，乡村老年人难以就近获取优质的医疗资源，基层医疗保障的效果并不显著。因为医疗资源匮乏，城乡分布不均衡，所以好的医疗机构都是距离城市更近，农村老年人想要看病较为困难。

另一方面，老年人的医疗费用较高。尽管目前我国的医保制度对农村居民的健康状况起到了一定的缓解作用，但是在实际操作中却遇到了不少问题。一是总体补偿率较低。医疗资源与报销比例呈反比关系，越是有条件的地方，补偿可能越少，如在县级医院，报销的比乡卫生院要少，而在县级以上的地方，三甲医院的报销就更少了。在实际中，农村老年人最担忧的是“得大病”。由于乡镇医院的医疗水平很低，一旦患上了大的疾病，就要到大医院就诊，如果医院的医疗条件好，医院的报销率就会降低，而乡村老年人的负担就更大了。对于那些依靠劳作为生的农夫，他们是“病不起”的。“一人生病，全家穷”，这是一种由疾病造成的贫困现象。二是对慢性病的补助标准较高。农民们最担心的就是得大病，虽然有政府的补贴，但想要拿到慢性病的补贴，却是非常困难的。虽然有补贴，但补贴的金额并不高。这对于那些长期患病的农村老年人而言，简直是九牛一毛。三是农村老年人大都不愿意住院治疗，也不愿意支付医疗费。但如果不是住院，医药费就不会报销，就算有，也会有一系列的费用，并不会完全报销，需按照一定的标准来支付。对于农村老年人而言，这可是一笔不小的开销。所以，很多农村老年人都有一个共同的担忧，那就是怕生病，尤其是生大病。

（五）社会保险作用不明显

在国外，一些较为发达的国家，其养老金制度是最基础的。而在我国，由于参保人数偏少，地域差别很大，因此社保对养老保障具有一定影响。造成这种现象的原因有两个：一是区域发展的不平衡。农村居民参加社会保障的热情与经济发展程度密切相关，在经济特区，农民的生活质量得到了极大改善，可以用自己的一些存款参加社会保障。现在，农民的衣食问题已经得到了解决，他们开始考虑老年人的安居乐业问题。目前，在部分较为发达的地区已基本完成了城乡居民基本养老保障制度。而在我国的许多偏远地区，由于农村的经济条件比较落后，农民的收入也比较少，生存环境也比较差，他们对于社会保障并不是太重视，所以他们的保险覆盖率也比较低。二是保险的投保人数量不均衡。目前，我国对农村居民投保的数额还没有一个统一的规定，各地的保险数额因地区而异。有些地区，一次缴纳的保费就达到了数千元，到了一定的年龄，每个月可以拿到数百元的退休金；而有些地方，缴纳了200元左右，到了领取养老金的时间，每人每月只能领到几十元，对改善生活条件、提高生活质量没有任何帮助，因此老年人也就没有了参加社保的热情。

我国目前的养老保障体系，除农户参保之外，还面临着各类社会保障制度的缺憾。由于农村人口老龄化、“空巢化”等原因，农村居民的社会保障存在诸多问题，这些问题也越来越突出，这就使得农村居民的保险意识越来越弱，越来越不愿意参加新农保，特别是在欠发达地区，农村居民可承受能力有限，参加新农保的热情不高。

从目前的状况来看，社会保障对农村老年人的影响较小。目前，我国许多农村老年人并没有交纳养老金，甚至完全依靠“低保”等各种形式的社会救助维持生计，在短时间里，靠社会保险是不可能维持生计的，而在农村的“空巢”型老年人的养老中，社保制度的优势也没有显示出来。

（六）养老体系建设不完善

1. 政策的制定不到位

从国外的一些成功的养老经验中可以看到，有关的养老政策必须和健康保险制度的制定相融合。根据“需要”层次的观点，我们认为，老年人的养老需求不仅是一个简单的生活需要，还是一个维持健康的需要。但是，在我国，民政部门是主管老年人的，卫生保健机构是卫生健康管理机构，它们的制定和实施是两个不同的层面，缺少协调性和连续性。目前，养老服务与医疗护理服务已出现了严重的脱节现象，养老服务政策虽好，但医疗护理水平却远远落后，且缺乏相应的护理保障体系，导致护理服务面临巨大的挑战。

2. 老年人的福利制度不完善

我国城乡居民的养老制度与城镇居民的社会福利制度比较起来，城乡居民的社会福利制度比较滞后。城镇和乡村的养老制度处于失衡状态，阻碍了“城乡融合”的发展。我国目前的养老保险制度，不论是从财政的投资还是从缴纳的水平上看，都有很大的差异。比如，设立一张安居病床可以获得较多的津贴，而在农村，老年人的病床数量远远低于城镇，因此获得的津贴也就比较低。此外，目前我国在制定农村养老服务制度时，还远远落后于现实需要。

三、创新农村“空巢”型老年人养老服务模式的基本路径

目前，随着我国农民的生活条件不断提高，老年人的养老需求也不断增加，但是我国现有的各类养老模式存在着局限性和单一性问题，难以适应目前

的社会需要。为满足我国农村留守老年人的需要，必须建立一套符合其特点的养老服务体系。从目前的发展态势来看，最好的办法就是对“空巢”型老年人进行改造。我们要有效地协调好老年人、家庭和政府三者之间的关系，必须发挥社会各界的积极作用，通过让各个社会成员各司其职，共同构建一个和谐的社会，真正地缓解我国广大农村“空巢”型老年人的养老问题。

（一）基本原则

改革农村“空巢”型老年人养老服务方式，是适应农村人口老龄化、“空巢化”发展的一项重大措施，是解决农村“空巢”型老年人养老问题、提高其生活质量、构建和谐社会的必然要求。所以，在实际操作中，我们要遵守以下几个原则：

一是以国家为主导原则。鉴于我国目前存在着数量庞大的农村人群，因此在推进农村社会保障体系建设中，我国必须担负起国家的主要职责。在全国范围内的实践也表明，在制度建设、财政支持等方面，国家都要尽到相应的职责和义务，使新的农村老年护理服务体系真正得以实现。

二是“科学化”原则。在我国建立“空巢”型老年人养老服务的新格局中，除了“空巢”型老年人之外，还有其他的老年人。在建设模式时要注意控制好规模，避免对和谐社会的发展造成不利的影响。所以，在建设的时候，我们要做到科学化、理性化。

三是因势利导原则。在建立新型的养老服务体系时，我们要根据国情和国家的基本方针，实行“一地一策”，根据国情和当地的具体情况，开发符合当地社会需要的老年人养老服务，使其更易于为本地居民所接受。

四是长效持久性原则。发展“空巢”型老年人的老年护理是一项长远的工作，不是一朝一夕就能完成的，必须经过长期的发展计划和持续的执行。

（二）主要措施

在我国，除了政府、机构、家庭、老年人自身之外，还有许多社会力量如非营利性机构和志愿者的积极介入。可以说，目前的“空巢”型是一种开放式的体系，它不但可以让各方的养老资源随意进入，还可以让老年人在养老体系中自由地进行养老，也可以在农村的养老机构中进行。不管他们采取何种方式参加，地方上都会给予同样的补助和福利，这些补助并不会直接用现金支付，而是给老年人发放福利券或者给养老机构补贴。其最终目标是为居住在乡村的老年人提供社会照顾服务，以及要把生活在农村的居家老年人转移到社会上，从根本上提高对其护理服务的质量。

1. 发挥政府的主导作用

（1）充分运用多种媒介，强化社会公众的舆论导向。目前，我国大部分的农村“空巢”型老年人不愿意到社会上去养老，仍然在家里养老，其主观原因在于他们的“养儿防老”理念没有改变。发展以“家庭”为中心的新型农村社会化养老服务模式要获得社会的认同，只有让大众能够接受，这种新的养老服务方式才能发展壮大。为此，我们要充分运用各种媒介，大力推广社会化养老，改变全社会的养老理念，实现养老专业化、社会化。

（2）对老年人的养老资源配置进行调整。我们要以社区为单位，充分运用现有的养老资源，将农村地区的养老机构整合到一起，并通过国家的投入，提高养老服务的软硬件水平。再由有关方面根据各个乡镇老年人的发展和需要，统筹安排，在当地建立一所养老机构。一般情况下，各个镇的距离都比较近，老年人的居住条件和生活方式都差不多，所以老年人会有很多共同的话题，而谈话会让老年人的精神状态变得更好。

（3）要强化对社区养老服务的指导和政策扶持。政府应该尽早将相关的政策纳入法律的框架内，并对社会资金进行主动投入，要对在各类社会养老机构中做出重大投资及贡献的组织和个人予以适当的政策扶持。

（4）要健全养老保险制度。借鉴外国的先进做法，我们应该不断完善社会保险和医疗保险制度，建立以各种保险为主体的养老保险制度。在银保监会等金融监管部门的监管下，我国要积极发展面向农村老年人的兜底性金融产品；同时，还要鼓励各大养老机构为老年人提供医疗保障。为了满足多样化的老年人需要，我们应该逐渐推出综合性银行的保险服务。

2. 丰富养老服务供给方式

（1）引进“互联网+”，充分利用网络资源，实现全民养老资源的统一。在有关政策方面，我们要摒弃“城中村”思想，大力建设“农村一体化”的老年服务网络，实现“均等化”和“共享”；借助网络，使“互联网+”能够更好地促进社会养老资源的高效分享；通过“互联网+”，使大部分“空巢”型老年人的养老服务更加规范化、制度化、便捷化和智能化。

（2）将目前养老机构的管理方式进行融合，促进“医养结合”的养老机构的试点，促进社会福利机构的供给结构调整。该系统以传统的养老服务方式为依托，综合考虑了医疗和社会的各种因素，构建了一种以健康为中心的新的老年服务体系。把原来的养老中心建设成一个集护理、医疗、养老、康复、临终关怀等多种功能于一身的养老机构。除此以外，我们也应该对原来养老中心的各个功能区进行优化，将其划分成生活区、医疗区和康复区。下面，我们对临终关怀进行简单介绍。

临终关怀是一种特殊的护理，它关注的是正在经历一种晚期的、限制生命的疾病的人们及其护理者的生活质量。临终关怀为处于不治之症最后阶段的人提供富有同情心的护理，这样他们就可以尽可能充分且舒适地生活。临终关怀哲学认为，死亡是生命的最后阶段：它肯定生命，但不试图加速或推迟死亡。临终关怀治疗病人和疾病症状，而不是治疗疾病本身。一组专业人员一起工作来管理症状，这样一个人的最后几天可以有尊严和有质量地度过，被他们所爱的人包围。临终关怀也是以家庭为中心的——它让病人和家庭参与决策。

当一种疾病，如晚期癌症达到治疗无法治愈或控制的地步时，就需要临终关怀。一般来说，当一个人的预期寿命约为 6 个月或更短时，如果疾病按常规发展，就应该使用临终关怀。晚期癌症患者应该与他们的家人和医生讨论，共同决定临终关怀服务何时开始。相关研究表明，临终关怀往往开始得不够快。有时医生、病人或家庭成员会抵制临终关怀，因为他们认为这意味着"放弃"或没有希望。重要的是要知道，你可以随时离开临终关怀，进入积极的癌症治疗。但是临终关怀带来的希望是高质量的生活，在晚期疾病的最后阶段充分利用每一天。一些医生没有提到临终关怀，所以病人或家属可能会决定开始谈话。

所有临终关怀提供者都必须提供某些服务，但其往往有不同的服务方式、人员配置模式和支持服务类型。一是姑息治疗和症状控制。姑息治疗也可以称为支持性治疗、症状管理或舒适治疗。它可以与临终关怀分开进行（如当仍在积极治疗癌症时），但如果因为癌症恶化而不再治疗，它通常是临终关怀的一部分。姑息治疗不治疗癌症本身；相反，它被用来尽早预防或治疗症状和副作用。作为临终关怀的一部分，姑息护理着眼于癌症会如何影响整个人，通过帮助病人缓解症状、疼痛和压力来实现。它为患者提供了多种选择，并允许他们及他们的护理人员参与规划他们的护理。这是为了确保病人所有的护理需求都得到满足。姑息治疗团队中的专业人员可以帮助病人寻找和管理可能出现的精神、身体、情感、社会和精神问题。将姑息治疗纳入临终关怀服务的主要目的是帮助病人缓解压力、减少痛苦，同时让他们享受生命的最后阶段。这意味着，不适、疼痛、恶心和其他副作用会得到控制，以确保病人尽可能感觉良好，但也会保持足够的警觉，享受生活，并做出重要决定。二是家庭护理和住院临终关怀。尽管大多数临终关怀都是以家庭为中心的，但有时病人可能需要去医院、扩展护理机构或住院临终关怀中心。三是精神关怀。由于人们的精神需求和宗教信仰不同，精神关怀是为了满足病人的特定需求而设置的，它可能包括帮助病人看看死亡意味着什么，帮助病人与家人说再见，或者帮助他们举办一个典礼。四是家庭会议。定期安排会议，通常由临终关怀护士或社会工作者领导，让家庭成员了解病人的情况和预期。这些会议也让每个人都有机会分享感受，谈论正在发生的事情和需要的东西，并了解死亡和死亡的过程。家庭成员可以通过这些会议获得很大的支持和缓解压力。日常更新也可能是非正式的，因为护士或护理人员会在常规探视中与病人或家属进行交谈。五是护理合作。临终关怀团队每周 7 天、每天 24 小时协调和监督所有护理。团队负责人确保所有相关服务共享信息。这可能包括住院设施、医生和其他社区专业人员，如药剂师和葬礼负责人。六是临时护理。对于在家中接受护理的患者，一些临终关怀服务可以提供临时护理，让朋友和家人有时间远离护理。护理人员可以在长达 5 天的时间内给予临时护理，在此期间，癌症患者可以在临终关怀机构、养老院或医院的病床上接受护理。七是丧亲护理。丧亲是失去亲人后的哀悼期。临终关怀团队与幸存的亲人一起帮助他们渡过悲痛的过程。训练有素的志愿者或专业顾问通过探访、电话和/或其他联系方式以及支持小组向幸存者提供支持。如果有需要，临终关怀团队可以将家庭成员和护理朋友转介到其他医疗或专业护理机构。“丧亲服务”通常在病人死后一年左右提供。

临终关怀和姑息治疗之间的区别：临终关怀和姑息治疗都旨在为患有严重疾病的人提供更好的生活质量，减轻疾病症状和副作用。两者都有专门的护理团队来满足一个人的身体、情感、精神、社交和精神需求。但是，尽管临终关怀通常包括姑息治疗，但它们不是一回事。

（3）要大力发展新型的养老机构。欧美等发达国家都会建立起以社区为基础的养老机构，它们的社会福利体系都很完备，对老年服务人员的要求也比较严格。我国目前正在大力发展“居家养老—农村社区互助养老—养老保险”“三位一体”的社会化养老服务体系：一方面，建立农村基层的互助型社会养老体系，将社会各界养老资源进行有效的整合；另一方面，通过社区内的各种资源，提倡老年人自力更生，争取更多的“时间储蓄”，以便在农村老年护理中心得到适当的护理，并通过减少老年人的经验和资金，来满足老年人在其他方面的需求，促进社会的养老资源最优化分配。

3. 提升服务人员专业化水平

为广大农村人口中的“空巢”型老年人提供的养老保障，必须要有大批的人力资源。目前，农村养老院的工作队伍中出现了一种较为常见的问题，即缺乏专门的工作人才和参加老年人活动的志愿人员。而如今，全国各地已经建立起了农民合作社，农业机械化水平得到了极大提升，许多老年人甚至还要承担抚养孙辈的重任。在农村，有一群普通的孩子除了去学校其余的时候都是闲暇的，所以我们要将他们吸纳到养老服务队伍中。但他们缺乏专业的护理技能，仅会做饭、洗衣、聊天，仅能提供基本的照顾。要让他们更好地为农村的“空巢”型老年人提供服务，就必须加强他们的综合素质，特别是职业教育。所以，除了增加对养老基金的投资外，还需要举办各种专业的培训活动，对老年养老服务工作者进行职业技能和职业素质的训练。需要注意的是，养老服务的训练内容应该有一个统一标准，通过形成一套标准的养老服务教育和训练系统，逐渐提高农村社区互助养老院等养老服务队伍的专业水平。

4. 建立服务供给第三方评估机制

目前，我国还没有一个与养老服务配套的第三方评价体系，推进第三方评价体系的构建，有利于促进我国养老服务的发展和完善，从而为我国的老年人提供更好的养老资源。目前，国内一些地方已经开始关注对老年人福利机构的评价，但由于其发展相对滞后，大多还处于依赖于政府评价的状况，或者干脆让中介机构充当裁判。这些评价不够专业，也没有可信度和说服力。引入评估机制旨在通过对我国老年人在养老过程中遇到的各类问题进行正确的识别，从而引导政府和社会对存在的问题进行有效处理，使养老服务体系得到完善。

（1）要不断完善我国养老机构的产业规范，建立完善的评估体系。通过对养老保险制度的综合评价，明确养老保险、护理补贴等养老保障的具体内容。我们要构建政府采购的养老保险评价体系，实行第三方评价，将评价与政府补贴、奖惩措施有机地联系起来。

（2）为养老机构和组织建立信用评估体系，完善养老服务报告和投诉制度，定期调查和评估依赖各级养老服务协会和家庭经济协会的养老机构和组织的运作，形成政府引导、行业自律和社会监督相结合的监管体系。

5. 推动农村养老服务社会化

要发展针对农村“空巢”型老年人的养老事业，我们就必须清楚认识到我国的人口基数很大，老年人所占比例很高，而且老龄化和“空巢化”的速度很快，这样一大批“空巢”型老年人想要获得更多的社会保障光靠国家是不行的，想从根本上解决这一问题，我们就要充分调动社会上可动用的各种资源，逐步实现其社会化。在发展社会化养老服务的过程中，我们还要因地制宜、区别对待，以实现社会资源的高效分配。

（1）要有效吸纳民间资金，以缓解我国的养老资金短缺。目前，资金短缺已成为制约我国社会保障体系发展的重要原因。目前，我国大部分地区都以县为依托，但是农村地区的财力并不能完全解决老年人的基本需求。如何吸纳和拓宽筹资途径，是制约农村留守老年人养老服务社会化发展的必要条件。我们可以建立一个专项的农村老年服务基金，用于保障城乡老年人的养老服务，并通过省级以上财政列支，统筹各县区农村养老服务机构的建设。同时，我们也要加强对农村留守老年人的养老服务工作的宣传，增加民间资本，支持民间团体捐赠。

目前，由于我国大量的农村“空巢”型老年人对养老服务的各类需要不断增多，而公立的养老服务体系已不能在短期之内适应这种不断变化的需要。尤其是在政府出台了一些鼓励私人投资的措施之后，更是吸引了不少的社会资金。在社会资金中，民间投资逐渐增多，并将逐渐形成一股强大的力量。因此，我们对这项新产业的发展充满信心。每一种新兴的东西，都会遇到各种各样的问题，特别是在我国养老服务业刚刚起步的时候，面对大量的社会资金投入“空巢”型老年人的养老服务中，不可避免地会遇到一些问题。发展老年人的产业特性就在于，投资初期会有大量的资金，而现在却难以回收，且盈利能力也不如别的行业，这就导致了一些投资热情高涨的投资人到了后期越来越没有底气。为此，我们要创新投融资模式，引导社会力量积极投入“空巢”型老年人的社会保障中来，为其提供更好的服务，让每个老年人都能老有所乐、老有所养。

（2）重视家庭的作用，发挥其心理支持功能。农村“空巢”型老年人养老服务模式构建的立足点是农村家庭，它是社会的基本单位。由于传统的思想，“空巢”型老年人对家的渴望程度远高于城镇老年人，因此我们应当鼓励他们依靠自己的力量，在家里享受自己的养老生活。同时，我们应鼓励子女多与老年人相处，以使其获得心理上的安慰。农村老年人的受教育程度比较低，他们的兴趣也比较少，特别是老年人、病人，他们活动不方便，与社会交往也比较狭窄，很可能会感到寂寞，所以子女应该在心理上照顾他们。农村社会养老应该通过购买第三方养老服务实现社会化养老，从而使农村“空巢”型老年人的养老不再完全委托给家庭，家庭只起到居住和精神支持的作用。社会必须为老年人提供更多的护理服务。根据市场规律，社会也将承担更大的养老责任。

（3）根据不同的地域特点，逐步推动社区养老服务的发展。在农村思想较为新颖、农民承受能力较高的地区，可以借鉴较为成熟的城镇养老服务方式，实行社区养老。并借鉴国外养老机构发展的成功案例，展望未来，为满足这些老年人的各种需要，要为他们提供全方位的老年护理。在农村，由于农民的观念相对开放、接纳程度较高，体制改革是发展这一类型的乡村社会的必要条件。要想发展社区养老服务，我们应该做到以下两点：第一点是发展经济型养老模式，这样既能解决老年人的基础需要，也能解决高层次的养老需求；第二点是发展有远见的养老模式，逐渐实现养老服务专业化、模式化、智能化。在贫困地区，部分老年人的养老需求只是维持在衣食住行的最低水平。发展这些区域的“空巢”型老年人的社会保障，要重视他们的“身体”需要。因为他们经济条件相对较差，新农村合作医疗还未全面落实，更谈不上其他的养老保险。从我国目前的情况来看，如何从老年人的角度出发，有效地帮助这些老年人实现社会保障，成为我们重点关注的问题之一。

第六章　医养融合养老服务的发展

第一节　我国医养融合养老服务的体制

一、我国医养融合养老服务的体制概述

（一）我国医养融合养老服务的体制因素概述

1. 我国医养融合养老服务的体制因素

在宏观层面上，体制包含了既定的运行规范、组织体系和保证体系。本书提出了“医养融合”养老服务的体制要素。也就是说，我们需要建立“医养融合”养老服务的运行规范和“医养融合”养老服务的机构体制，以保证“医养融合”养老服务的运行。

“医养融合”养老机构的组织体系主要包括医疗机构和养老机构。该系统是一个整体的组织架构，它可以用作医学和卫生服务，也可以用作健康监测。“医养融合”的养老机构，其主要目标是为老年人提供一套完整的养老保障。在这种体制下，各个部门的职责与权限得以充分发挥，有利于促进我国社会福利事业的发展。

“医养融合”的养老服务机制是构建在一定的规范之上的，其运作模式是基于老年人的基本需求，构建一种基于老年人需求的评估系统，能为老年人提供有针对性的选择，以及制定相关的决策与政策。“医养融合”的养老保障体系需要构建一套完善的人才培训机制，以适应我国实际需要，并不断地对医生和护士进行培训[21]。

“医养融合”的保障体系是医疗卫生服务体系按照目前的运行方式所必需的一项体制保障，包括金融保障和政治保障，如卫生保健体制，以及监督体制在体系运行中的角色。

2. 我国医养融合养老服务的体制要素关系

本书提出的“医养融合”养老服务概念是指将医疗机构与养老机构结合起来，由卫生部门与民政部门共同管理。这两个部门并非相互独立，它们之间存在着一个上下级的关系。如果没有统一的管理机构，往往会出现“两管”和“两不管”的现象。“组织体制”不统一，容易造成责任缺失。要真正实现“医养融合”，我们就必须将卫生、民政部门进行整合，整合资源，统一调配。

在此基础上，我们还要进一步厘清“医养融合”养老组织职能的不同模式，实现医疗机构专业化经营。但是，大多数“医养融合”养老机构都不清楚自己属于谁，往往不知道属于卫生部门还是民政部门。

健康发展医疗养老需求健全的运行机制和健全的保障体系。在长期的运营历程中，我国医疗机构和养老机构始终是一个相对完整的体系，有着自己的运作路线和运作方式。在医疗与养老相结合的运行机制中，由于缺乏统一的健康评价标准、准入与退出标准，加之医疗机构退出标准尚未形成，许多“医养融合”政策无法落实。然而，由于缺乏有效的监管机制，在经营过程中经常会出现“套保”现象，一些医疗、养老等行业中介机构，打着“医疗”“养老”的幌子，让国家政策为其倾斜。通过调查发现，部分医院在养老院设置医疗服务设施，但服务质量差，甚至在一些低级服务设施中，“医”“养”能力无法满足老年人的需求，这需要相关机构切实监督。在医疗养老结合运营方面还存在着缺乏培养机制、资金支持等问题。医疗和护理人员专业是医疗和护理一体化的基础，其存在和发展直接影响着医疗和护理事业的发展。目前，各养老机构普遍存在着国内医护人员短缺的问题，同时还存在着资金短缺、政策缺乏等问题。因此，发展“医养融合”需要强大的资金、人才和政策支持。

“医养融合”养老机构在经营过程中，不仅要接受民政、卫生等方面的监管，还要接受公安、消防等方面的监管。《社会福利机构管理办法》规定，养老院由当地政府主管部门审核，但须经卫生局、消防局批准后再向民政部门申请。同时，在日常运营中，养老院要按照饭店、旅游等行业的要求，由医疗机构协助监管。如果只是一家普通的养老院，想要将养老与医疗结合，就十分困难。在此基础上，卫生行政部门必须对养老机构进行医疗资格鉴定。通过实地调研我们可以发现，部分医疗与养老相结合的医疗服务是根据医疗机构的要求开展的，有些则是以医疗机构为单位设置的。在这种多部门管理体制下，各部门利益关系各异，导致部分优惠政策无法实施。一旦出现意外，或者利益冲突，医疗机构和养老机构都要为这些问题付出代价。

构建“医养融合”养老机构，将护理、医疗、生活照料结合起来，是解决我国目前养老问题的有效途径。目前，在医养一体化时期，医疗机构和养老机构这两种组织结构相互独立，功能不同，因此利益冲突不可避免。在实际工作中，很多地方都注意到了医疗、社会保障等部门的整合，由于缺乏交流，机构职能重叠，容易出现推诿扯皮等问题。构建“医养融合”养老机构，应从组织功能、组织机构、组织利益三个方面着手。首先，从组织结构上看，要实现医养一体化纵向发展；其次，要解决医疗机构与营养品分离状态下机构功能错综复杂、机构内部不协调等一系列问题。

（二）我国医养融合养老服务的体制情况

1. 组织体系情况

目前，“医养融合”的养老模式在国内尚无明确的组织架构。现行体制下，养老院由民政部管理，这种体制的设置导致了“医养融合”的养老服务体系没有明确的组织架构，没有统一的组织，管理上的欠缺，使得各个部门的关系也不紧密。这种不明确的组织架构使得“医养融合”的养老机构出现了资源分散、利益分散、政策执行不到位、无法有效地进行组织等一系列问题。

2. 运行机制情况

养老服务的重点是为失能、半失能老年人提供养老和护理服务，并在此基础上扩大到其他老年人群。然而，在实际工作中，我们却常常会看到身体不健全的老年人在利用医疗资源时，出现了“押床”的情况。一些失能、半失能、重病缠身的老年人，在医疗机构的帮助下，病情有了很大的好转，应该转入家庭或一般的养老院。但没有找到其他适合这些老年人的地方。在国外，一般都会雇用专业的医护人员来了解老年人的健康情况，并制定详细的治疗方案。而目前，医疗、养老结合的养老机构还处于试验期，只有老年人和家庭成员才能进行这种形式的转让。医疗和养老结合的养老院也因为害怕病床短缺导致它们的收益下降而默认了这样的情况。而在医疗与养老结合的养老机构中，我们也看到了目前存在着护士大量短缺的问题。护士的职业素质直接关系到医疗与养老结合的医疗服务的品质。目前，尤其是一些小规模的医疗与养老机构，大部分从业者都是失业的中年人，他们从未经过任何职业训练，更别说是从业资格证书了。此外，护士薪酬水平也相对较差，与繁重的工作负荷不匹配，并且存在着大量的员工流动问题，导致医疗与养老结合的养老机构往往人手不足。在建立老年医学中心的时候，通常都会由医院的护士负责护理，然而，因为护士的工作量很大，所以，经常会有护士忙得不可开交的情况。

3. 安全体系状况

医疗和医疗一体化的发展离不开完善的医疗保险体系。目前我国医疗与养老结合的医疗保险体系存在着诸多缺陷。首先要说的就是医疗保险的问题，医疗与养老的结合，需要大量的医疗设备、技术和基础的医疗设备，而现在的医疗机构却没有足够的财力来支撑。在监管体系上，目前国内尚属试验阶段，未在全国范围内普及，因此缺乏统一的职能定位、收费标准和较高的服务质量等。在现实生活中，医疗与养老结合的养老管理工作更加迫切地要求对医疗保阶体系进行有效的监管，如果不进行有效的监管，很可能会导致医疗与养老结合的模式产生错位，一些试点地区甚至存在着“乱”“高”“套利”等现象。甚至有些公司以医疗和养老结合为名义，通过各种形式获取国家的政策和福利，但实际上从事的是与医养融合毫无关系的商业经营，造成了极大的浪费。由于许多失能老年人、半失能老年人生活无保障，无法支付医疗保险，因此对老年医疗保险的有效需求有所下降。而在其他地区，照顾老年人也被纳入医疗保险。

（三）我国医养融合养老服务的制度问题

1. 组织结构不清晰

目前，“医养融合”的养老模式在国内尚无明确的组织架构。这种不明确的组织架构使得“医养融合”的养老机构出现了资源分散、利益分散、政策执行不到位、无法有效地进行组织等一系列问题。

2. 运行机构不完善

目前，医疗与养老结合的运行本质上就是把“医改”纳入民政部门“民政”，实现“健康”与“民政”的有机结合。其业务在很大程度上取决于两家组织达成的协议：为老年人提供卫生档案和医疗指导。但是，就现实情况来看，当前的医疗与养老仍然是由国家控制的，尽管医疗与养老的融合已成为一种必然的发展趋势，但是，至今还没有相关的法律法规和规范来明确该组织架构。目前，我国尚未确立医养融合的先后次序，对医养融合的界定也没有一个明确的标准。众所周知，医疗与养老相融合的养老观念，就在于“医”，“医”并不只是单纯地使用传统的治疗手段，更要有专门的医护人员。然而，对于这种类型的人才，现在还缺少正规的培训。伴随着医疗和养老服务的不断发展，相应地也面临着越来越严重的中医师紧缺问题。医院的医生都是从高等医学院校培养出来的高素质、高水平的专业技术人员，然而针对老年群体的，全国大学都没有。这也是当前高龄手术医生紧缺的主要原因。此外，我国目前的医养融合模式是以企业为主体的，而以薄利、非营利为目的老年护理行业具有明显的社会公共利益，因此目前我国的医养结合模式中存在着大量的利益矛盾。

3. 安全体系不健全

医疗和养老相结合的模式的建设，其运作的好坏主要依赖于人才、资金和政策的保障。

目前，我国在医养融合方面的投入大多依靠国家，资源单一、缺乏经费，是目前最重要的制约因素。至于医疗保险，是一个第三方机构，所有的费用都是由社会保障机构承担的。而因医疗保障不足，导致医疗与养老融合老年人的医疗保健支出中很大比例并未纳入医保支付范畴。医疗与养老融合的老年医疗机构所面对的既是公共利益又是非公共利益的矛盾。“医养融合”是为了使更多老年人得到更好的照顾，但由于目前的卫生条件和财力的限制，如果护理费用和床位费用低，就很难维持经营，但如果要增加费用，就违背了“医养融合”的宗旨。而在监管体系方面，因为缺乏相关的法律法规约束，使得医疗机构难以有效地进行管理。

二、我国医养融合养老服务组织体系的制约

（一）我国医养融合养老服务组织体系的制约情况

1. 医养融合养老服务的组织结构分割

目前，我国医养结合的组织结构是十分分散的，还处于探索期，没有一个统一的、科学的服务体系，且我国的医疗机构主要是医疗部门负责的，其职责是诊治各种病症，包括疗养院、医院、卫生所等。而养老服务由政府机关负责，包括敬老院、福利院等，以照顾老年人为中心。至于医药费的事情，则是由人力资源部来处理。养老和医疗都有自己的组织结构。

2. 医养融合养老服务的组织职能交叉

医疗与养老结合的过程中，其机构制度的分离使医疗机构的功能错综复杂，形成了“多龙管水”的管理格局和导致部门责任的模糊。这是当前制约我国医疗与养老融合发展的最大瓶颈。在医疗与养老融合的体制下，由民政部门负责对其进行监管，并由卫生、税务等部门统一监管。卫生局不仅要对医务人员进行监督，还要接受消防、税务等多方面的监管。医疗与养老一体化既要受到民政部门和卫生局的监督，又要承担“两管”“两不管”的责任。但是，无论是医疗还是养老，都是各自的经济组织，也就是说，两者都是受各自的利益驱动，这就给上面的人带来了更大的困难。当有了利益的冲突，谁也不会退让，而那些老一辈的人，则会为自己的矛盾付出代价。在医疗与养老融合的过程中，明确好医疗与民政部门的职责关系，以防止两者之间的功能重叠，是实

现医疗与养老融合的重要途径。

3. 医养融合养老服务的组织利益不统一

最初，我国实行的是“管治结合”的医疗制度，主要是发展大单位，以公立医院为主，分为一级、二级、三级。伴随着我国公立医院制度的持续深化和国家权力下放，将优质的医疗服务资源向三甲医院倾斜。医院的宗旨就是为病人提供治疗和康复治疗。但是，医院也是一个以盈利为目的公司。而养老机构算是一种慈善机构，也可以说是一种有利可图的福利机构。第三层次的医院拥有更好的医疗设备，更高的卫生水准，能招来更多的病人，且具有更好的经济效益。发展老年健康保险将占用一定的医疗资源，并提高医院的经营成本。此外，由于为老年人诊治具有较高风险，这在一定程度上也会导致医患关系的紧张。这也是为什么大型医院都不想参与到医养融合的过程中，而一些规模较小的医院，则是没有足够的资金去承担起养老保险。我国目前存在着大量的医疗资源短缺问题，使得部分大型、中等规模的医疗卫生机构没有能力进行健康管理，而小规模的医疗卫生机构也无法转变为“医养融合”的模式。

（二）我国医养融合养老服务组织体制制约的原因

1. 信息不对称

“医疗行业”是一个对医师技术水平有很高要求的职业。在医疗服务的整合中，医院具备资讯的前提，并能了解老年人的健康状况，而老年人则由于对医药知识的匮乏，处于资讯上的劣势。这是一种非常普遍的情况，由于个人的身体状况不同，治疗方法也不尽一样。这导致了相同的病症在不同的疗法下，所花费的代价也有天壤之别。目前，我国的医养融合养老服务体系具有一定的优势，但目前仍有很多的盲区，如对老年人需求的引导、对老年人的过度治疗等。这导致了医患关系的不平等。

2. 行业障碍

长期以来，我国的养老与保健制度是分开的。“医养融合”包括医疗卫生、民政部门和社会保障部门三大职能部门。“医养融合”的三大职能部门是独立的，不存在上级和下级的联系。从社会的角度来看，民政部门对老年机构的经营有很大的影响，对老年人的健康也有很大的影响。目前，“医养融合”的体制和行业的差异，导致不同的国家对医疗服务的理解存在着差异，从而使得政策的实施存在着不一致和不落实的问题。

我国在“医养融合”的基础上提出了医疗护理、医疗诊断、生活照料、康复治疗和安宁护理等要求。在推进全民健康工作的过程中，仅依靠卫生、民政部门是不行的。但当前我国医疗卫生事业分散，养老资源分散，医疗与养老的互动不多。从养老机构的服务范畴来看，民政部门以社区服务社和养老机构为依托，为老年人提供最基本的养老服务。医院以护理院、家庭医生等为依托，为患者进行诊疗和康复治疗。对于生活护理、疾病护理、医养融合护理，我国目前还没有一个明确的划分标准，不同的缴费办法不同，有些可以列入医保范围，有些则无法覆盖，导致出现“押床”的现象，以及医疗资源被大量消耗。

目前，我国“医养融合”面临着“部门化”“碎片化”等诸多问题，然而，要实现长期的发展，必须进行多个领域的合作。例如，民政部门对卫生事业单位给予了一定的补助和扶持，然而现有的卫生服务机构并未出台相关的管理、监管政策，同时社会保障制度也不完善，如支付不规范、定点不科学等。要推进“医养融合”，就要突破壁垒，整合医疗服务，但现阶段仍无法实现。

3. 缺乏医疗机构的参与

“医养融合”的发展需要医疗机构、养老机构和政府等多方的合作。对于医院来说，就是为病人的健康提供保障。然而，一些大型医疗机构在推进“医养结合”的进程中却没有足够的发展空间。在资金方面，由于国家医疗制度的调整，三甲机构拥有大量的医疗服务，然而，养老服务这一行业的盈利能力实在太差，并且存在着巨大的危险，因此，三甲机构也不可能走上医疗和养老融合的道路。单纯依靠“医养融合”的发展，既耗费了大量的医疗资源，又存在着巨大的风险，显然三甲医院在这方面的扶持还远远不足。医疗与养老融合的医疗模式会增加医疗机构的运营成本和财务负担，因而医疗机构的参与也显得不活跃。而在当前医疗和养老融合的服务体系尚未健全、经费不足、缺少政府的多层次监管、缺少相关的配套制度支持的情况下，让各大医疗集团介入其中，明显没有做好充足的准备。

三、我国医养融合养老服务运行机制的制约

（一）我国医养融合养老服务运行机制的制约情况

1. 健康评估机制缺失

医养融合要以老年人的健康需求为中心，并针对其不同阶段的健康情况进行针对性的医疗、护理服务。本书采用一个医疗保健评价的方法，对目前在医疗与养老结合机构的老年人进行评价，并将其归类，根据老年人的不同需要制定相应的服务项目和服务内容。

但是，目前在医疗与养老结合的医疗服务中，由于缺乏对老年人进行保健评价的机制，其在内容上过于简单，所提供的服务项目也比较单调。同时，由

于老年人的体质状况持续改变，他们需要的保健与照顾也是不同的。因此，医疗与养老结合的养老机构就必须针对老年人的不同需要，为其提供相应的医疗保健服务。许多发达国家都建立了专门的医疗团队，对每位老年人的健康情况了如指掌，并以一种合理的方式对其进行评价。

目前，“医养融合”的养老机构以照顾老年人为主，所提供的服务大多是一般的生活和日常的生活护理，属于比较粗放的形式。在医疗和养老一体化的发展下，将会有大量的失能和残障老年人涌入，而这一缺乏医疗保障的“粗放”供应方式，已经无法适应老年人的需要。因此，构建一种基于医疗机构的医疗保健评价体系，为老年人提供符合其需要的医疗护理，是医养融合的老年机构根本的起点和创新之处。

2. 决策机制混乱

“医养融合”养老服务的发展前提就是建立健全的政策决策体系。目前我国“医养融合”的实际情况，存在着很大的问题。医养一体化是由民政部门、卫生、公安等多个方面联合实施的。政府机关以民政部门、卫生部门为主。一般的养老院要通过民政部门的审核，然后由卫生部门和消防部门进行审核，在日常的经营中，卫生部门也会严格地执行关于餐饮和旅游的相关规定。在“医养融合”方面，卫生部门还新增了一项关于医疗机构的资格认证。“医养融合”养老机构究竟应该由哪个部门管理，目前尚无定论。这样的话，如果出现了什么意外的情况，那么各个部门就难免会出现互相推卸责任的现象。

3. 人力培育机制缺失

在“医养融合”中，“医”指的是拥有专业医疗、护理机构的医疗机构。同时，对于养老、医疗等专业技能的培训也有很大的需求。医疗和养老的融合，不是单纯地给病人提供日常性医疗服务，护理人员还要有一定的医学知识。医疗与养老融合的医疗卫生服务的专业化水平与其专业化的医疗卫生管理有密切关系。但是，由于我国还处在试验期，各个领域还在摸索之中，人力资源的培养还不完善，到现在为止，还没有形成一个标准化的医疗机构，这就造成了相应人才的短缺和流失。

医疗护理是一门技术含量很高的学科，拥有医护执照的人员数量比较少，加之国内缺乏专业的、系统的培训，使得整个医疗保健产业的人力资源十分紧缺。尤其是医疗与养老融合的养老服务产业，其医务工作者更是紧缺。在某些小型老年社区设立的保健服务中心，其护士大都是没有工作经验的中老年女性，有些曾经在医院当护士，虽然也算有些资历，但却没有经过专门的培训。通过调查我们可以看到，医疗保健一体化的护理人员工资待遇、福利待遇等方面与其工作负荷严重不符，造成了护士的流动性较大，同时也存在着长期缺乏医护人员的问题。在医疗与养老结合的医疗机构中，大部分的老年人都由护士负责，这是一种非常专业的工作。不过，由于医院护士自身的工作量比较大，许多人对于增加的工作量都比较反感，投诉也比较多。总之，医疗与养老一体化的医务工作者，因其整体培养系统不够完善且缺少相应的配套激励，使得医疗服务产业整体发展不平衡，人才短缺。因此，医疗卫生人才的短缺，是影响养老与医疗一体化发展的一个主要原因。

（二）我国医养融合养老服务运行机制制约的原因

1. 医、养序列尚未形成

医养融合发展需要一个好的医疗和护理顺序。纵观我国目前的医养融合市场，很多机构仍在努力提升其服务品质，而没有将其归类，导致了目前的市场营销模式单一，医养融合机构间的业务模式大同小异。这是由于现在的医疗和康复体系中，大部分都是可以自己照顾自己的老年人。在当前的试行阶段，很多医疗机构都会为老年人的日常护理和社会需要提供一些基本的护理。总体而言，其服务水平较低，难以满足所有老年人的医疗保健需求。也就是说，如果有失智、失能、半失能的老年人进入医院，那么医疗和养老机构将会有不习惯的表现。老年人的生理功能会发生改变，这就说明其在各个时期对于医疗和保健的需求是一种动态的改变。在老年人日常生活中、疾病发生前、康复前、康复后这一段时间内，都会有针对性的医疗、护理服务，或者是多样化服务种类，不能一概而论。例如，从治疗到康复，医养融合的组织必须能够按照老年人的需求，为他们提供相应的服务，以减少资源浪费。

2. 多样化的责任主体

从目前的行政体系来看，目前的社会保障工作由民政部门和社会保障部门承担，而医疗机构则是由政府、社会等部门共同承担，这样的多重职责使得政府部门的日常工作面临空前的困难。老年人的健康保险属于高风险性产业，如果出现意外，那么究竟该由医院还是养老院来承担，目前尚无一个统一的规范。如在部分地区试行，将一般的养老院改为“医养融合”的养老机构，可以获得国家补助。而在医院转制过程中，却没有这样的补助，原因在于责任主体的多样性。

从全国各地对“医养融合”的探索来看，目前我国“医养融合”管理体制存在着管理职能交叉、职责模糊等问题，很可能会发生“不管”“多管”的情况，甚至会造成各相关部门推卸责任。

3. 缺乏医疗资源

充足的“医疗资源”是实现“医养融合”的前提，尤其是对“高端”医护人员的需要。医学类专业技术人员是一种技术含量较高的高级技术人员，培养一名医务人员需要耗费大量的财力和人力。目前，医务工作者还很缺乏，社会上缺乏医务人员的后备力量。从我国的实际经验来看，无论是哪一类的医疗机构，都存在专业护士和从业资格医师不足的现象。此外，退休后的福利水平较差、员工的大量流动，极大地限制了“医养融合”的发展。目前，我国大学还没有开设老年医学护理专业，有关老年人的教育和培训还处在一个相对薄弱的阶段。另外，有关退休人员福利的奖励机制同样缺乏。制定有关职业技能培训、职业资格认证等规范化的管理制度，以改善其福利水平，做好人才储备工作，是当务之急。

四、完善我国医养融合养老服务保障体制的关键

（一）拓宽资金来源：社会资本参与

拓宽财政融资的渠道，使民间资本介入医养一体化发展，能够有效地解决目前医养一体化基金不足的问题。要推动医养一体化的健康发展，需确保失能、半失能等老年人的生活照料和医疗护理工作，扩大医疗和养老的投入，扩大医疗卫生投入的资金来源渠道，吸引社会资本参与。随着我国高龄化和老龄化程度的不断加剧，需要照顾的老年人也会增加，这将花费数亿元乃至数百亿元的经费。单凭政府的财政补助还不足以解决问题。问题在于，这些钱究竟从何而来？引入民间资金，既能减轻国家负担，又能更好地为老年人提供安全服务。

拓宽筹资渠道，引入民间资本，要把养老保险制度界定清楚，并将其纳入其中，这是一项不容回避的公共物品。在规划医疗与养老结合的同时，我们可以在医疗机构的基本建设和运营等层面上，对相关的医疗机构进行适当的财政支持，并提供相应的政策支持。我们还可以通过财政支持，对医养一体化的养老设施进行信贷支持。同时，我国还应研究出台相关的政策，以信贷方式促进医疗与养老融合，从土地规划、税收等方面进行扶持。因此，政府应该通过市场化的方式促进医疗与养老融合发展，促进社会资金的有效利用。医养融合发展需要政府的政策和资金的支持而非政府组织和私营企业的投资，只有这样，社会资金的注入才能促进医养融合的发展。医养融合发展必须依靠国家，但是有一点必须注意：不能只靠国家，要让社区、企业和家庭共同参与，建立医养一体化的财政分摊制度。医养融合的养老保险基金的建设，是医疗与养老融合

的一个主要内容。

（二）完善监督制度：法律先行

“医养融合”的养老保险监督体系需要有相应的立法支持。法律是指导“医养融合”的一盏明灯。目前我国的当务之急是应尽快制定专门的医疗和养老机构的管理法规，使其在管理上更有法律依据。

医疗与养老融合的养老机构的管理，应从立法层面上明确其参与主体的责任。医疗单位的职责都需要通过立法来规范，让医疗机构和养老机构的整合管理得以实现。要对医养融合的机构进行监督，要明确监督对象、监督方式，并对监督过程进行规范化。建立一个第三方监管机制是一个不错的方法。医疗与养老融合的监管是由第三方机构评定的。大家都知道，医学是一门具有高科技含量的产业，需要由专业人士组成一批懂得医学的专业团队，对其进行全程监管，确保医养融合养老服务的稳定、快速发展。在监管的全过程中，要严格执法，不留死角，确保医养融合的养老保障工作。另外，还要对医疗保险进行监管，要规范医疗保险的支付，杜绝保险套，完善监管程序，保证监管的有效性。

（三）完善医保制度：增设长期护理保险

要想形成一个健康、完善的医保制度，我们就必须在医养融合中对“医”进行明确界定，“医”就是对老年人进行诊治，并对老年人进行健康护理。从现在的状况看来，老年人的身体状况很差，身体恢复得也较缓慢，并且大多数都患有慢性疾病，所以老年人现在最缺的就是护理，应加强对老年人的保健服务。因此，制定一项具有长远价值的健康保险制度是十分有必要的。

医疗保险的范围很广，包括社会服务、医疗等，所以在扩大医疗保障时要考虑各种因素。从我国现行的社保制度来看，如果只建立一种单一的养老金制度，即个人和集体企业都要负担一份，这就给夫妻俩带来了巨大的财政负担。而医疗保险与养老保险结合起来，则会给各地带来更大的财政负担，很多地区都负担不起。较为现实的做法是把医保与养老金按一定的比例进行分配，逐步推进老年养老制度与老年医保制度的建设。此外，按照税收的不同，对个人和单位的健康保险费率也有不同的规定，在此基础上，应将医疗服务纳入医保范畴，保障老年人的健康需求。

第二节　医养融合养老服务的组织机构资源冲突

一、医养融合养老服务组织机构利益冲突

（一）医养融合养老服务组织机构利益冲突的表现

1. 医疗机构和养老机构的利益冲突加剧

利益表达不一致、分配不公等问题的产生有多种根源，而最根本的问题则在于制度的不完善和薄弱，利益需求难以均衡，利益矛盾日益尖锐。在医养融合中，医养融合既是医院的主体，又是医院内部性质的核心，两者之间存在着巨大的差距。因此，医院和养老院之间既要追求资源最大化，又要注重收益，而养老机构则注重通过医养融合创造社会效益，真正实现“老有所养”[22]。

首先，医院的盈利能力要比养老机构强，两者之间的身份差距也很大，医院占据绝对优势，养老机构则处于弱势地位，两者之间必然会发生冲突。同时，社会组织“医养融合”日益多样化，导致各组织机构间矛盾日益突出。我国目前社会福利制度尚不健全，导致弱势群体利益传递渠道不畅。其次，在养老、医疗机构融合的过程之中，各种利益关系的变化，会造成不同程度的利益分配失衡、矛盾激化、贫富悬殊，从而加剧了社会各组织之间利益的矛盾激化。

2. 医疗和养老组织机构利益博弈失衡

在医疗和养老组织机构相结合的背景下，政策制定者的行为之间存在着一定的约束关系，即在这种关系下，各成员之间的权利关系处于一种相对的均衡与稳定状态。医疗机构是一个面向全体病人的健康管理机构，尽管它是一种社会公益性的机构，但是它的经营模式却是以盈利为目的，这就造成了很多的利益矛盾。而由于权利自身具有层级性、强制性等特点，在营利为主导的情况下，它们往往会各自独立，不能进行高效的融合。在主导型组织与弱势型组织之间的博弈中，由于其自身的经济、物质等资源条件，较多地依靠政府部门、社团来提供，最后很有可能沦为附属品。人们的思想日益多元化，使得他们各自都从自己的个人兴趣出发考虑问题，为自己的群体谋取最大的好处。

在社会分化的进程中，必然存在着各种不同的利益关系。在很多案例中，利益协调、利益表达和利益实现都是由利益导向明确、资源丰富的强势机构所支配。由于各利益主体间的长期竞争缺失，其在整合中存在着组织利益分配不平衡的问题。

3. 缺少医疗和养老组织机构的沟通桥梁

组织沟通的主要障碍是管理层过多，组织结构过大，成员与组织之间文化价值观不统一、沟通不畅等。但是，在养老服务与医疗保健结合的过程中，医疗机构资源、权力、利益的分布使得它处于绝对的支配地位。虽然两者具有同等的身份和合作意识，但是它们各自的属性和功能却不尽相同，因此它们所享有的资源和收益分布也不尽相同。一般情况下，我国的养老和医疗制度属于民政和卫生两个部门。卫计委负责管理医疗机构。社会保障机构与养老机构之间存在着紧密的联系，且缺少医保的政策支撑。尽管在业务的内涵上有重合，但是行政区划和分块经营的方式，造成了资源与收益的分散，老年人保健问题日益凸显。老年护理并非一种医疗诊疗，医保的赔付额度与住院天数均有时限，因而具有一定的滞后效应，这就导致了以长期疗养为主要依靠的老年人必须往返于社会保障与医保管理局，因而其医保支付的数额和所需的住院天数也会出现延迟。这就体现出在医疗和养老服务体系中，缺少交流的纽带。

（二）组织机构利益冲突对医养融合养老服务发展的影响

1. 医养融合养老服务性质扭曲

医养融合养老服务模式包括机构养老的医养融合养老服务模式、居家养老的医养融合养老服务模式和社区养老的医养融合养老服务模式，其中最为常见的是机构养老的医养融合养老服务模式。在机构养老的医养融合养老服务模式中，又有养老机构中设立医疗机构、医疗机构中设立养老机构、养老机构与医疗机构合作设立的医疗服务机构三种形式。通常情况下，它们是由较大、较强的机构所资助，它们会建立对应的机构，为其提供业务并形成伙伴关系。在资源、性质和利益分布等方面，医疗机构占有绝对优势，而且呈现出显著的获利倾向。在过去，大部分的养老院都是为了救助“三无”人口，保证他们的基本生存，同时也是为了救助“五保”人口（没有收入的老弱病残），不谋求任何利益。它的公共性质是其首要目标。大型医院的卫生服务需求量较大，但资源相对较少，它们没有能力为老年人服务，而且卫生条件较差。其中，私营医院和大、中、小型医院是医疗服务和维持整合的主要力量。机构是一个以盈利为目的的团体。由此，从某种意义上说，医疗融合养老服务模式推动了医疗、护理一体化的发展，从而形成了以利益为导向的养老模式。

2. 医养融合养老机构趋利严重

随着我国社会的迅速发展和人们物质生活水平的提高，老年人的文化素质和经济收入都在逐步提升，老年人的养老保障状况也在逐步改善。另外，由于医学科技的发展，我国高龄人群的人均寿命不断提高，高龄人群比重不断增加，而我国老年人群的老龄化问题越来越突出。目前，大部分的家庭结构模式都建立在“4+2+1”的基础上，也就是说，一个家庭基本包括四位老年人、一对夫妻和一名儿童。这就要求一对夫妇至少要同时担负起赡养四位老年人和抚养一位子女的责任，这也加重了他们的赡养负担。随着我国老龄化社会的发展，老龄化问题越来越严重。在人类文明发展和人们的思想启蒙下，“养儿防老”的传统家庭观念日渐淡化，而家庭的养老职能日益薄弱。老年人的心理需要，不管是身体上的还是心理上的都无法与之对应，尤其是在农村地区。农村大批的中年人和年轻人向城镇转移，使得老年人和孩子在农村生活中占有重要地位。如何妥善处理好老年人的退休金问题，已成为我们十分关心的问题。

目前，我国医疗、护理一体化服务体系中，多数为私人性质的养老机构。项目的前期投资很大，涉及的各种利益关系也很复杂。由于财政补贴不能很好地适应企业的发展需求，很难使其正常运转。养老机构的职责是为老年人的健康服务。老年人在养老院就医，没有具体的费用，只能根据有关的医保制度来执行。在定点医疗保险的范围，其费用应当按照社区的基本医保支付水平来确定，而不是按照这个范围的医疗机构来实施。医疗费用是随机的，费用也是有差别的。很多老年公寓在看到盈利后，从普通的复健到专门的医疗，都是由医保支付的。医疗机构会利用老年人的心态开高价药品、大处方和保健品，还有一些常用的药品。上述这些做法与“医养融合”的宗旨相矛盾，在有限的医保资金条件下，更会产生巨大的浪费与损失，并最终损害到老年人的权益，形成以“利”为主导的“医养融合”模式。

3. 医养融合养老服务发展受阻

“医养融合”是中国目前发展的一个重要问题。第十九次全国人民代表大会提出了一个关于人口老龄化的正面目标。因此，全面的医疗护理不仅是单纯地为老年人提供保健和医疗服务，更是要把老年人的养老问题融入整个生活过程中。

医养护理一体化是指将医疗保健和养老资源有机地结合起来，从而建立起一支专业、高效的医疗团队，为老年人提供日常医疗、无病养老、稳定生活护理、康复护理等。目前，我国养老服务与医疗服务存在着一定的矛盾。在医疗与养老的一体化发展中，为了达到利益的最大化，存在着激烈的竞争与博弈，使得整个养老机构失去了原有的宗旨与作用，变成了一种获取利益的方式。另外，在基本养老的基础上，还需要对老年人进行护理和心理安慰，并对其进行疾病诊断、健康检查、治疗及护理、重大疾病康复和临终关怀。

在现有制度下，以医药和健康为主导的健康养老体系，其资源匮乏和现有法规的缺失，导致了在医疗工作中无法再提供更多的老年护理。很多医院都把保健作为一种养老的方式，转移到了老年人的日常生活中，由一位家庭成员或一位长者所雇佣的一名保姆进行养老服务。随着养老服务业的专业化程度降低，也就产生了医疗机构护理老年人的问题。“擦边”与“乘人之危”等问题层出不穷。有些地区的卫生保健组织、老年人和他们的家庭，甚至还从他们的家庭中取出了医保基金。如果把日常生活中的养老保险费改成医保，则可以从医保基金中提取超出医保报销范围的部分，而老年人及其家人则可以通过医保基金来支付，从而极大地节约了开支。但其特殊性也会影响到整个医疗护理的专业化。

（三）促进医养融合养老服务组织机构的利益合作

1. 完善制度，构建组织间利益交流平台

中国人口日益老龄化，面对着庞大的老年人群，完善的健康保障制度将使老年人的健康权益更加凸显。

如何提升社会福利制度的合法性与合理性，已经是衡量各机构履行职责、发挥其实际作用的一个关键指标。制度的正当性在于，它必须遵守法律法规，并得到公众的认同。合理就是一个系统与一个社会发展的法则相一致的逻辑。

体制能使人民遵行，并非由于其本身的强制性质，而是由于该体制得到了合法的承认，并且的确应该得到执行。在医养一体化的正当性问题上，我们只需将其视为一种与社会公众利益相关的社会政策，并将其视为一种与其相关的社会政策，因而更具实际的价值。

“医养融合”的养老机构通常是由区域内的某个部门主导，各有关单位联合起来，促进医疗和养老的发展，因而是区域性的，这就不免会造成各地政策不同。构建健全的“医养结合”的养老保险体系，既要考虑到老年人的现实需求，又要为老年人提供适当的养老、保健等服务，节约老年人外出看病的时间和经济费用，既顺应了要考虑时代发展的要求，又与目前提倡的“分级治疗”的潮流相一致。

在健全机制的基础上，建立各组织的沟通机制，使各成员单位能够进行全面的沟通和合作，从而达到公共利益的公开。在“医养融合”中，医疗机构具有较强的资源支配能力和相对的优越性，使养老机构处于绝对的劣势，导致了两者之间的身份差距，组织利益博弈和组织趋利的现象十分突出。因此，要突破目前医院和养老院分离的局面，加强两个职能的沟通和交流，促进信息的全面共享。针对健康、患病的老年人，可以采取居家养老的形式，平时在家里，通过社区保健服务中心或服务站为老年人普及疾病预防、健康管理等知识。

2. 明确参与组织的利益诉求，拓宽参与渠道

为了促进一个团体的发展，一个机构总是会为自己的组织谋取最大的好处，而一个弱小的机构，则因为资源、政策、资金的不足，无法获得更多的利润，这就会阻碍企业的发展。在发展医养融合的过程中，医院的职责使老年人的权益要求更加清晰，而老年人显然不能直接地提出自己的利益诉求，因此，相关部门应拓宽老年人参与组织的利益诉求，扩大参与渠道，鼓励多方参与，支持医养融合养老服务的发展。美国、英国和日本等国家的家庭护理机制比较健全，已经有了较为成熟的发展模式，值得我们学习。在美国，政府、第三方机构等都在为其提供养老保险服务的过程中发挥着重要作用。美国的居家养老服务的一个主要优点是，它比病人住院花费得更少。家庭保健专业人员为出院但在康复期间仍需要某些医疗服务的人提供全方位的服务。许多人喜欢家庭护理的地方在于，它能让病人在自己家里舒适安全地康复。患者接受旨在满足其特定需求的个性化护理。在许多情况下，家庭护理推迟了家庭将老年人的爱人安置在护理机构的需要。保持独立是家庭护理的另一个主要优势。英国的家庭护理是以国家为主体，以民间团体、社区为客体。日本的居家养老服务中，仍然有政府、民间组织和有关机构的介入。根据国外的发展情况，我国的老年服务体系构建仍应充分调动政府、社会、市场、社区、家庭等多种因素的影响，其中政府的角色更为重要。政府要发挥政府职能，发挥各行业的积极作用，引导和鼓励有关机构、民间组织和热心公益组织来支持我国养老服务的发展，向老年人提供高质量的服务，符合国内老年服务市场的发展规律。在市场宏观控制下，通过引入市场化的竞争方式来促进社会福利事业的发展。在相关机构的介入中，一方面要避免形成独占局面，另一方面要积极地向社会求助，还要建立起政府、民间组织和社区三个层次的社会保障机制。各级各类机构要根据老年人的现实需求，不断地发展老年人所喜欢、信赖的产品和服务，不断充实和多元化地提供养老服务。养老服务的目标应该是全方位的社会化及专业化服务，以满足老年人最迫切的现实需求，并向个性化服务发展。因此，我们应在厘清双方的利益基础上，积极推动各方积极介入，以化解双方的矛盾。

二、医养融合养老服务的组织机构资源冲突

（一）医养融合养老服务组织机构资源冲突的表现

1. 医疗机构和养老机构资源供需矛盾突出

我国的医疗机构是以全面的养老服务为主导的，老年人对于“医疗”方面的需求也比较紧迫。因而，医疗机构的优势越来越明显。养老与医疗分离无

法适应老年人对于医疗和养老的需求。这种冲突主要体现在老年人床位短缺、相关的保健设施匮乏等方面。同时，由于相关的政策和法规的不健全，我国的“医养融合”发展速度较慢。在此背景下，我国老年人的整体健康与其供需关系出现了供需的冲突。医疗机构总数、养老机构的整体素质，以及医疗专业人员总数与社会发展的需要不相适应。在医疗和养老一体化方面，医院的医疗服务质量普遍较高，护理费、床位、医疗费和饮食费都比其他形式的养老机构要多。我国目前已有少数几家具有综合性的老年保健机构，但因其自身的财力所限，未能将其纳入基本的养老保障制度中。公共养老院无法进入、私人养老院收费高昂等问题使得养老服务的效率无法得到提升，由此引发了很多的后续问题。保健和养老院的服务对象都有一定的承受范围。由于居民住宿量下降，养老院病床空置，严重地制约了老年资源的充分使用。老年人在就医时往往会选择更高的赔偿率，从而使其仅有的几项基础护理需求占据了医院珍贵的医疗资源，使得医疗资源的短缺更加严重。

2. 医疗机构和养老机构资源的不对称性

不对称性既是指医疗机构与养老院所占有资源的差异，也是指国家与政府在资源配置与倾斜上的差异。由于存在着一定的利益和其他原因，医院不能与社会养老服务机构进行整合，社会资源分布不均衡。在“医养融合”的养老服务体系中，老年群体对于健康等方面的要求更为突出，而其自身的非替代性又是其优势所在。医疗机构拥有最多的资源，具有较强的竞争力，而老年人则因其相对的依赖性而被迫做出让步。同时，由于老年人不了解、不熟悉自己的健康护理资源，也不了解自身的需求，无法找到合适的养老保险。

因而，医养结合以医学为主导，对老年人的健康服务需求较大，在资源配置上占据了较大的优势，但在规模、数量、质量等方面仍有待加强并逐渐改善。同时，“医养融合”的养老设施投资大、地位高，所以一般的费用比较高，而住宿率低。

3. 医疗机构和养老机构资源整合不力

在此，资源的融合是指医疗机构与老年人组织的资源的融合。整合各类社会力量，统筹多学科、专业、材料、资金等多种力量，使其在适当的位置发挥协同作用。但实际情况下，医疗机构与养老服务部门都是属于卫生、民政两大系统的，因此无法进行有效的资源集成。目前，我国的养老机构因缺少经费，无法负担起卫生保健机构的相关基础设施建设费用。其日常运营的支出大部分来源于老年人自己，所以发展健康保险的意愿较低。就目前我国的护理服务状况而言，大部分的护理机构都存在经费来源单一、工资偏低、医护人员的卫生服务水准偏低、护理工作负担重、薪酬待遇差、专职护理人数不足等问题。在履行自身职责的前提下，加入“医养一体化”的行列中，既增加了财政压力，又增加了经营费用，导致医疗机构对养老机构的扶持力度下降，使养老机构发展势头减弱。此外，在医疗设施完善、经济效益稳定、医疗技术水平高的情况下，在企业的内部资源中，缺少了参与一体化的积极性。而一些医生和病人人数偏少的地方，由于缺乏经费，无法留住优秀的医生，医疗技术无法提升，医疗设备和医疗服务的稀缺，受到外部环境的制约，无法进行医疗和养老的整合。在追求利益方面，尽管医院以救人、救助伤员、服务社会为宗旨，但以自身经营、自主筹资经营的方式，实现经济效益最大化是其最终的宗旨。养老金是一项低利润的长期投资。在一定程度上，医疗机构不愿与养老机构进行合作也是合情合理的。另外，在医养一体化过程中，医院介入老年人的健康问题，也有一定的危险性。这不仅会加重政府的财政压力，还会给医疗机构带来更多的问题。这就使得各大医院不愿介入发展的整体医疗体系中。两者的出发点不同，导致了资源的融合变得更为艰难。

（二）组织机构资源冲突对医养融合养老服务发展的影响

1. 医养融合养老服务缺乏物质保障

在我国实行独生子女制度和社会心理的开放性的今天，家庭子女数量少、老年人与青年人不同居的现象尤为严重。随着我国人口老龄化程度进一步加深，老年人自身的管理能力逐渐降低，其对社会养老和卫生保健的依赖性日益增强。要想“融合”，就要有一个稳健的养老保障资金，这是一个重要的问题。在财政补助方面，目前，“三无”老年人、中低收入老年人等是当前社会保障的重点人群。从目前的情况来看，由于没有发达国家那样的“高税收、高福利”的发展，所以我们不能承担起全部老年人的养老金。根据目前的社会保障体系，尽管在某种意义上保证了老年人的收入，但这一部分的设置仅是为了满足老年人的基本需求，并没有足够的能力承担附加的养老服务，尤其是专门的养老机构。此外，现行的医保体系还着重于对患者的医疗支出进行赔偿，其中包括了对患者的住院治疗和药物治疗，以及护理、康复治疗等方面的支出。由于医疗保障资金无力支付医疗费用，医疗费用不断上升，因此，要完全放宽医疗保障的覆盖是不切合实际的。从而导致了医疗和养老一体化的医疗服务缺少一些基本的经费保证，无法保证其运作。

2. 医养融合的专业化缺失

目前，我国养老机构与医疗机构之间存在着人才矛盾，我国的医疗机构和养老机构中存在着大量的人才短缺问题，使得其专业化程度较低。老年保健工作的特殊与否，决定了其能否得到优质的医疗与养老保障。相对于目前人口众多的老年人的需要，职业养老机构的人数还很少，而居家养老的医疗服务就更不用说了。事实上，从事老年人退休金或照护的主要是非职业劳工，他们没有相关的专业技术和资质，主要是根据医生的嘱咐、家属的要求以及自己的经历来照看老年人的日常起居，其实对老年人的身体状况并不了解，对老年人的康复也没有什么帮助。而在对老年人进行心理辅导时，他们不仅不能对老年人的健康做出准确的评价，而且对老年人进行精神疏导不能达到缓解的效果。所以，在老龄化程度加深、医护人手短缺、专业医护人才不足等多重因素的影响下，目前的健康养老体系已经无法适应社区老年人的现实需要。医疗卫生专业的短缺也是日常工作中对后备人才的忽视造成的。目前，我国高等职业教育机构开展的专科护理课程较少，缺乏对老年保健知识进行系统性的培训和实践。而对老年人医疗服务的工作，则没有严格的限定和甄别，服务者素质也是千差万别。有些养老服务机构在员工入职前都会进行短期的训练，然而，就老年人的需要而言，他们专业技能和职业素养远远没有达到老年人的需求。这种情况的出现，造成了医务人员和养老服务人员的相对短缺，从而阻碍了医疗和养老一体化的发展。

此外，尽管有关当局对医疗和养老机构的职能进行了明确的界定，但是，因两者之间存在着复杂的关系和职能的重叠。我国目前对养老服务的分类和产业需求的界定太过笼统和简单化，致使其实践中的可操作性不强，缺少一个统一的、标准化的养老服务行业标准。在没有规范、全面和专业知识的前提下，对老年人的照护水平进行分级也相对容易。综合性养老的内涵已非单纯的照护，而是包含了一些特别的医疗服务，特别是康复训练、临终关怀等，因而需要对老人的整体健康情况进行全方位的了解。

3. 医养融合养老服务发展缺乏策略性

由于资源缺乏，制约了医院与养老院的健康发展，也就是缺少战略规划。资源的稀缺，造成了医疗与养老机构在资源配置上的冲突，以及“医”和“养”的资源的不协调，造成了医养一体化的发展缺少战略意义。在目前很多医疗卫生一体化的医疗机构中，“医”与“养”的界线尚未清晰，对老年人的需要也未进行细致划分，导致医疗服务不能真正的系统化，只提供了一个单一的服务，而“医”与“养”两者之间的互动关系十分紧密。医养结合是集“医”“养”于一身的一种新的养老服务方式，目前多数实行的是以老年人为中心、提供养老的服务。缺少医疗和资源的整合，导致了“医”与“养”的分离。目前我国老年医疗保险制度的发展势头和持久性不强，医疗保险的覆盖面不够全面，医疗保障基金的资金来源单一（且这部分资金主要由政府补助，用于老年人长期护理险的专项支出费用短缺），导致发展老年人医疗保险的压力较大。另外，目前我国的养老机构内部设置的医疗机构数目较少，一些大的养老院虽然设立了专门的医疗机构，但因为这些机构并未列入医保的定点范围，所以他们的医疗保险无法支付到相应的养老院，因此，在老年护理方面的支出会有所增长，而报销比例也会下降，所以老年人也就不愿意再进入这种养老院。根据目前各个领域的实践，我国的医疗和养老服务一体化的投资都比较高，并且大部分都是以高收入和高消费为目标的，没有考虑到老年人的数量庞大和老年人的实际收入偏低，使得真正有需求的老年人并没有进入医院，从而制约了医疗和养老服务的推广及有效执行。这些问题的产生，使得医疗和养老融合发展战略缺失。

（三）加强医养融合养老服务组织机构的资源供给

1. 统筹资源的高效合理配置

根据“医”和“养”的实质，我国提出了“医养一体化”并非单纯地把医疗机构和养老院合并起来，而应以满足老年人的需要为中心，把老年人的健康护理一体化。从整体上看，医疗服务的整体布局必须打破医疗与养老服务的藩篱，为有需要的老人们进行生活护理、医疗、康复等方面的服务。总之，医疗整合是指在了解老年人的需求的前提下，通过专业化的服务，将服务的资源进行无缝的转移。要使这些资源得到有效、合理的分配，我们就必须建立起一个信息平台来进行资源的分享。我们从居民收入来源、消费水平、生活条件和服务需要等角度，对老年人生活条件和生活需要进行调查，并对失能或半失能老年人、“空巢”型老年人等特殊老年群体的具体状况和服务需求进行汇总，创建相关的资料库。该系统能在大数据的背景下，使各个行业在大数据的基础上进行更细致的整合，从而促进今后的业务发展。此外，我们还要增强社会各方面合作的力量，实现医疗和老年生活的协调。资源的合理分配应遵循就近、便利的原则，根据其自身的优势与特征对医疗融合进行设计与建设，形成以养老服务为核心的集老年医疗服务、文化体育、医疗保健、教育培训等于一体的产业链。我们还需要引进市场化的竞争机制，为老年人提供人性化、专业化的优质养老保障。

2. 提高医养融合队伍专业化水平

专业化的护理队伍是改善老年人医养融合的服务品质和提高其专业化程度的重要保证。要进一步提升医疗卫生一体化工作的专业化程度，我们应从以下四个方面着手：

（1）树立理念。

长期以来，我们将老年群体视为单纯的照护人群，对其产生了一种固有的定型观念，严重制约了养老机构的专业水准与服务品质的提升。在养老机构中，一支专业化护理队伍至少要由护士、老年医生、牙医、康复医师、社会工作者、心理咨询师等专业人士组成，为老人们提供高品质的养老服务。它是一个完整的体系，不能按照专业技术职务、专业技术水平划分成若干组。换句话说，在养老机构工作的人，都是在照顾老年人的行列中，不能存在阶层之分。而在此基础上，医院应该建立起与其相适应的养老服务理念。

（2）人员标准。

与世界上其他国家相比，我国的老年群体结构存在明显差异。国外很多国家都十分关注对职业退休人员的培养。英、美两国分别出台了《社会工作登记条例》，并制定了相关的行业标准，对社会工作者进行了规范化的评价与提升。家政人员和办公室职员在被雇佣之前还必须提供工作证明。为此，我国应从长远的角度重新调整目前的养老机构，并对其职能和医生、康复师、护士、社会工作者和顾问等职能进行界定。在养老服务体系中，服务者主要由医护工作者组成，包括理疗师、康复教师、社工等。其中，社工也包括护士、医生等。

（3）人员标准。

加强对养老、护理等领域的专门技术人员的培训，以大学与养老机构为基础，设立合作培训基地；鼓励和扶持具备条件开办老年医学护理专业的高等职业学校，并在相关高校建设养老服务管理人才培养中心，对满足其需求的医务工作者开展大规模的职业技能训练。全面护理和养老院护理工作的从业人员，应具有相应的专业技术和工作经历，并获得相应的职业资质认证，确保其专业化、规范化。

（4）提升收入水平。

合理地对医务工作者进行人事管理，使其能够在基层和私营的养老院中充分地发挥作用，从而使医务工作者获得更多的福利。此外，我们还可以将具有执业医师和护士资格的医务人员纳入卫生机构进行统一管理。在职称评定、收入水平等各个环节，均与医院一样。对于在养老院工作的医护人员，可以享受特殊的津贴，通过提高他们的待遇，留住他们，并吸引更多的优秀人才进入医养融合产业，激发他们的积极性。

3. 加强医养资源的整合力度

《国务院关于加快养老服务业发展的若干意见》明确指出，要大力发展老年卫生事业。我国目前的老年人护理制度比较单一，老年人的养老和保健制度往往是相对封闭的。医疗和养老结合的目的是突破目前的“单一化”状态，整合养老、医疗、社区、家庭多方面的力量。在整合资源时，要使各个行业都能充分利用自己的优势，不要一枝独秀，不然就会导致资源的流失。另外，有关部门如民政部、卫计委等，也要对医疗与养老机构的整合起到引导与监督作用。

为了实现资源的一体化，一种是建立内部机制，即在养老设施中建立一个健康服务的机制。随着家庭职能的削弱以及对老年人的保护意识的淡化，老年人的生活需求日益增多，所以在老年人家中开展健康照护，既可以缓解老年人的就医压力，又可以降低老年人的生活费用和医疗费用。另一种是从传统的角度进行转型，从整体上推动医院到整体的老年服务。各级政府有关部门要支持医院发展，在具备资格的基础上建立老年人康养中心并增加床位，支持各大医院进行结构和功能的改造。私立医疗机构主要以老年医学为中心，增加老年病床数量，尤其是对老年人和慢性病病人的照顾。诊疗、临终关怀等特殊的医疗保障，能够有效地缓解老年人长期住院和生病看病的压力。医疗机构转型为医疗护理综合型养老院后，可在具备资质的医疗机构中，根据其设置和分级标准，设置养老院，并配备医疗设施、医护人员等基本保障，以提升医疗养老服务水平。合作制是指老年保健和保健服务达到双赢的局面。在欧美等发达国家，养老和保健机构合作是比较常见的一种方式。该模型把老年人患病后的保健和康复结合在一起，确保了在疾病发生前、发生后的连续的保健工作。在此基础上，应参照国外先进的做法，统一规划适合的志愿医院与养老院的合作，并提供相关的政策和资金。首先，我们要消除老年保健服务的障碍，为患病老年人、失能或半失能老年人提供便捷的绿色通道。其次，要增加护理病床，护理病床亦为复健室，便于医疗工作者在任何时间前往医院进行后续护理，以减轻病人的医疗困扰。最后，医院还要定时开展体检，在建立老年人的个人资料后，可以更好地掌握老年人的身体情况，并适时地提出相应的治疗计划。发展医养一体化养老，不仅可以实现双赢，更能将养老资源和医疗资源进行整合，从而达到养老、就医的目的。

第三节 医养融合居家养老服务面临的问题及发展对策

一、“医养融合”型居家养老服务面临的问题

（一）主体结构问题

“医养融合”是针对高龄人群，结合老年人多层面的需要，将医疗和养老资源结合起来，实现对老年人的疾病防治、病后恢复、心理抚慰、日间护理和安宁护理等多方面的综合护理。目前，一些地方在政府的扶持下，开展了“医养融合”的社区养老模式，取得了一些成果，但还处于起步期，存在着许多问题。

1. 家庭层面

在农业社会中，老人们的日常照顾大多以家族为基础，而国家则没有太多的责任。在当代，一些老年人因为“养儿防老”观念的影响，认为进入养老院是一种悲剧性的现象，而在早期，受到中国特殊国情的制约，家庭养老服务面临严峻的挑战。社会发展迅速、人口流动较快、就业流动过大等原因，导致了世代间的价值观念差异、居住空间分割、生活习性的差异，从而使传统的家庭主导作用被弱化。这种新型的社会主体性结构的改变，需要进行重组。

2. 社区层面

“医养融合”是家庭护理的一种新的模式。随着我国市场经济倾向的加剧，我国的养老市场供应呈现出明显的市场化特点，导致一些经济实力不强、需要居家照料的老年人不能享有同等的照顾。由于社区工作的内容存在着许多的重叠性，比如，社区保健机构主要由卫生局监管，家庭养老机构、日间照料中心等由民政部门负责；医疗保障体系的制定、下发、实施，非营利组织、社会非政府组织等由人力资源和社会保障部负责管理。而“医养融合”的养老机构包括社区义工、街道委员会、职业医疗、老年人活动中心、老年人医院的看护等，这些都来自不同的渠道，有着不同的进入机制、不同的工资支付模式和不同的退休责任[23]。

目前大部分的居民并不熟悉医疗、养老结合的家庭护理制度，这与近年来我国倡导以家庭为中心、以“医养融合”为主导的职业人才的目标背道而驰，从而阻碍了家庭护理制度的普及与执行，也不能促进家庭护理事业的健康发展。

在社区居家护理经费的投资上，社区要适应“医养融合”的多元化养老

模式，必须要有专门的医护人员，并要增加投资，购置相应的体育设施设备。目前，我国的社会保障资金主要来源于政府，但投资不足，从某种意义上讲，影响到了“医养融合”的效果。

（二）认知结构问题

认识是人类认识和评价内外的一种能力。人类可以通过认识自我，了解他人，了解自己，并不断地调整自己，以适应外界条件的变化。而大部分人对“医养融合”的认识仅停留在“医”与“养”的重叠上，忽略了“医”与“养”的关联性与复杂性。而在大量的文献资料中，人们普遍认为“医养结合”的概念和引导都是将医疗与养老进行有机结合。毫无疑问，“医”“养”这两个方面的服务提供方都必须要有，但人们却忽略了怎样才能最有效地实现医药和老年资源的分配。其解决方案是以经济利益为导向，而非以老年人的养老需求为基础，将与之配套的制度资源整合起来，属于典型的事后救济类型。

1. “医”“养”分离严重

在我国的传统养老制度建设中，大部分的研究者关注的是“养”，而忽略了“医”的问题。目前出台的“医养融合”的政令，强调的是“医”，忽略了医养结合要建立在“养”上，始终没有摆脱“医”与“养”的关系，造成了老年人在养老需求发生改变后，不能长期、持续地被照顾。但实际上，目前我国家庭护理制度并没有真正融合“医”一词，对其观念也有一定的偏颇，导致一些老年人在遇到健康问题时，会想到社区保健、保健机构、日间护理机构、老年护理机构等，将其与养老院隔离开来，导致其位置模糊不清。“医养融合”在居家护理的形式中并不只是单纯地想要实现100%的签约率，更重要的是要将两者有机结合，使老年人可以在社区或者无须外出即可获得基本的健康保障。

2. 服务群体和服务内容不全面

大多数老年人在人生中都要经历一个身体健康、身体欠佳、行动不便、病重等一系列的过程，其实在各个时期都应该有“医养融合”的介入，但对于“医养融合”的需求却因老年人的不同而有所差异。一些专家和社会各界人士则将“医养融合”的服务对象局限于失能、半失能老年人。少数老年人认为，目前“医养融合”的养老方式仅与老年组织共存，而不能与家庭、社会相结合，这是由不理解“医养融合”而造成的。“医养融合”应该从老年人的全寿命周期出发，从长远角度推进护理的内容，实现以人为本的关怀，更好地突破因制度不健全、宣传不够、认识不清等原因导致的“医”与“养”相分开的状况。

（三）资源结构问题

1. 人力资源存量配置不足

在人力资本方面，目前国内“医养融合”的专业技术人才还处于短缺状态，而护理人员的专业化水平较差，亟待重点发展。从一定意义上讲，“医养融合”家庭护理模式的实施成效主要依赖于“医护”“养护”中的“养护”和护理人员的素质和水平。“医养融合”的家庭护理模式，是以“养护”“医护”为核心的专业队伍为居家老年人提供保健与护理。

本书研究结果表明，目前社区老年人的照管工作多由非职业护士负责，具有执业资格的护士却很少能见到，且他们不了解老年人的身体状况，特别是在长期照护、疾病防治、大病后恢复等方面。此外，缺乏专业医护资格的医护工作者在情感和情绪上都很难做到兼顾。尽管政府极力主张在社区中设立专职医师来照顾老年人的生活、保健等，然而，在人口老龄化严重的状况下，专职医师及护士的人数却远远不足，无法真正的照顾老年人。

我国的养老护理人才短缺。一方面，目前职业学校还没有开设面向老年人的护理专业，缺乏对老年人进行全面的老年教育。另外，在社会团体中，为老年人服务的人员数量庞大，且素质参差不齐，虽然在入职前接受了短暂的培训，但就其职业素养而言，其能力仍然欠缺，且对专业知识所知甚浅。这种状况的出现，导致医务人员的素质不够高和人数不够多，“医养融合”的家庭护理工作很难开展。

“医养融合”家庭护理是我国养老服务系统中的一个重要组成部分，通过与有关的医疗、养老机构的合作，实现对老年人多元化的生命和身体的照顾。然而，在医疗机构、养老院等的物质资源分配上，却远未满足老年人的基本需要。此前，民政部门曾大力推行“星光计划”，目的在于为不同的老年人提供基础养老服务，然而因缺乏实地调查，无法将其与现实相结合，导致物力资源的功能缺失。在许多实际的个案中，社区的居家养老模式大多是在日间照管所、社区养老院等场所进行的，而对老年人的日常保健、护理、辅助设施却十分缺乏，难以满足老年人更高层次的生活需求，如法律援助和旅游咨询等。社区养老机构是养老服务行业的支柱，其主要面向的对象是社区的居民，应当与其保持密切的联系，而目前的社区保健中心、养老院等也有很多不足之处。目前我国的医疗资源分布不均衡，高端的医学精英都聚集在大城市的公立医院和大的私人医院，这里拥有先进的检测设备和先进的医疗设备，老年人生病后的首选是大医院，而忽略了那些设备简单、规模不大的社区保健中心，造成了大医院人头攒动，以及资源的浪费和大型综合性医院的超负荷使用。

2. 财力资源投入受限

财政的投资在一定意义上影响着我国的养老发展、卫生事业、人才培养、服务品质等。而增加投资的强度则可以影响到该计划的实施。就拿上海市的社区卫生服务站来说，要构建“医养融合”的家庭养老体系，必须要在小区里设立一个专门的保健机构，然而按照卫生厅的要求，必须要投入一笔庞大的启动经费才能保证和支持医院的各项工作。另外，国家主要的资金投入是大的公立医疗机构，而对基层医疗机构的投资却很少，阻碍了基层养老和医疗机构项目的进程和发展，影响了老年服务的质量和水平。

目前，在“医养融合”的基础上，国家还没有建立起一套完整的养老体系，也没有专门的基金来支持社区的发展。因此，在引进和培养专业医务人员、基础设施、经费筹集、经费配置等方面，都存在亟待解决的问题，其中，经费来源不明、投资短缺将会使我国的养老和卫生事业陷入停滞状态，严重地制约着老年人享受幸福的生活。

二、“医养融合”型居家养老服务的对策建议

（一）明晰“医养融合”型居家养老服务的主体职责

1. 家庭层面

“医养融合”是社区养老的基本保证，其功能不容小视。由于“养儿防老”的传统观念，老人们大部分都是以家庭为单位生活，他们对感情和心理安慰都有很强的需求。在“孝”的大环境下，在保障老年人身体健康的同时，子女们也要抽出更多的时间来陪伴老年人，关注老年人的精神状况，多与老年人交流。我们可以从日本的养老制度中吸取和借鉴相关经验，积极倡导儿童与家长同居，从而在养老、敬老、爱老、护老的良好氛围中，使居家老年人享有高质量的养老服务。

2. 社区层面

在我国人口日益老龄化的背景下，社区是社会保障的主要载体，发挥着承上启下的纽带作用。一方面，社区要积极宣传和执行各种养老服务和医疗保健政策，确保规章制度的执行效度，如上级下拨资金以建设社区养老服务设施或给低收入且失能的老年人发放金融补助等；另一方面，社区还需要因地制宜，根据不同老年人的多层次需求，为其开展各种针对性的护理，如开展健康知识的宣讲、上门陪护、功能恢复等。在这些人群中，老年人与老年人的关系最为密切，他们的质量水平将直接关系到“医养融合”能否成功地进行。

3. 政府层面

作为“医养融合”的决策者，国家扮演了关键角色，但目前国内并未建立“医养融合”的专业机构，而民政部与卫计委则是多管齐下，职能划分比较含糊。我们要建立一个专业的老年人理事会，并将“医养融合”思想与其相结合，使之能够自主地制定相关的政策、法规、预算、经费、行政等。与此同时，与人力、金融、民政部、社保、卫计委等机构进行沟通，确保各项措施的落实和经费的落实。只有明确家庭、社区、政府三方的责任，协同配合，才能确保社区整体的健康发展。

（二）建立“医养融合”型居家养老服务的认知结构体系

1. 厘清“医养融合”型居家养老服务的主要内容

“医养融合”的家庭护理系统以提高老年人整体的居住质量为目标，但其系统的主体构成对“医养融合”的效果有很大的影响。目前，从现行的养老制度和法规来看，“医养融合”的养老保障体系应从四个方面进行：一是基础的生活照料，包括老年人的卫生、用餐、购物、陪同等；二是家政，包括协助老年人打扫家务、缴纳水电费等；三是健康护理，包括定期上门看望、医疗保健和专项医疗服务；四是精神慰藉，包括文化娱乐、继续教育、情感陪护和法律援助等。

2. 构建多层次、多方位的居家养老服务体系

（1）提供基本日常照料服务。

基本日常照料服务以满足老年人最根本的需要为目的，马斯洛多层次的需要满足老年人的日常需求。过去，老年人的养老模式以子女供养为主，但现在，由于经济条件的改善，子女大多外出求学、打工，许多老年人都是独自生活，因此，子女的抚养责任由子女转移到了社会上。受中国传统观念的熏陶，九成以上的老年人都有很强的归宿意识，因此社区的居家养老的实际需要被推到了台面上，其中日常的照顾是最基础的，这是一个需要解决的问题。

（2）开展健康医疗保健服务。

健康医疗保健服务的目的是为老年人及其家庭成员进行每日的健康教育、医疗护理以及陪伴就医；要在基层卫生和生理学方面加强对老年人的健康教育，并聘请专职的辅导员和志愿者，为其开展相关的心理卫生工作；为不能自理或需要就医的老年人提供特别的治疗。

（3）推进精神慰藉服务。

精神慰藉服务的宗旨是为居住在家中的老人们进行心理辅导，以保障他们的日常生活照顾与治疗，并为他们提供文化课、进修机会、辅导课等。这项工

作以家访式的效果最好，社区工作人员可以在走访的同时，主动向老年人提出建议，让他们体会到社会的温馨。而社区内部的设施，就是为老年人在自己的居住地里配备相应的设施、设备和活动室，就像是一所老年学院，如棋牌室、健身室、乒乓球室、唱诗室等，以此来充实老年人的生活。老年人的精神活动不仅有助于他们健康生活，而且这些活动对老年人的终身福祉是不可或缺的。回想快乐的记忆是非常有益的，尤其是对那些可能与抑郁做斗争的老年人。冥想可以是另一个很好的反思工具。高级生活设施的管理员应该考虑举办冥想小组，配备舒适的椅子和放松的音乐，让他们有一段不间断的反思时间。随着年龄的增长，精神慰藉是维持幸福生活的一个极其重要的部分。

（三）优化“医养融合”型居家养老服务的资源配置

1. 加强“医养融合”的人才队伍建设

目前，我国的老年群体以学历较低、40~50周岁的人员为主，对社区养老机构的发展不利，而专业的护理和医学方面的专门人才也不完备，我们应加速引进和培训专业人才（尤其是全科医师），制定科学、统一的管理制度以及薪酬和奖励制度，使这些人员进入“医养融合”专业化的居家养老机构。一方面，全职医师可以在小区里长期看病，为老人们提供保健护理；另一方面，也可以定期到医院看望那些因为生病而无法回家的老年人。

2. 加强基础设施建设与利用新型科技并举

（1）加强基础设施建设。

社区应该按照老年人的多元化需要，为其提供必要的支持，如为其指派营养专家，为其提供各种食物，以适应老年人的饮食习惯；提供相应的设备，如娱乐室、健身房、休闲室等；安排专人协助老年人开展各种卫生保健；为生活不能自理的老年人设立专门的医疗机构，为无法自理的老年人设立家庭床位，并安排专门的人员对其进行特殊的医疗和康复。

（2）大力推进“互联网+”，增设社区调度中心。

网络时代的来临给“医养融合”的家庭护理模式注入了新的活力，要使其更好地利用科学技术发展的优势，我们就必须加强对老年人在社区中的生活、身体、经济、收入等方面的数据进行收集，及时培养和配备专业人员，以应对“银发”冲击。我们要以社区为主体，以网络信息技术、社会养老机构、医务人员和维护人员为支撑，设立一个综合管理中心，为老年人提供全方位的护理、保健、养老、文化、娱乐、心理安慰等服务。

《民政事业发展第十三个五年规划》提出，要把“互联网+”和“家庭”结合起来，推动“医养”的信息整合、分享、规范和创新。首先，我们要以

“互联网+”为中心，对老年人群的卫生需要、年龄、家庭类别、生活方式等进行分类，并将其传递到各提供机构，从而达到信息的无缝对接。其次，我们可以利用互联网、物联网等先进技术，对社区老年人的身体状况进行实时的更新和上传，从而达到不同的职能，为今后进一步发展“医养融合”提供良好的保障。

3. 鼓励社会资本进入，适时加大政府的财政投入力度

根据国家相关政策，政府对孤儿、老年人、残疾儿童、特困人员等提供各种社会保障支出。“医养融合”作为一种新型的养老机构，它是我国的一项重要的社会保障。比如，要统筹安排“医养融合”的经费，要明确财政的投资标准。但是，仅依靠政府的资金投入并不能很好地适应这种新的养老模式，必须通过发挥其自身的优势，在国家的大力扶持和鼓励下，加入“医养融合”的家庭养老体系中。

4. 健全“医养融合”法律法规

完善“医养融合”的医疗卫生管理制度是保障医疗机构健康有序发展的关键，也是保障老年人平等享有医疗和康复的基本保障。民政部门与卫生部门在管理制度上存在着较大差距，导致“医养融合”模式难以向前发展，必须将民政部门与卫生部门的有关服务有机结合起来，而不是单纯地在社区设置一个保健窗口或增加一个老年床位。这种方式的转变仅是希望将政府对现有的医疗服务与社会保障的资源进行有机的整合与发展，从根本上解决“医养融合”存在的问题。同时，可以有效地降低各职能部门的互相抵触，明确各职能部门的责任，从而达到最大限度地分配人力。

在税务方面，我们可以对“医养融合”的社区机构给予一定的优惠，并且可以在小区里设立专门基金，由社会各界的慈善组织出资，为老人们的“医养”服务提供全方位的保障。

（四）建立“医养融合”型居家养老服务的监督评估机制

1. 建立“医养融合”型居家养老服务监督机制

在“医养融合”的基础上，我们要结合社会服务机构、养老院、居民委员会等部门，及时放权，严格监管，并制定相关的监管规范；同时，对其所提供的各项业务，进行问题的及时查找和反映。有关单位将会依据相关反馈对“医养融合”机构的后续工作进行完善，及时进行处理，从而切实保障“医养融合”社区养老事业健康发展。

2. 建立“医养融合”型居家养老服务质量评估机制

在“医养融合”的家庭护理服务中，应该强化对“医养融合”的评估，

委托专家进行评估，并对其进行针对性的健康监测、健康评估和健康检查，从而决定“医养融合”的服务类型，防止“医养融合”服务的过量使用，并按照服务类型的要求开展定期随访、评估服务质量，评估服务的效果和效率，从而降低其在封闭式体系中存在的缺陷，打破管理障碍，提高评价的公平性。

第七章　吉林省养老服务产业的发展及创新

第一节　吉林省养老服务产业的发展

一、吉林省养老服务产业存在的问题

吉林省是我国欠发达地区，其养老保障制度还不健全。吉林省老年人的养老保障体系与中国其他省份的发展有很多共同点：老年人的养老保障体系无法适应老年人的发展和社会的总体负荷；医疗体系无法适应老年人的卫生保健需求；老年人的养老机构不能满足病残老年人的养老需求；社区服务网络不能满足家庭“空巢”型老年人的需求；此外，还有针对老年人的综合性体育和体育活动的区域设施，不同程度地不能满足大多数老年人的体育和生活需要。目前，吉林省养老服务产业仍存在以下问题：

（1）目前，我国社会对养老服务发展的认识误区较多，对其发展产生了一些负面的影响，包括对养老服务的理解不足、缺乏足够的经费、政策支持力度不足、政策执行困难、整体发展程度较低。

（2）农村社会的发展很慢。吉林省是一个以农业为主体的典型省份，一方面，吉林省的养老设施尚不健全，缺少运动场地，缺少经费和投资；另一方面，吉林省的乡村医疗资源、医疗水平、医疗条件与城市相比较差，难以适应城乡居民的医疗需求。

（3）养老服务在吉林省的投入不足。吉林省的很多地方还没有将“养老服务”行业纳入经济发展的版图之中。另外，农村老年人的文化娱乐场所投入不足，一些城市老年人活动场所经费不足，供热条件有限，冬季无法正常工作，尤其是农村老年人缺少活动场地、设备落后等。我国农村老年人的养老保

障制度存在着不足，民间和社会方面的投资并不充足。

目前，吉林省大多数的老年服务业公司普遍存在着资本不足、发展缓慢等问题，“养老服务”行业发展还处于初期阶段，资金困境已经成为养老机构普遍存在的问题，具体表现在以下两个方面：

（1）竞争不公平。公共养老机构由政府分配土地，服务人员属于“事业编制”，并由政府拨款资助。而民间养老机构不具备上述优势，因此成本高、服务人员待遇低，导致了市场竞争不平等。从财政角度来看，政府为老年人提供的福利机构的资金很少，并且只有少数财政援助[24]。

（2）老年人福利机构还不完善。吉林省目前的养老机构数量少、设备落后、医疗服务质量差。私人疗养所有九成都是建立在居民楼里，占地不算很广，床位较少。由于小区太小，居民楼太多，所以很难满足五平方米以下的床位要求，而且室外没有运动室和健身器材，只能在里面聊聊天，很难满足老年人的娱乐需求。此外，一些老年人所处的小区常常会引起各类居民的“不满”，经常听到有邻居希望其搬迁的声音。面对这样的“投诉”，各个区域的老年人委员会都在极力调解，却始终无法得到解决。

二、吉林省养老机构的发展趋势

吉林省老年群体日益增多，单纯依赖于家庭和政府的养老服务体系已不能适应新形势。比如，长春市目前只有长春市社保所，它的服务对象是长春市城区无依无靠、无生活来源、无劳动能力的“三无”群体。在这样的老龄化状况下，社会力量创办的养老机构也随之出现，它标志着养老体制从政府主导，逐步向政府提供支持、家庭为基础、社会力量为依托、其他养老方式为补充转变。近年来，吉林省私营养老服务机构迅速发展，成为吉林省的主要支柱。吉林省的养老院从出现到发展，其中私人养老服务在其中扮演着重要角色，并且在未来会逐步发展壮大。

（一）吉林省养老服务产业发展的主要影响因素

1. 政策因素

伴随着吉林省社会和经济的不断发展，尤其是在我国的老龄化社会中，养老服务产业的市场化水平越来越高，因此我国的政府直接投入将会越来越少，应该以引导和促进我国养老服务为发展趋势。由于养老服务行业自身的特殊性，使得其在发展之初并没有太多的收益，有的甚至处于亏本状态，这就要求国家对其进行政策支持，让其获得一定的利益，进而带动其不断发展和壮大。

养老服务在我国发展初期，国家的产业政策成为推动我国社会福利事业发展的重要基础。从总体上讲，吉林省的工业发展是由国家的工业政策和市场的需要决定的，而在这一时期，老年人的社会需要具有很大的发展空间，缺乏强大的政策指导和政策支持。特别是养老服务这一产业目前在吉林省还处于发展初期，其发展更需要国家的扶持和指导。

2. 经济因素

目前，吉林省城市和农村居民的人均可支配收入在全国仍然处于较低的水平，这已经成为吉林省老年人购买养老保险的一个重要影响因素，同时也是吉林省“养老服务”发展的一个重要障碍。

从目前养老机构的入住情况来看，大多数老年人都是选择公立的养老院，而绝大多数的私立养老院却是处于破产的状态。对于服务品质优良、环境优良、设施完善的高品质的养老机构来说，因其高投入而使住宿费也较公立养老院高，以致大部分的低收入老年人和家庭无法承受。例如，长春市的一个自然村庄，其私立养老院的标准是 1 600 元/月。然而，由于规模、环境、服务条件等原因，许多小规模私人养老院也难以招揽到老年人。

在居家养老方面，许多老年人特别是那些不能完全照顾自己的老年人，因为他们的财力有限，无法负担 24 小时日常照顾的费用，而定时服务也是杯水车薪，只能提供一些低层次、简单的生活照顾。对于一些患上重大疾病的低收入老年人来说，医疗机构的特殊护理更是负担不起。

3. 观念因素

吉林省一些养老机构老年人居住率低、经济效益低且经营困难，是由老年人的传统思想造成的。因为受传统思想的熏陶，大多数人家觉得住养老院的都是没有家人照顾的老年人，若是自己的爸妈住进了养老院，邻居、亲戚朋友就会觉得他们是不孝顺的子女。同时，受到“有钱有势，有地方比家里好”的传统思想的冲击，导致老年人对养老院的看法并不统一。吉林省老年生活需要问卷的研究表明，大部分老年人对老年公寓、福利院等养老机构缺乏足够的认识，而且受个人思想的限制，他们不愿进入养老机构。现在，一些养老机构因为住在这里的人不多，管理起来很吃力，所以在做推广方面的投资很低，大多都是做一些简单的小广告，更别说在报纸、电视、广播等媒体上做推广了，而那些年龄大的老年人，因为身体和精神的原因，很难亲自前去调查，在决定搬到养老院的时候，他们就会感到后怕，这就是一个怪圈。但是，要改变这种传统的观点，还必须通过家庭与整个社会的长期合作。实际上，即使子女心甘情愿照顾老年人，但是因为经济上或身体上的原因，他们往往筋疲力尽，无法坚持下来。例如，一个老年人如果患上了重疾，子女光有一份孝心是远远不够的，还必须要有专业的护理技巧，如定时翻身、科学喂饭、心理调适等。只有当老年人的健康得到了科学、安全的照顾，家庭成员才可以得到解放。所以，在适当的时候，家人要打破传统的思想桎梏，让老年人住进设施齐全、服务周到的养老机构。

此外，由于传统的观念，大部分的老年人都不愿护理人员到家里去做护理。如果是自己或家人能做的，就绝不会找保姆，因为他们会觉得有陌生人在家会感到不安，或者对保姆不放心，如不相信他们的专业性，不相信他们的服务；二是在“节约”这一传统观念背景下，许多老年人不愿意为养老服务买单，认为是多余的消费，太奢侈浪费。

就服务者而言，因为受到传统社会观念的熏陶，许多人觉得照顾老年人既劳碌又地位低下；而从事老年人工作的大多是无业游民、下岗工、农民工，他们的学历较低，且基本没有接受过正规的专业训练，他们的专业技术往往仅能处理日常的家务，很难满足不同层次、不同特点的老年人的多元化需要，特别是私立养老院中老年人与护理人员的比例失衡。此外，老年养老机构还面临着经费不足、设施不齐全等诸多问题。

（二）养老服务市场需求分析

1. 增加居民的收入预期

老年人的健康状况与健康护理的需要有显著的相关性，特别是与体检的相关程度较高。这个收入，除了老年人的退休金和养老金，还有子女的赡养费、自己工作的收入、存款、红利、房租、医疗保险等。吉林省 60 周岁及 60 周岁以上老年人的主要经济来源由其家属赡养金和自身养老金组成。近年来吉林省人均可支配收入也明显增加，说明吉林省的老年人在健康方面的支出能力得到了加强。居民生活水平的提高，极大地刺激了老年人对养老服务的消费欲望，使其愿意为服务买单。

2. 按老年人的年龄段划分老年服务业

老年人的生命照顾和居住设施都与老年人的年龄构成有很强的相关性，即老年人对生活照顾的需求比中年人要多，而且有更多的老年人有进入养老机构居住的意愿。因此，在社区卫生保健的发展过程中，应该把社区卫生保健的重点放在老年人群，并按不同的年龄段进行有重点的社区卫生保健和社区建设。

3. 为患病老年人开设家庭病房服务

与老年人的身体状况相关程度最大的是居家护理，以高龄者或体质欠佳者为主。随着老年人年龄渐长，他们的身体功能会逐渐退化，健康状况会越来越差，患病或无法自我照顾的老年人也会越来越多。目前，吉林省社区的发展重点是培养和发展家庭病房的专业化医护人才，发展家庭病床服务，拓展家庭病床服务的市场。

4. 拓宽老年旅游市场

随着人口老龄化，老年旅游预计会成为21世纪的主要市场。老年旅行者主要具有以下特点：他们可能是更有经验的旅行者；他们有更多的时间去旅行和休闲；旅行通常是生活方式中的优先事项，许多人准备定期支付旅行费用；他们通常有更多的储蓄和资产，更少的财务承诺，尤其是在退休的早期；他们在旅行时间方面更加灵活，通常更喜欢在非高峰季节旅行；他们通常更有眼光，要求更高质量的服务；他们不太可能受到“装饰”和额外便利设施的影响；健康问题可能会影响他们的旅游选择，尤其是老年游客。

自驾度假适合追求自由、冒险和独立的老年市场中较年轻者。然而，在很大程度上，老年游客比五六十周岁的人更有可能选择导游包价旅游。此外，由于涉及的人数较多，旅游通常会打折，尤其是在淡季，年长的游客似乎更愿意在淡季旅行，以降低旅游成本。老年游客更喜欢旅游的一个重要原因是为了保持健康。对健康的担忧可能会刺激那些担心自己可能身体不适，无法在以后旅行的人，或者那些尽管身体不好但仍想享受旅行经历的人，他们甚至有着“在我死之前”想出去走一走的想法。

健康也可能成为旅行的一个因素。老年人可能更容易受到环境变化和饮食变化的影响，这是旅游供应商在规划旅游时应该记住的一个因素。对于年长的旅行者来说，保守地吃熟悉的食物，而不是尝试当地美食，以避免饮食变化可能带来的影响或控制现有的健康问题，这并不少见。不过，我们不要诉诸刻板印象，因为年长的旅行者，即使在小心翼翼地监控他们的饮食时，在满足他们的需求方面可能比年轻的旅行者更灵活和更有创造力，并且要更小心地提前沟通这些需求，以便服务提供商能够满足他们。老年旅行者的旅行速度和范围也需要仔细考虑。许多旅行者希望在规定的时间内看到尽可能多的东西，但所需的速度可能不适合年长的旅行者。例如，可以选择既能提供需要大量步行的活跃景点，又能提供安静的景点的目的地，如好的咖啡馆、公园、宜人的风景，或者当地的博物馆和商店等，供那些想花一天时间散步或放松的人游玩。考虑到这些差异的另一种方法是安排往返于同一住处的一日游，以便客人可以选择“入住”或探索酒店、客栈周围的区域。

年轻的旅行者通常旅行是为了寻求更多的刺激、新奇和逃避现实。年长的旅行者经常旅行以更充分地体验生活，他们喜欢与他人互动、建立友谊、欣赏风景、轻松散步、欢笑和寻求其他简单的快乐。许多年长的旅行者已经超越了年轻人的自我意识，通常更愿意发起对话、提出意见和问题，并愉快地参与社交活动或提出建议。

老年游客独自旅行通常很舒服，调查发现，老年人在没有伴侣的情况下独自旅行的情形并不少见。这可能会带来一个困惑，因为许多设施不迎合单身游客，他们可能最终不得不为住宿支付更多的人均费用。在一些受欢迎的目的地，可能很难找到单人房住宿，那些可以找到的价格与双人房相同。有时，住宿可以共享，尽管如果旅行团中没有其他人想共享一个房间，或者如果室友完全是陌生人，这可能会不令人满意。在欧洲大城市，宿舍住宿随处可见，但许多宿舍仅面向年轻游客，在接收年长游客的地方，老年人可能不愿意冒险与年轻且可能吵闹的客人同住。

老年人的旅游需求与其文化水平相关，即老年人的文化水平越高，其对旅游的需求也就越大。吉林省各类学历老年人比例在近几年中都达到了70%，随着学历水平的提高，其养老服务需求增长速度也在不断加快，吉林省养老产业的发展空间也会越来越大。吉林省的旅游业应该在适当的时候推出老年人的旅游商品，结合文化和知识型服务计划，使更多“文化”型老年人得到更好、更有针对性的服务，从而拓展更大的老年人市场。

第二节　吉林省养老服务产业的保障机制

计划生育和经济发展都对吉林省的老龄问题产生了重要的作用，特别是实施了多年的计划生育，使吉林省的老龄人口增长速度加快，这是中国人口转型的一个不可回避的问题。

要想对吉林省养老保险制度的现状和问题进行探讨，我们必须从吉林省当前的人口结构和特点入手，深刻地认识到老龄化带来的社会压力，进而对建立养老保障体系进行必要的探讨。

一、吉林省老龄化现状及构建保障机制的必要性

（一）吉林省老龄化状况及其特点

吉林省的老龄问题比较突出，而吉林省的老龄问题又表现出如下特点：老龄现象日趋明显，自然增长率总体上有降低的倾向，与全国总体的下降趋势一致。

老龄化对社会经济、政治、文化等方面产生了日益严重的负面效应。而要

应对老龄问题，最好的办法就是通过发展养老服务行业来缓解老龄问题。在这一进程中，建立健全的社会保障体系是促进我国社会养老事业快速发展的重要手段。

（二）建立安全保障体系的需要

近年来，吉林省的养老事业发展得很快，目前吉林省的养老机构正在逐步健全，并获得了相关部门的大力扶持。

虽然吉林省的养老事业发展取得了骄人的成绩，但吉林省的老龄事业发展却比老龄社会发展的步伐要慢，这就造成了许多问题。首先，我国目前每年都有大量的老年人入住养老院，并呈逐年增加的趋势，但与其发展的步伐相比，社区养老机构的发展还不够迅速，不能全面地适应老年人的需要。其次，现有的养老机构大多仅能给老年人提供最基础的服务，加之吉林省的发展速度较慢，是一个中高水平的城市，但人口老龄化的速度与发达地区相当，因此吉林省的发展面临着严峻的考验。我国目前存在的各种老年人福利设施费用较高，老年人群体很难负担。最后，缺乏分级的养老服务。吉林省目前以健康管理机关为主体的养老院与民政部所属的老年人服务单位，两者差异不大，但照顾老年人的水平有一定差异。吉林省的养老院按照老年人的身体状况和护理水平分为专门护理、一级护理、二级护理三种类型，但目前还没有专门的领养护理和一级护理机构，其职能没有明确的界定，导致吉林省的养老服务体系难以形成，监管较为困难，难以维护老年人合法利益。另外，政府开支也比较紧张。目前，吉林省在财政领域都有很大的发展空间，但我国在这一领域的投入和政策扶持还很薄弱[25]。

目前，吉林省的养老事业发展面临着一大批问题，这些问题对吉林省的养老事业发展产生了巨大的冲击，对老年人的医疗服务质量提出了更高的要求。保障体系能够为企业的健康发展提供法律、组织、政策、人才等保障。在这些制度体系中，组织和保证机制能够有效地协调和组织政府、企事业单位等各类社会组织，为老年人提供高质量的服务；建立健全的法律制度，为发展我国的养老服务业提供支持；建立健全的金融保障制度，促进更多的资金流向养老服务产业；人才保证体系有利于培育和训练更多专门的老年护理人员和新的产品研发人员，以适应行业发展的需求；通过建立健全的养老保险制度，可以有效地改善我国老年人的生存状况，减轻我国的社会负担。《吉林省人民政府关于加快养老服务业发展的实施意见》提出，要以不断满足老年人日益增长的养老服务需求为出发点和落脚点，充分发挥政府作用，坚持基本保障，注重统筹发展，创新体制机构，激发社会活力，逐步使社会力量成为发展养老服务业的主体。

二、吉林省养老服务产业保障机制的现状

（一）逐步健全法律法规

吉林省在贯彻落实有关政策的基础上，结合其实际的省情和特点，制定了一套法律措施。为使吉林省能够发展民营养老机构、规范其经营、维护其正当权利、推动建立新型和多元化的社会养老服务体系，吉林省民政部颁布了《吉林省民办养老机构管理暂行办法》。同时，吉林省陆续推出了《吉林省社会养老服务体系建设规划》《吉林省人民政府关于加快推进养老服务业发展的实施意见》等政策法规，特别是《吉林省人民政府关于加快推进养老服务业发展的实施意见》，在资金、政策等多个层面上取得了重大进展，对新一轮的养老服务工作起到了一定的促进作用。《吉林省养老机构管理办法》以省政府法规的形式出台，对养老机构市场准入、监管、退出等制度进行了健全，并对其进行了规范。《吉林省养老机构综合责任险实施办法》的颁布，为进一步加强吉林省应对和处理养老相关工作提供了依据。

（二）多元优惠政策共存

吉林省在养老服务行业采取了一些优惠措施，包括土地供给政策、税费优惠政策、投融资政策。

1. 土地供给政策

根据城市发展的总体规划，吉林省利用新增的土地和新增的存量建设用地对基本养老设施进行改造，并根据有关法规，将未利用的社会福利用地用于提供养老服务。对属于营利性质的养老院，实行“优先供给”土地政策。依托于私人资金组建的非营利养老组织与国家设立的养老服务体系具有一定的一致性，可以享受到相应的土地利用政策。

2. 税费优惠政策

对于部分养老设施的基本维护业务不征税，对于满足有关要求的非营利养老设施，其用地费用和自有物业费用可以免除，但对占用耕地的，则可以免除有关的耕地占用费。对有关营利组织实施的管理要采取“减半”的方式，对老年人的养老服务要按照最低的标准征税。对老年人居住的养老机构给予水、电、气等方面的居民优惠。

3. 投融资政策

在风险控制的基础上，我们要鼓励和指导银行开展金融产品和服务模式的改革。通过健全贷款审批机制、开发新型信贷产品、拓宽抵押担保领域、健全担保体系等措施，促进我国金融机构对养老服务的支持。通过贴息担保等形

式，积极引导民间资金参与到养老领域中来。要尽快建立并健全养老机构的诚信制度，争取把社会的信贷资金和私人资金都纳入其中。建议各社会养老组织主动参加全面的责任险，并将其纳入各保险公司的责任范围。吉林省也在积极开展以房屋为抵押物、分期支付退休金等方面的试点工作，鼓励各大保险公司和各大养老组织共同努力，为老年人提供更好的养老服务，从而促进我国养老产业健康发展。

（三）加强人员培养

根据吉林省目前护理人员的状况，吉林省民政等单位制定了《关于加强全省养老护理员培训工作的实施意见》，对在职的退休护理员或者即将参加养老服务工作的老年人进行岗位训练，并委托具有养老服务资格的养老服务机构和选择具备相应规模和教学培训能力的养老服务机构进行培训，培训完成后，考核合格的老年人将发放“养老护理员培训结业证书”；对具备《养老护理员国家职业标准》晋升条件的退休护理员或具备从事护理工作的各类老年人实施专业训练，并由人力资源管理部门指定的具备专业技术能力的专业培训单位进行，培训完成后，由专业技术鉴定机构进行专业技术鉴定，通过考试，颁发“国家职业资格证书”。

该意见还提出，可以在一定程度上开办具有一定规模的高校、中职学校，并在合适的情况下开办相应的教育项目，具体措施如下：一是协调省内各高校、卫校、职校等单位对老年人进行护理教育，加强对老年护理人才的培养；二是对那些在医院工作，具备医生、护士资格的医务人员，提供同等级别的医生、护士待遇；三是积极引导高职高专毕业生到社会福利中心、社会团体开展老年护理工作；四是在全国各地进行老年护理人员的分级评估，把护理人员的配置和服务的质量作为评价的一部分，对护理人员的管理水平进行规范化，从而使护理人员的工作水平得到提升。例如，长春市民政局与吉林大学护理学院达成了一项战略合作，双方将充分发挥各院校的优势，在上岗培训和资质培训方面开展基础理论、护理技能、康复知识和实操训练等方面的培训，以提高护理人员的整体服务水平。

（四）提供技术支持

随着新技术的不断革新，特别是在资讯通信技术飞速发展的今天，电脑、手机、网络等在老年群体中应用得越来越广泛。人们可以利用机器人、智能居家、远程医疗、社会联系等方式，为老年人提供健康管理、居家护理、医疗保健等多种形式的护理。老年人随着年龄的增长，其身体功能也在逐步衰退，其在心理和生理上都处于弱势地位。因此，养老服务机构应增强技术支撑，建设智能养老信息网络，以便于老年人的日常活动。例如，养老机构可以利用互联网技术及各种感测器对老年人的日常活动进行远程监测，并通过建立老年人群体健康状况的监测与数据库，为老年人提供有效的健康服务。再比如，吉林省省民政部在省一级探索建立“居家老年人”补助体系，并决定在敦化市以“政府采购”的方式开展“以政府为单位”的“社会机构”服务；并委托北京易盟天地科技股份有限公司开发吉林省老年养老服务平台，通过对社区老年人口基本情况、健康状况及服务需要的调查，使其与社区的实际工作相结合，为老年人的健康生活提供全方位的保障。

三、吉林省养老服务产业保障机制存在的问题

（一）法律体系不完善

当前吉林省有关老年人的相关制度和政策大多是以政府制定的相关法律、规章为基础的。吉林省先后颁布了《吉林省养老机构补贴资金管理暂行办法》和《吉林省民办养老机构管理暂行办法》。我国的老年护理行业发展相对比较滞后，其相关的法律法规尚处于萌芽状态。目前，国家制定的有关促进养老服务业发展的法律法规、政策多以行政法规、政策为主导，法律法规较不完善。在吉林省的一系列重大政策文件中，《吉林省人民政府关于加快推进养老服务业发展的实施意见》中提到了要大力发展老龄事业，但并没有相应的配套措施。我国现行的某些法律法规界定不清晰、条文笼统、表达不清晰，缺乏对社会责任主体的权利与责任的保护。由于其在实践中过于灵活，难以确定某些具体的行为，有一定的缺陷。同时，很多地区仍以经营企业的方式来经营养老机构，难以满足我国养老服务业发展的需要。

（二）缺少健全的政策支持

在养老服务的发展初期，促进其发展的关键在于拥有一套健全的“产业政策”。特别是在我国，由于我国的老龄化社会，养老服务存在着一定的盈利空间，但是在初期却出现不盈利甚至亏本的情况，所以国家对发展中的养老机构进行扶持，就非常有意义。政府的工业政策与市场的需要是两种基础的手段，目前迫切需要发掘其潜在的市场需求，但由于缺乏相关的政策支撑和政策指导，制约着这一过程。我国目前养老保险制度缺乏，导致了我国养老保险行业发展的滞后。目前吉林省养老服务正处于发展初期，政府应加大扶持力度，积极引导行业发展。

吉林为促进安居行业发展，制定了一套水电、土地、有线电视、通信、床位补贴等配套措施。但是，目前我国的一些政策还不够完善，存在效率低下、

功能单一、制定过程不够标准等问题，具体问题如下：

1. 缺乏可实施的政策

目前，吉林省已发布的各种政策大多是关于福利机构的发展与建设的，而市场化的养老服务业发展的政策偏向于宏观上的引导阶段，缺乏土地、规划、投资、税收、医疗等方面具有针对性的措施，政策操作性不强。目前大部分的政府补助政策都仅限于财政资助，并没有涵盖养老服务行业的各个方面，尤其是在扶持志愿服务、老年人互助、社会参与等方面缺少政策。

2. 政策缺乏具体性

吉林省目前出台的一些关于促进老年人健康管理的相关政策，大多是粗略的、概念化的，并没有明确的规定。比如，《吉林省民办养老机构管理暂行办法》只规定了审批、监督评估、法律义务等方面的内容，并没有明确的实施方式，而且在某些细节上的规定非常模糊，这就给养老服务造成了很大的困难。

3. 缺乏强制的政策

按法律、行政法规、规章和规范性文书的顺序划分，其有效性从高到低。目前，我国的养老制度主要局限在政府部门的规范性文件等一些低级的层面上，其有效性的低劣势必会对政策执行的成效造成负面的作用。《吉林省人民政府关于加快推进养老服务业发展的实施意见》提出了土地供应、财政投入、税费、投融资等政策。比如，在“土地供应”相关内容中，“按照中华人民共和国关于土地征用程序的有关规定，确保对营利性养老设施的使用权提供优先权”这一条，仅表示可以给予优先的供应，在这种情形下，并没有任何的立法依据，只是省政府的一份执行方案。目前发放给各个部门的养老保险制度，大部分都只是一个建议书，并没有得到有效贯彻及落实，更没有真正地落实到社会保障的本质中。

4. 缺乏对政策的管制

政策制定的程序缺乏严密的监督。政策制定的流程非常严密，要经历调研、制定、执行、评估等多个环节，必须对其进行严密的监督。但就吉林省现有的有关规定而言，多数是按照国家有关规定和当地实际情况复制而成，没有进行大量的调查和评价，缺少可操作性。

（三）组织保障机制明显欠缺

老年人是一个具有多种需要的特殊人群，养老工作的内容也是多种多样的。目前，国家老龄工作办公室协调财政部、民政部、卫计委等多部门负责养老工作，通过研究制定发展战略及重大政策，协调和推动有关部门实施发展规划并指导其他各部门做好老年人的工作。但是，从目前各个机构对养老服务的调研现状来看，各个机构的权限范围都是重叠的、缺位的，分散经营的运行方式使得各个职能分工不明确，从而削弱了社会力量。

我国缺乏相应的教育资源，且行政机构过于松散，部门间的合作不足，导致许多工作因部门分工合作，部门之间相互牵制，相互牵线搭桥，互不负责，工作难以迅速、高效地进行，从而使得区域、部门和所有制的边界无法被彻底突破，更没有办法进行高效的统筹和整合。在现有的服务资源十分匮乏的条件下，这种“分立”的状况不仅给我国的老年人带来了更大的麻烦，而且对我国的养老事业发展造成了很大的影响。吉林省亦是如此。

（四）缺乏专业人才

目前吉林省老年护理人员中的一些问题比较突出。首先，护士大多水平偏低、年龄偏大。大多数的养老院都不是很有钱，福利水平和工资都很低，很多年轻的中坚力量很难留下。现有的护士大多都是愿意努力工作的下岗工人、农村妇女、家里的闲散人员，他们没有经过特殊的培训，也没有相应的医疗技能，承担不起文体活动、医疗和高级护理的任务，只能从事一些简单的家务劳动，没有能力照顾和护理需求较高的老年人。其次，医务工作者缺少正规的职业训练和相关的教育，拥有专业技术职称的退休人员比例较少。由于这些服务人员大多护理技术水准低下，照顾老年人时易发生意外，而体质好的老年人则不必多加照顾，因此老年人往往不会接受这些服务人员。这不仅无法解决老年人的各类需求，而且导致无法建立起一支长期的养老服务队伍。

（五）基金的投资与筹资制度不完善

目前，吉林省甚至是整个国家对养老服务业的投资仍然以国家财政和集体资金的形式进行，而民营企业对其投资比重偏小，这就造成了我国的养老服务业在市场经济体制下举步维艰。虽然我国目前已逐渐增加了对民营企业的投资比重，但其投资的规模与投入却很低，且缺乏一种长期稳定的基金运行机制。我国老龄化社会发展速度快，而单纯依靠国家财政的支持导致的财政赤字已经成为制约我国社会福利事业长远发展的瓶颈。另外，在我国的老龄化社会中，长期存在着大量的资本投资，这也是我国养老服务业不断发展的重要物质基础。因此，目前的投资与筹资机制不能强化对社会资金的吸引，而一旦不能有效地改善养老资金的问题，必然会增加政府的资金负担，从而制约我国的发展。

（六）技术支持严重不足

信息技术作为养老服务业的重要支撑，不仅能够极大地提高管理效率，为老年人提供基本的服务，而且降低了人力消耗，追求服务的集约化、规模化、效率化，才能使养老服务业健康持续发展。但是，目前吉林省的养老服务和信息技术的融合还处在初级阶段，不能有效地支撑和满足老年人的需要。比如，吉林省并未建立覆盖养老机构的具体信息、养老机构的收费、护理人员的人数和水平等数据的监测系统，而这套监测系统是养老机构与信息技术的典型代表，既能使养老机构和相关部门更好地了解老人的状况，又能起到对养老机构的监督作用。吉林省目前还没有相关的监测系统。

（七）监管保障不健全

吉林省的养老机构在发展中对老年人的服务品质提出了质疑。大多数的养老机构只能向老年人提供基本的衣、食、住等生活服务，老年人走失或被虐待的情况更是屡见不鲜。但由于这类问题的隐蔽程度较高，公众对其知之甚少。大部分情况下，只有在记者、公众等第三方参与的情况下才会被发现，然后才会受到政府的重视。更让人担心的是，目前对于老年人的服务仍然缺乏有效的监督，像“虐老者”这样的问题，与缺乏有效的监管制度有关。老年人及其家人对某些养老机构的服务品质非常不满意，矛盾不断，对养老机构的发展造成了很大的打击。

第三节 吉林省农村养老保障体系的建设

一、构建农村养老保障体系的原则

根据吉林省的实际情况和农村社会经济发展的趋势，必须合理地安排农村社会养老保险的多种形式；强调重点，逐步推进，做到系统化和规范化，并与吉林省实际情况相适应，做到“推”与“治”。在对农村社会保险制度进行最优分配时，必须遵守下列基本准则：

（一）广覆盖、低标准原则

吉林省目前和未来一段时间内，农村社会发展的目标是保证老年人的基本生存需要。我国的社保制度具有社会性、公益性，因此，必须把重点放在扩大范围上，在社会发展、社会富裕程度不断提高的基础上，逐渐加大社会安全制度的管理力度，这样可以减少制度上的安全隐患，从而使制度便于实行和逐步推行。在农村社会保障体系中，要实现“低层次、大范围”的供给方针，这样，农民就可以负担起“社会养老保险”。吉林省的乡村经济发展相对滞后，在确定保障水平时要尽量“保守”，而不是全部靠国家或集体经济来承担；要根据我国的国情，尽可能地提高农业保险的覆盖范围，让更多的农民能够获得保险。

（二）保障资金筹集合理化原则

农村养老保障必须由国家、省（自治区、直辖市）、社会和个人共同来分担，不能只靠自己一个人去承受。目前，我国对广大农民的社会养老保险投资主要集中在社会救助和扶持等方面，还没有足够财力来资助诸如农村社会保险等。农村需要政府财政对其发展给予一定的财政扶持，并通过政策、法律等手段为农村的发展营造有利的社会保障条件；同时，还应当规定农户必须按规定的比例支付相应的保险金额，并支付相应的保险责任，社保的支付标准要结合居民的支付能力和支付数额，避免出现超支现象；还要倡导和激励广大人民群众弘扬互帮互助的思想。在我国农村经济发展到一定程度，国家财力得到提高后，仍然要加大对乡村社会安全的管理力度，但要适度[26]。

（三）社会保障与家庭保障相统一的原则

当前和未来，我国农村地区的“家庭保障”依然是主要的社会保障形式。然而，长期而言，由于人口、产业、家庭、劳动等结构的变动以及人口的增加，家庭的安全作用将逐步减弱。但是，社会安全制度的起点在于弥补了在当代世界中的家庭安全的缺失，但并没有取代它。由于其在社会安全中所具有的特定作用，其作用是其他社会化方式所不能替代的。吉林省目前的经济发展状况相对滞后，建立农村社会保险制度，需要把社保与家庭保险有机地联系起来，以更好地解决目前存在的各类社会及经济问题。

（四）服务保障与物资保障相结合的原则

只有当服务保障与物资保障的职能相互结合时，社会保险的物资和服务体系才能充分地实现其综合效益。在我国的市场经济条件下，一般以现金或物资救助为主，特别是物资的安全，更是受到了人们的普遍关注。然而，我们也不能忽略了后勤保障，只靠物资，没有配套的服务，就无法达到保障目标。特别是吉林省相对贫困的乡村，提供的后勤保障能够很好地解决这一问题。在建设服务保障工程和设备时，我们必须重视实际应用，把乡村村寨作为建设基础，使群众的日常活动更加便利，同时也能更好地满足群众的需要。

（五）自愿性与强制性相结合的原则

从实践上看，在弹性不大的社保体系中，我们应该采取主动、稳健、有限度的强制措施；在具有很大灵活性的社会保障体系中，尤其是在农村地区，由农民自己掏腰包的地方，必须充分考虑到他们的意愿，避免“一刀切”和强行执行。农村居民对“社会保障”的认识是一个由“家庭”为基础向“社会保障”转变的巨大跃进，要使农民接受“社会保障”，必然要有一个逐渐认识的过程，不能一蹴而就。目前，我国的社保基金多为农户个人的消费，政府和集体投资只占很小的一部分，所以农户能够自主支配自己的投资。农村养老保险体系是指在保证农民生活水平和保证农业正常发展的基础上，构建我国农村养老保险体系。农民是社会保障的主要内容，要使其适应形势，充分发挥积极性，提高认识，促进其稳定发展；反之，则是“欲速则不达”。

二、吉林省农村养老保障体系建设的对策与建议

吉林省是一个经济欠发达、人口比重偏大的省份，要构建一个协调、有效的农村社会养老保险制度，必须从政策、经济、文化、法律、人口等多方面入手，构建吉林省的养老保险制度。吉林省既要充分利用家庭养老的基本功能，又要分类推动社会养老保险的发展，尤其要在广大农民中大力推广农村养老保险。

（一）加强相关法律法规的落实

建立健全农村社会养老制度，是解决“三农”问题、建立社会主义和谐社会的关键措施。一项政策和制度要想真正落实，必须先确定它的合法身份。要确保我国的养老保险制度的持续发展，我们就必须通过强化和完善相关的法律法规来确保其不断完善，使我国的养老保险制度得到有效落实，提高农民参与农村社会养老保障的信心。同时，我们还可以确保社保资金在收缴、支付、运营等各个方面都能达到法定的标准，并在一定程度上受到法律的制约，确保农村社会养老保障的规范性。

（二）农村社会养老保险的全面推行

从本质上讲，经济发展程度直接影响着我国的社会安全。吉林省是一个全面实行全民基本福利的社会保障体系，其发展的环境尚不完善。我国应该更加注重实践，积极推进农村社会保障制度的实施，但“五保”的现有体系不能松懈，要逐渐地向全国农民提供基本的生活保障。

（三）加大对农村社会养老保障的财政扶持力度

温克勒，一位知名的经济学家，对欧洲各国的“农民养老金”进行了简要的概括：“农村是一个相对贫困的阶级，他们无法充分地保证自己的生存。”统筹、国家补贴和为公营或商业项目提供减税是关键措施。由于农村吸纳了更多的政府资助（或按薪金支付），因此，任何社保部门都不能仅依赖缴纳的费用支付农民的退休金。恩格斯曾经说过：“有些社会基金，在资本主义的角度上，对农民来说，似乎是无意义的，但是，它却是一笔很好的投资，它可以节

约10%的用于社会改革的成本。所以，在这种情况下，我们可以宽宏大量地对待农夫。”

这些都表明，国家对农村退休金的补助势在必行。与国内其他省份类似，吉林省没有城镇居民的养老金问题，农村居民的基本生存所需的支出相对低廉，而且建立补助系统的成本会较小，因此不会给国家造成太大的经济负担。吉林省自新中国成立后，财政收入快速增加，因此具有一定的财力来支撑农村社会养老保险。

吉林省在完善农村社会养老保险的政策体系和资金支持上，要加强对农民权利的保护，改变过去偏重城镇而忽视乡村的现状。也就是说，要合理地调节我国的财政开支，增大农村的投入比例和农村养老保险的比例，为农村的养老保险提供一定的保障，让农民感受到国家对他们的支持和关心，提高他们参加保险的积极性。吉林省要把“三农”问题摆在突出位置，把“城乡统筹”“以工业为农业、城市为农村”作为重点，把服务性的政府观念贯彻到农村。

（四）规范养老保障基金管理

农村社会养老保险资金是由政府投资和各种筹资渠道筹措起来的，它的经营与收益的最大化，将直接影响到我国农村社会养老保险制度的落实，事关广大农民的切身利益。

1. 建立基金分级运营机制和严格的监督监管机制

当前资金的运作和计算都是在县内进行的，受当地政府技术水平、人力资源等因素的制约，经营中存在着巨大的风险，一旦发生经营亏损，将导致无法挽回的损失。为此，我们必须适当地提升农村社会保险基金的管理水平，并将其与居民账户的养老金部分结合起来，由省（自治区、直辖市）、县两级运作，分开进行管理。目前，我国已经建立起一套由审计、监察、检察、财政、金融等相关单位共同监督的多层级资金监督体制，并建立健全基金管理人向同级人大或其常委会报告资金运营情况制度，确保资金安全。

2. 拓宽农村社会养老基金投资渠道

农村社会养老保险体系的建设需要有充足的资金支持。农村社会养老保险制度能否顺利建设，取决于筹集到的经费有多少。除农户自己缴纳的费用之外，还要拓宽筹资途径，以各种方式筹集社会保障基金，具体措施如下：一是中央和地方财政要合理地调节财政开支，增加社会保障基金的比重，增加对社会保障基金的投资。二是借鉴福利彩票和体育彩票的成功做法，大力推广社保彩票。三是实行社保制度。社保是一种额外的税收，它既能降低税收的费用，又能使富者多交、穷人少交，“抑富济贫”，对提高社会公正具有重要意义。

社会保险基金应该作为一种重要的筹资手段，同时也能极大地缓解我国的经济负担。四是对各行业的资源进行整合。目前，我国的社会治安工作存在着民政、劳动、卫生、计生、扶贫等部门的多管齐下、各司其职。

此外，在构建农村社会养老体系的同时，也要对广大农民进行有关的教育，使他们逐渐转变“养儿防老”的观念；通过逐渐接纳新的养老模式，使农民认识到其是未来的一个必然的发展方向，并最终在乡村逐步实现社会化养老。

（五）继续坚持传统的家庭养老

1. 维系农村家庭养老方式的客观依据

（1）农村生产力的发展状况决定了家庭养老仍是农村重要的养老方式。

当前吉林省的生产力还较为低下，仍然是以农业为主，大部分的农户仍然依靠着自己的土地，在实行家庭经营的情况下，由家庭组成的生产资料由家人共同拥有，并由家人共同分享劳动的结果和剩余的产物。养老也就变成了家人的义务。同时，实行家庭承包制也为家庭养老创造了一定的经济基础。以上种种因素都导致了我国农村人口步入老龄化社会后，依靠的仍然是以家庭为主体的社会保障。

（2）我国家庭养老文化源远流长。

“尊老、爱老、养老”是中华民族的一项优良传统。中国传统的儒学“孝悌”与“家文化”“辈分”等传统观念构成了深厚的尊老、爱老、养老的社会文化根基。几千年来，这些充满着浓厚的东方气息的养老文化已经在我们的社会中形成了强大的支持力量。中华人民的义务与自觉性，早已融入他们的性格之中。

（3）家庭养老具有精神和情感上的慰藉功能。

家庭被视为一个社会的基础单元，透过家庭的哺育，老年人可以感受到来自家人的关爱，享受快乐的晚年。因此，在精神和情感上，家庭护理具有无法替代的作用。家庭养老是中国的一种优秀传统，它既可以缓解国家的经济压力，又可以给老年人带来精神上的安慰，它的作用是不可替代的，必须不断地保持和完善。在目前的情况下，我国应该通过对传统的家庭养老模式进行重新改革，以满足当前的需求，增强其自身的能力，为传统的“家族养老”提供现实的社会支撑。

2. 优化农村家庭养老保障的思路

（1）加快农村经济发展。

当前吉林省的农业补贴政策正在逐步实施，农民受益良多，但是与城市居民相比，农民的收益增速依然很低，“非必需品”的购买能力受到限制，使家庭无力承担起老年人的养老责任。为此，我们必须在发展农村生产力、促进农村经济发展、增强农村经济基础、提高农民的收入、增强农民对社会养老保险的购买能力等方面进行研究。只有如此，在人口供养比例持续上升的前提下，实现国家建设、人民生活和老年人生活的统筹协调，政府和整个社会才能在老年人福利、基础设施上为其提供帮助。而乡村家庭也可以利用增加的经济收入来强化自身的养老功能，从而使年轻人有更多的时间去适应目前和将来的社会，减轻国家、社会和家庭沉重的经济压力。因此，现在的问题不在于怎样去分割已存在的“蛋糕”，而在于怎样去扩大“蛋糕”，即发展乡村经济。因此，我国必须从以下三个层面来推进乡村振兴：

第一，要制定有利于乡村发展的方针，就要对农村工业进行产业结构的重新定位，改变原有的二元结构和传统的小农户模式，使农村的经济发展多样化，促进农村的工业化；要加强对我国农用地征收体制的改革，健全征地手续、征地补偿机制，切实维护农用地的利益；要对户口体制进行改造，改变原有的二元社会格局；要消除农村劳动力和非农村劳动力的界限，消除农村劳动力的歧视，使其享有和城镇居民一样的自由选择和自由经营的权利，使他们有同等的工作条件和工作环境，为提高他们的经济增长提供有利的环境。

第二，要加强农民的劳动能力。在广大农村实行九年义务教育，使农民素质全面提升（包括文化素质、技能素质、政治素质等），并在有能力的地方大力推行和发展职业技术教育，使农民在农牧业生产中的技术含量不断提升，坚持科教兴农，真正提高农业劳动生产率，从而实现发展农村经济、增加农民收入的目标。

第三，要积极发展农村经济。乡村经济在提供良好的生产工作、推动可持续发展和经济发展等领域有着很大的潜在作用。它在许多发展中国家的就业和产出中占有很大份额，但普遍的特点是劳动者的体面工作条件存在严重赤字和贫困，容纳了世界上近80%的穷人。发展乡村社会是吉林省发展农村社会养老服务体系的根本。吉林省的农村社会发展取决于农村的发展，而农业的发展依赖于农业生产方式的转变和集体经济的发展。改变当前的分散型管理为集中式，可以减少农业生产的费用，增加农户对土地的收益。发展集体经济，也为农民创造了一个广阔的工作天地，让他们不必离开自己的家园，除了土地之外，还可以得到其他的收入，为自己的养老和供养打下了坚实的经济基础。

（2）构建家庭养老利益诱导和激励机制。

退休不仅是一种经济问题，更是一种社会性问题。对为社会发展做出了巨大努力的老年人，社会应担负起赡养义务。但是，我国农村地区的社会养老制度仍然不完善，老年人的子女仍然在很大程度上要担负起养老的全部义务。因此，我们应该构建起一套鼓励家庭养老的制度。对表现突出、和谐相处、关爱老年人的家庭，给予补贴与帮助，对供养老年人的低收入户给予相应的补贴。这样做既能减少国家和整个社会的重压，又能弘扬中华民族尊老、爱老、养老的优良传统，维护人际关系，促进老年人的身心健康发展。

（3）加强家庭养老法治建设。

在社会主义市场经济的浪潮中，仅凭子女们的自觉意识难以支撑乡村家庭的赡养，如果没有体制上的刚性制约，家庭的赡养就会变得非常困难。所以，从道德层面到法律层面，家庭养老制度的法律化和规范化是刻不容缓的。

首先，要推广现行的有关保障老年人权益的法规，加强对农村居民的宣传和贯彻，使他们意识到，养老并不是他们自己的“家务事”，而是每个人都要遵守的法定职责。

其次，建立健全老年人维权服务体系，建立老年人投诉咨询热线，对侵害老年人权益以及歧视、虐待老年人等不良现象及不法行为，要依法查处；同时，要强化抚养的法律认识，将未履行抚养责任的子女聚集到一起学习法律法规。我国应加强法治建设，逐步实现家庭养老制度规范化、法制化，确保我国的家庭养老制度得到贯彻落实。

（4）加强家庭养老的传统道德教育。

随着市场经济的发展，社会的各种观念和意识发生了改变，传统的以道德为基础的家庭的养老方式也遭到了各方强烈的影响，亟待构建与之相适应的新型的“孝”“互尊互重”的亲情纽带。

第一，要强化传统的思想品德和家庭伦理的培养。中国古代“孝道”是不能因为现代社会的发展而丧失的，必须继承和发扬。同时，要转变一些与市场经济发展不相适应的陈腐理念，转变成顺应社会发展要求的新型的“新”养老理念，强化青年的思想道德建设，引导青年建立起“尊老爱老”的道德观。只有如此，家庭的和谐才能使家庭的养老得以持续。

第二，要加强全民对老年人的认识，树立老年人的“安居”观念，形成“尊老、敬老”的社会风气。在我国的发展过程中，在突出法治的基础上，我们也在推行以德治为主的战略。在我国广大的乡村地区，应该大力发扬“尊老爱幼”的优良传统，将“以德治国”的具体举措落实到位。因此，我们既要在广大乡村继续提倡孝敬老年人，又要在乡村建立各种尊老敬老的社会制度，组织各种形式的老年宣传，以促进老年人的健康成长。在此基础上，我们应加强对老龄化的认识，加强老年人对老年问题的预防。这样，在广大地区就能形成一个较好的养老文化环境，从而为乡村社会的发展起到一定的推动作用。

第四节　吉林省供给模式创新及“三位一体”的居家养老服务模式

一、创新城乡养老服务高质量供给的吉林模式

（一）城市养老服务高质量供给的“三补”模式

“补机构”的高品质提供需要体制的支持。针对目前我国老年人养老服务行业面临的门槛高、限制多、竞争不公等问题，吉林省从大局、战略性的角度出发，以创新思路、创新方法大力推进从基础设施建设到强化管理、提高素质的专项行动。要做到“管”与“建”并重，齐头并进，把更多的力量投入促进“三农”工作中去。改变过去“重建设、轻运营”“重非营利、轻营利性”的政策方针，对省属养老服务补助模式进行优化，从“补砖头”到“补床头”转向“补人头”，在资金补助、税费减免等方面，使营利性和非营利养老机构、社会养老服务机构、社会团体和公司享有同等的优惠政策。要加强服务观念，促进政策衔接、落地落实，加强政策的针对性和落地的可持续性，切实解决关键难点问题，提高服务创新能力。

近年来，吉林省按照“在地养老”的思想，建立了以家庭为中心、以社区为基础、以专门服务为载体的社区服务网络，通过服务上门、邻里互助、日托等形式全方位满足居家老年人的助餐、助洁、助医、助浴等服务需求，并通过财政单列专项支出，对上述专项活动进行持续性补助。

在这一背景下，省内各市县根据地区人口老龄化情况和地区发展计划，制订了相应的养老保险计划，并获得了国家和地方政府的相应财政拨款。长春市大力推行居家养老服务试点，实施社区养老服务中心、养老服务公益创投、龙头组织发展项目，使居家养老服务覆盖范围逐步扩大[27]。

“特别津贴”是吉林省针对贫困、残疾、高龄老年人等特别人群的特别照顾。一是对高龄老年人的补助；二是要设立养老服务中心补助体系。吉林省针对“三无”农村低收入群体、困难群体、特殊困难群体，根据他们的生活水平，每人每年给予一定金额补助。

（二）“一建一探索”提高农村养老服务供给质量

建立乡村老人中心。吉林省通过对我国农村老年人的养老服务和社会保障的现状进行分析，认为应尽快建立和完善农村养老机构。吉林省已制定了“有场所、有设施、有内容、有服务团队、有管理体系、有经费支持”的“六有”标准，加强对农村留守老年人、独居老年人和失能老年人的养老服务供给，并与美丽乡村建设、农村人居环境构建有效衔接。

在全省的福利彩票中，均有对农村养老院进行投资，自 2018 年起实施了对养老院经营的补贴政策。根据庭院面积的不同，房屋的补助金从 10 万元到 30 万元不等，庭院的运营补助每年为 1 万元。在这些项目中，延边州作为一个示范区，对 52 个偏远乡村进行了积极的扶持，强化了农村的服务和公共基础建设。

探索农村抱团养老、互助养老等新的养老方式。农村的主要问题是老年人的社会保障问题，而老年人的社会保障问题又主要是老年人的健康问题。吉林省在大力推进乡村养老机构的基础上，充分发挥乡村闲置的资源，开展了“抱团养老”的乡村社区活动。为了促进“抱团养老”的良性发展，吉林省将农村社区的老年人安置制度推广至全部农村社区。

吉林省在“十三五”时期大力支持乡村实行“离乡不离心”的互助型养老方式，使其更好地实现了村社组织的职能。长春市开展了乡村社会志愿者工作，为 146 个贫困村的单独、失能、高龄特困、高龄“空巢”四种特殊和困难老年人开展了“两访、三查、四助”的居家养老服务，目前该项目成功地解决了留守老年人的日常照顾问题，减少了孤寡老年人的危险，为不能外出务工的农民打开了新的收入通道，创造了“长春模式”。松原市组建了以农村妇女和低龄老年人为主要群体的义工，并与地方老年人组织合作，通过政府采购和志愿者等形式，对有需要的老年人进行家庭护理。

二、完善“三位一体”的居家养老服务模式的对策

（一）壮大高水平服务人员队伍

1. 积极招募志愿者及非营利组织

在社区中，要积极地与义工、非营利性机构建立起良好的关系。政府、社区和企业要动员所有的社会关系，从大学里挑选出社会学专业和参与过社会工作的大学生，作为社区义工，不要随便让那些技术不过关的实习医生去社区实习，以免降低社区的护理质量。三者积极与一些社会公益团体如长春市心语义工协会、长春市义工协会等进行联络，为老年人提供养老服务。三者可以与其

他非营利机构或个体合作，为老年人提供更多的非营利性的公共服务，如免费为老年人看病，免费为歌舞团表演。另外，还要发展自己的义工团队，建立起一种相互照顾的机制，让较为年轻且身体健康的老年人为年长、身体虚弱、行动不便的老年人提供服务，这样既节约了服务费用，也为那些喜欢充实生活的老年人创造了一个可以贡献自己力量的工作空间。

2. 培养高素质专业服务人员

打造高质量的服务队伍是提升社区服务品牌的首要步骤，只有具备良好的技术水平，方能赢得广大群众的认同。对护理人员的职业能力进行深入的训练是打造高质量服务队伍的必备条件，有关方面要指定一位具备相应资格的教师对服务人员进行培训和考试，并根据考试的结果发放合格证明，使服务人员持证上岗。对雇员的职业能力评价采取分级制，职位越高，得到的好处就会越多，从而提高他们的工作积极性。此外，社区护理服务站还可以安排护理人员到不同的服务机构轮流值班，帮助护理人员对有特殊照顾或无法自我照顾的老年人进行日托。招聘的员工和组织都要经过严格的审查，尤其是涉及老年人的健康、饮食、卫生等方面的工作，更要具备相应的卫生许可证、经营许可证、健康证等。此外，对服务质量、服务态度也要进行监控，并及时发现服务环节的缺陷，对老年人的意见予以关注和考虑。社区老年公寓必须持续提高自身的服务水平，方能推动其迈向更高水平。

（二）改善具体服务内容与机制

1. 丰富服务内容及活动项目

社区的服务和活动内容的多样性对社区老年人的生活品质有很大的影响。通过对老年人进行问卷调研，我们认为目前的服务不能为老年人提供全面的照顾，应该增加一些精神方面的服务，如对老年人进行定期的心理健康检查，平时多向老年人问候，对心情不好的老年人及时进行心理疏导。加大卫生服务力度，努力实现“医养一体化”。在服务站设立专职护理人员、医师，以协助老年人在“一病不起”的情况下能在当地就医。另外，在社区老年中心还应当进行各种形式的健康护理，包括刮痧、按摩、拔筋、火疗等，并在老年人恢复过程中安排专门的健康护理人员，为老年人提供上门服务或康复治疗。同时，社区居家老年人服务站还需要为老年人提供体育锻炼的条件，尤其是在室外。例如，社区居家老年人服务站应该积极组织春游、与邻近社区开展友谊竞赛、团体举办艺术演出等活动，让老年人有机会亲身参加，拓展他们的交际圈子，防止他们退休之后因“无所事事”而感到失望。老人们不仅能“走出去”，也能体验到一些新奇的东西，还能通过“引进来”的形式找到有兴趣为老年人表演的托儿所、小学，让他们在生活中感到生机，快乐地迎接晚年生活。

2. 及时更换实用性低的服务

在社区居家养老服务站发展和规划某些服务计划的时候，固然有好的想法，但是对于预先设定好但无法实施的服务，要及时跟进，不能让公司的服务系统变成一个空壳，要做到诚信，把公司所说的服务内容贯彻到实际的服务中，在医疗对接、外出陪伴、代购物品等小事上，及时给他们提供方便。同时，社区居家养老服务站也应该进行全方位的实地调研，并根据老年人的特殊需求制定相应的服务方案，充分听取老年人和全社会的建议，为其提供个性化的服务。对反应差、使用率的维修，如坐便打胶、换球阀闸阀等，要进行及时调换和改正，把维修项目替换成老年人切实反映的服务需求。在实现供求均衡的前提下，可以有效地为老年人提供优质的养老服务。

（三）完善居家养老设施建设

1. 改善养老设施现状

社区养老服务设施的完善要做到量化和细化，对已经存在的设备、场地、器材等问题进行及时整改。对于损坏或老化的设备，社区居家养老服务站应进行更新和维护，确保老年人在使用过程中不会受到伤害。对存在危险的物件要进行隔离维修，确保老年人的生命安全。社区居家养老服务站应该购买更多的器材、设施，如乒乓球、羽毛球、棋牌等老年人所需用品，并推广共用的理念，让更多老年人在社区居家养老服务站获取服务。社区居家养老服务站需要主动听取居民的需要，学习其他小区的成功做法，对自身工作中存在的问题进行反思，并在其他小区推广有益的做法。在社区服务中心大厦设置升降机，以便于那些因身体不便、体质虚弱的老年人使用。改善社区的养老设施并不是一蹴而就的事情，我们必须要把所有的细节都处理好，这样的话，小区的养老服务就会发生质的变化。因此，完善的社区养老设施是提高居家养老服务品质的重要发力点。

2. 合理利用社区资源

鉴于小区建设的时间有限，社区居家养老服务站需要讨论一些切实可行的方法，尽可能地扩大老年人的居住空间，并制定相应的使用细则。平时小区也应该对老年人开放图书工作室。针对羽毛球、乒乓球、老年餐厅、棋牌室等夜间开放的问题，讨论出一条既方便居民进出小区，也可以保证老年人的补助可以按时得到消费的措施，如将小区内的安全大门和一楼的便民室分开，方便老年人进出。此外，因各单位所设地点不够科学，造成了社区的资源短缺和浪费问题，也应该经过各方共同商议，将占用面积太大、利用率低的住宅进行改造，或将其与较大的面积进行适当的调换。另外，在社区养老机构中，要尽可能地压缩闲置的办公场所，并对所使用的区域进行适当的安排，充分发挥场地在养老服务中的作用。

（四）重视宣传推广与利用情况

1. 加大宣传力度并丰富宣传形式

社区、企业、政府要齐心协力推动社区养老的发展，不能只在社区进行宣传，要加大宣传力度和范围，让具有专业养老服务知识的人员到每个社区和家庭进行宣传。政府要加大公益公告、公益演讲等方面的宣传力度，引起全社会的关注。企业与社区也应该协助政府工作，在每一个住宅楼的宣传栏上贴出有关老年养老服务的宣传画，以吸引更多人的注意。此外，政府、企业、社区还可以动员已经参加过社区服务的老年人进行宣传，通过口头传播，获得老年人的认同并提升其满意度，让更多的老年人加入社区养老服务机构中来。尽管我们也在网站上进行积极宣传，但是大多数老年人并不会使用网络，所以很难取得效果。因此，养老机构应该委派员工辅助老年人使用手机，并耐心地教导他们如何使用，让他们利用网络了解最近的动态，以及通过媒体定期提供宝贵的资讯，养成老年人对互联网的关心和投入的习惯，使之在网上推广起到事半功倍的效果。

2. 耐心讲解收费项目及标准

尽管社区居家养老服务站可以通过降低费用的方式满足老年人的节俭消费需求，但是如果盲目地降低费用，那么就会造成投资和回报不成比例，投资无法回流、成本无法回收，这种不能赚钱的项目继续下去不仅是白搭，还会影响到机构的发展。在老年人的心理层面上，我们应该站在老年人的角度，详细地解释这些费用的原因，并列出详细的费用标准，让老年人感到服务收费是非常值得的。而且，因为老年人不愿意花钱，怕被骗，怕浪费，所以他们更愿意听家人和子女的意见。因此，社区居家养老服务站可以给老年人和子女讲道理，让他们愿意为服务付费，这样老年人就会更容易接受。只有在老年人和家庭成员的旧有思想和习惯发生变化后，他们才会真心地为他们所享受的服务而花钱，从而使社区居家养老服务健康开展下去。

3. 提高老年人认可度与参与度

我国大多数老年人养成了“家庭养老”的传统习惯，老年人的晚年生活全部由子女负责，因为子女没有空闲而不得不住进养老院的老年人可能会觉得自己的子女不称职。持有这种传统观念的老年人，他们无法完全地接纳新的居家护理理念，不能适应和相信他人的关怀，所以良好的工作品质和服务能改变他们的旧观念，让他们慢慢地接纳新事物。老年人对新知识的接收能力比较弱，因此必须对其进行细致的讲解，讲解各种服务的使用和操作程序，并主动宣传“免费经验”，让其了解到社会和公司为其提供的各种服务。养老服务机构应大力倡导和推广有利于老年人身心健康但又不能充分发挥作用的各项服务，使老年人充分认识到养老机构所能带来的益处。对于行动不便的老年人，还可以上门慰问、探望，多与他们聊一些关于外界的消息，并尽力让他们出去透透气。在老年人不常参加社会生活的情况下，应多理解、开导、关怀，并通过锻炼身体、唱歌、做游戏、跳舞等方式来调动老年人的积极性。在每次活动后，老年人都会获得一些小礼品作为奖励，以此来激发老年人参与的积极性，让他们获得成就感，这样他们才更乐于参与到社区的养老生活中去。

（五）促进三者合作模式的发展

1. 提高各方责任意识

目前，我国社区居家养老服务站工作人员的服务和职责观念日趋薄弱，一方面是由于企业与社区之间的关系不明确，另一方面也是政府与社区在居家养老服务工作中定位不清的现实。社区养老中心的建设要引起社会各界的高度关注，而社会工作者要清楚地意识到，家庭养老是其中的一项重要工作，不能因公司的介入而影响到自己的工作。在社区养老院中，要提高工作人员对老年人的教育，并要经常与有技术的老年人进行交流。另外，还要加强职工的职业操守、团队精神和社会责任感。建立管理和考评制度，采取上级监管和职工相互监督的方式，将所有的工作和职责都落实到个人的身上，对于负责的、表现好的职工，都会得到优秀员工的称号和相应的奖金，以此来激励他们在居家养老服务工作上的积极性。

2. 加强三者的沟通与合作

政府、社区、企业要多交流、多为社区提供有益的服务。在各种形式的活动中，三方均有义务奉献精力、贡献人力，并参与筹办、主办，其中所涉财政开支，则要根据各自的具体状况，尽可能地分摊。另外，要安排督导组到各辖区开展定期的交流会，互相学习，互相总结，检讨自己的不足。在执行上级的指令时，双方都要互相督促，并主动地接受新的知识和技巧。在遇到紧急情况和难题时，要敢于共同承担和直面，不要互相推卸责任。最关键的一点是，大家要共同努力，遵守职业操守，严格要求自己，加强合作与交流，共同为老年人提供优质的服务。

3. 激发创新精神

不改变就是死亡。不能灵活应变，不能革新，很可能会被新鲜的东西取代。在信息时代，新老交替随处可见，政府、社区和企业都需要有创意，而创意正需要三方共同努力，才能让社区和企业不断前进。激励员工的创业精神不仅要靠喊口号，更要把它付诸实践，要持续引进富有创意的人才，发展出更多的、更有意义的新业务。从家庭养老的实物化到数字化，都证明了这种创新的精神能够给家庭带来极大的变革。比如，由公司自行研发的网络，让老年人可以在家中自行挑选需要的各项业务，极大地方便了行动不便和无法外出的老年人。从这一点可以看出，创意能够持续地充实与便利老年人的日常活动，是政府与社区企业不可忽略的一项重要内容。政府应该号召全社会积极参与到家庭养老事业中来，而社区和公司也要积极寻求变化和创新，创新的激励对“三位一体”的居家养老服务的升级具有深远的意义。

第八章 养老服务业的未来发展与创新

第一节 养老服务的智能化及实现

一、智能化

智能化是以现代化通信技术为支撑，通过对传统的居住模式进行改造，从而实现对人类各种需要的主动适应。本节从四个角度对智能技术在老年人生活中的应用进行了简单的阐述。

（一）养老对智能化的要求

“智能养老”是一个综合性的老年服务系统，它包括网络通信、安全防护、居住等。本书从物联网、大数据、云计算、智能控制等方面对智能养老技术的理论和操作流程进行简单阐述。

1. 物联网技术

物联网通过互联网与其他设备和系统连接并交换数据。这些设备从普通的家用物品到复杂的工业工具。在过去的几年里，物联网已经成为21世纪最重要的技术之一。现在，我们可以通过嵌入式设备将日常物品——厨房电器、汽车、恒温器、婴儿监视器等连接到互联网，人、过程和事物之间的无缝通信成为可能。目前，物联网广泛应用于各个领域。

当传感器检测到即将发生的故障时，制造商可以通过使用生产线监控来主动维护设备，从而获得竞争优势。借助传感器警报，制造商可以快速检查设备的准确性，或者将其从生产中移除，直到修复。这使公司能够降低运营成本，获得更好的正常运行时间，并改善资产绩效管理情况。

汽车行业将从物联网应用的使用中获得显著优势。除了将物联网应用于生产线的好处之外，传感器还可以检测已经上路的车辆中即将发生的设备故障，并可以向驾驶员提供详细信息和建议。由于基于物联网的应用程序收集的汇总信息，汽车制造商和供应商可以了解更多关于如何保持汽车运行和车主知情权的信息[28]。

运输和后勤系统受益于各种物联网应用。得益于物联网传感器数据，携带库存的汽车、卡车、轮船和火车车队可以根据天气条件、车辆可用性或驾驶员可用性进行重新路由。库存本身也可以配备用于跟踪和温度控制监控的传感器。食品和饮料、花卉和制药行业通常拥有对温度敏感的库存，这将大大受益于物联网监控应用，当温度上升或下降到威胁产品的水平时，这些应用会发出警报。

物联网应用允许零售公司管理库存、改善客户体验、优化供应链和降低运营成本。例如，装有重量传感器的智能货架可以收集基于射频识别的信息，并将数据发送到物联网平台，以自动监控库存，并在物品不足时触发警报。信标可以向客户推送有针对性的优惠和促销，以提供身临其境的体验。

物联网在公共部门和其他服务相关环境中的优势同样广泛。例如，政府所有的公用事业公司可以使用基于物联网的应用程序通知用户大规模停电，甚至水、电或下水道服务的较小中断。物联网应用程序可以收集与停电范围相关的数据，并部署资源来帮助公用事业公司更快地从停电中恢复。

物联网资产监控为医疗保健行业提供了多种好处。医生、护士和护理员通常需要知道轮椅等患者辅助设备的确切位置。当医院的轮椅配备了物联网传感器时，可以通过物联网资产监控应用程序对其进行跟踪，这样任何寻找轮椅的人都可以快速找到最近的可用轮椅。许多医院资产可以通过这种方式进行跟踪，以确保正确使用以及对每个部门的实物资产进行财务核算。

物联网是一种象和对象之间的互联网，它可以进行数据的交流和交换，从而达到对物品的感知、识别和控制以及利用互联网进行智能化的操作。它包括三个层面：感知层面、网络层面和应用层面。感觉层面负责收集和辨识实体的数据，并经由通信模组将物件与网络及应用层面相关联；网络层面则以资讯传送为主；而应用层面则包含应用架构与网络架构，用以支援网络系统之资讯、网络作业之完成与网络系统之运作。目前，物联网技术广泛应用于农业生产、工业检测、智能交通、环境保护等各个领域，其在老年护理中的应用则是对个体进行健康管理和远程医学监护，如远程手术、视频会诊等，实现对人体各种生理和健康状况的智能感知、追踪、诊断和管理。

2. 大数据和云计算

大数据在获取、存储、管理、分析等各领域都超越了常规数据库的规模和容量，能够对海量的各类数据进行快速的运算和流通。云计算利用网络、服务器、应用程序等多种计算方式，为客户提供方便、快捷的网络接入，而不需要花费太多的精力去处理和沟通。

大数据与云计算有着紧密的技术联系，大数据利用云计算的数据库技术、存储技术和虚拟化技术，能够快速地对大量的数据进行挖掘，并用很快的速度完成数据的归类和集成。目前，大数据的使用多是为了帮助企业对顾客的需要进行理解与解决，而利用大数据可以更好地了解顾客和顾客的喜好，比如利用音乐系统可以根据听众经常听的歌曲来判断其喜欢的曲风，从而给出相应的建议。在老年护理方面，可以利用大数据进行统计、预测、诊断；而云计算不仅可以为海量数据提供技术支持，还可以为用户带来更多的便捷服务，并使管理变得更加方便、快捷，如“门禁”服务。在老年服务方面，其应用范围包括老年人的个人资料和健康资料的分类和管理。

3. 智能控制技术

智能控制技术能够有效地实现特定目标、利用知识的方法和手段，以弥补传统方法无法解决的、难以控制的问题。在机器加工领域，智能控制技术应用最多的是将智能系统嵌入对象中，使得对象具有某种智能化，从而达到与顾客进行沟通的目的。在养老服务方面，该技术是智慧养老的重要组成部分，它对老年人的影响是最大的，它的运用也是科技在老年生活中的重要体现。

基于上述技术，根据不同的智能养老需求，我们可以建立起一套智能化的家居系统。

（二）智能养老服务系统

智能养老服务系统由四个部分组成：支持层、资源层、应用层和访问层。访问层为老年护理机构和社区中心、亲属和智能终端提供了平台；应用层包括有关老年人的分类信息、老年人的基本信息、老年人的健康状况、老年人在家外的护理，以及由个别单元管理的养老院的保安及可负担的服务资料；资源层提供应用层所需要的数据；支持层为整个系统提供技术支持。这个系统涵盖了老年人日常生活的方方面面，通过各种传感器将他们的日常生活与计算机网络联系起来，并监测老年人的健康状况和远距离移动的安全。在这个制度下，老人将不再局限于待在为数不多的养老服务机构，而是有更多的行动自由，他们生活的物质水平甚至精神品质都会大大提高。

智能家居系统包括六个子系统：住宅安全、远程监控、智能家电、场景模型、视频通信系统和智能影音记录系统，用户可以通过远程终端轻松控制整个系统。住宅安全系统主要由警报器及各种初级探测器组成，以确保使用者的生命财产安全。如果烟雾传感器检测到室内有烟雾，它会立即将信息传输到智能终端，并连接到远程控制和有线电话通信设备。远程监控系统通过不同的计算机监控摄像头运行，可供用户在线观看实时视频和观看历史视频。智能家电系统由智能遥控和控制终端对家电进行控制。视频通信系统主要用于查看访客信息、打开锁和呼叫管理人员。场景模式可以根据使用者的生活习惯，将指定区域的灯光、空调、音响系统等设计成多种场景，如外出模式、聊天模式等智能影音记录系统允许控制每个房间的音箱大小和音量，也可以在每个房间的电视上自由观看各种视频信号源，如家庭视频监视器图像。

智能家居系统不但可保障老年人生命财产安全，更可满足他们的养老需求，这是传统的养老院不能做到的。

智能化养老服务系统通过计算机技术、无线技术等，实现了对老年人的日常照顾和医疗保健；实现了对老年人的日常生活的实时监测，为老年人的养老问题提供技术支持；建立了一个可以让老年人与外部世界建立起良好联系的技术支撑。

除了智能家居系统和智能化养老服务系统外，智能技术也应用到各类智能老年人设备的开发中，还有可佩戴式的智能医学装置，将老年保健和医学技术有机地融合在一起，从而推动了医养融合。

（三）可穿戴设备

可穿戴设备是一种监测患者的生命体征的医学仪器，它可以通过仪器上的各种感应器采集到各种身体参数，如血糖、血压、心率、血液含氧量等，通过无线方式传送到中央处理单元，然后通过中央处理系统将这些信息传送到医学检测系统，并进行相应的诊断和处理。比如美国公司开发的一种持续监测血糖的设备，它包括一个可启用的持续监测探头、射频发射机和接收机，利用微小的金属线将探测器固定在病人的小腹上，持续工作三日，监测其体内的葡萄糖含量，并将采集到的数据以无线方式传输至受检者，接受检测器会对所收到的信息进行处理，并将其转化为血糖值，然后存储起来。

随着可穿戴技术越来越受欢迎，可穿戴医疗设备也广泛应用于医疗领域。可穿戴设备被用来从监控生命体征到秘密跟踪某人的行动和位置。大多数可穿戴设备都戴在手腕或腰部，便于携带和穿戴，不会被人看到。可穿戴医疗设备具体包括以下五种：

1. 电极贴片

电极贴片是可穿戴医疗设备，可监控患者的生命体征，并将数据传输到智能手机或智能手表等外部设备。然后，这款可穿戴设备将提供生物特征反馈，鼓励患者改善生活方式。

可佩戴电极贴片可监测心电图（ECG）、肌电图（EMG）和眼电图（EOG）。在监测 ECG 过程中，将电极贴在患者胸部 15 分钟，而在 EMG 状态下，建议对电极施加震动刺激下覆盖肌肉的皮肤。此外，可穿戴 EOG 设备的特点是在患者眼睛周围放置光学传感器，跟踪眼睛的运动。最终，可穿戴式电极贴片会产生可测量的结果，比如可穿戴式心率监测仪、可穿戴式血压监测仪或可穿戴式计步器。

2. 健身设备

可穿戴健身设备还可以进一步分为胸带监控器、智能腕带监控器和耳夹监控器。胸带监护仪佩戴在患者胸部，用于跟踪心率，而智能腕带监护仪（如苹果手表）具有屏幕显示功能，可查看时间、每日活动步数和通知。像 Movo Band 2 这样的可穿戴耳夹监视器通过蓝牙向智能手机或其他可穿戴设备传输生物特征数据。

3. 生命体征设备

生命体征设备是可穿戴设备，可以在较长时间内连续采集体温、血压和心率等生命体征数据。虽然这些可佩戴式监测设备不具备向接收器传输数据的能力，但医疗保健专业人员可以分析所收集的生物计量数据，以了解治疗效果；因此，可佩戴生命体征监护仪主要用于医院。可穿戴式监护仪由一个柔性温度计条、一个可穿戴式袖套上的可充气气囊或一个通过关注皮肤颜色变化测量患者血氧水平的脉搏血氧计传感器组成。

4. 药物递送系统

部分医院引入了药物输送可穿戴设备，以提高必须在不同时间服用多种药物的患者的用药依从性。医疗设备包含嵌入式泵，可按预定时间间隔通过皮肤释放一定剂量的特定药物。这类智能药物输送系统可对给药、配药和给药时间进行精确控制，同时跟踪患者服用的剂量。此外，可穿戴式药物输送系统确保接受维持治疗的患者定期服用正确剂量的药物，从而防止用药过量或用药不足。

5. 心率监测设备

可穿戴式心率监测器可持续跟踪患者的心率，预防心血管疾病。目前主要有四种类型的可穿戴式心率监测器：单导联心电图机、一次性心电图传感器、无线心电图机和专有可穿戴设备。单导联心电图机包含多个可佩戴的心电图传感器，这些传感器固定在患者的胸部和手臂上。该医疗设备将心电图波形记录在纸张或数字报告上，供医疗保健专业人员分析。一次性心电图传感器由两个放置在皮肤上的可佩戴电极组成，第三个电极连接到外部记录设备，如智能手机或平板电脑。该记录仪可通过蓝牙将数据无线传输给医疗保健专业人员和医生，以便在运动期间进行实时心率监测。无线心电图通过蜂窝网络将数据传输到智能手机、笔记本电脑或云存储系统，供医疗保健专业人员和家庭成员在几分钟内查看。

随着可穿戴技术的日益先进，可穿戴医疗设备将变得对用户更加友好，并且医疗设备中嵌入的传感器可以对许多疾病进行连续监控。此外，可穿戴生物传感器可用于在疾病成为患者的主要问题之前早期检测疾病的发作。可穿戴技术设备通过持续提供来自可穿戴传感器的生物特征数据，有可能彻底改变医疗设备的研究和诊断，这将使可穿戴医疗设备在极大地改善医疗保健方面发挥作用。

可穿戴技术应用于养老服务中，主要具有以下两个方面的作用：一方面，佩戴方便。大多数可穿戴医疗设备可佩戴在手腕上或夹在衣服上，因此可穿戴医疗设备不会限制老年人进行日常活动。此外，可穿戴传感器可以在任何地方和任何时间使用，为医生和医疗保健专业人员提供关于老年人的实时信息。另一方面，有助于防止疾病恶化。可穿戴传感器有望通过为老年人提供持续跟踪其健康状况的医疗警报，改善早期疾病症状。当可佩戴传感器检测到老年人的医疗数据发生变化（可能是由于疾病发作）时，医疗警报可以通知老年人。医疗警报使老年人能够主动采取行动，及时得到医疗护理。

（四）智慧医疗技术

将智能化技术引进到医疗保健领域，使其能够全方位地互通互联，可以极大地改善因距离而延误传统医学最佳救治时间的情况，节约病人的救治时间。智慧医疗技术还可以对人体的各种生理参数进行精细的检测，为全民建立一个完整的个体健康记录，并在全国范围内构筑一个全民的保健系统，为所有人的一生提供保健服务。

智慧医疗系统主要包括远程医疗系统、电子医疗档案子系统和远程医疗管理系统。远程医疗系统是以大中型医院为中心的远程医疗系统，通过医疗机构和教育机构的基层辐射，结合专业医疗需求，采用先进的视频通信技术，实现专业人员交流目标、远程医疗和医学研究，以及解决严重的治疗问题，从而提高医疗水平；此外，医疗资源不足的问题也可以得到缓解。电子健康档案是一种智能化的健康信息采集与反馈体系，它能够将健康体检、医疗服务、个人疾病、健康史等方面的基本信息进行整理与反馈，以便进行数据储存和处理。通过对个人的健康状态与发展趋势的实时追踪，可对个人的身体健康进行评价与引导，以便及时将个人的健康信息传输到医院的资料库，使其相互交流与分享。智慧医疗系统是一种集智能终端、健康管理平台、综合服务于一体的健康管理平台，将物联网与互联网结合起来，为广大民众的健康管理服务，实现对健康要求高的患者和老人的即时监测。

但是，随着智能化技术的应用范围越来越广，人们对新的养老模式和新的智能化的产品的开发将导致大量的资源的消耗。只有在认识到老年人需求和参与老年人健康管理的基础上，进行有目的的探讨，才能为老年人健康管理的发展带来更大的空间，既可以有效地缓解老年人的老龄化问题，又可以推动老年服务事业的健康发展。

二、养老服务智能化

“智能化”是通过物联网、大数据、云计算、智能控制等技术，把信息技术、智能控制技术和通信技术有机地组合在一起，为老年人提供舒适健康、安全便捷的人性化服务。通过智能化管理手段，可以提高管理水平，提高服务质量，利用智能化技术可以多方面、多层次地解决老年人更多的问题。

养老服务智能化就是利用智能技术来实现养老的全流程，通过信息技术的快速传输，实现养老的各种功能和资源的互通，从而使居家养老、社区养老和机构养老提供的服务能够更加安全便捷和高质。以物联网、互联网为基础，结合计算机技术、通信技术、信息技术、智能监控技术，为老年人营造一种安全、舒适的晚年生活。养老服务业的智能化以科技为依托，是实现“以人为本”的新型养老模式。

（一）养老服务智能化的优势

1. 提高服务质量

在三种不同的养老模式中，社区和机构型的老年护理都要求在一定程度上增加老年人的病床数，而老年人的病床数和空置率则是衡量养老服务业服务者的综合素质和服务质量的一个关键因素。

利用智能技术的综合平台，可以将互联网、物联网、医疗保健、护理康复、物业管理、建筑设计等多种资源进行整合。在服务的内容上，养老服务智能化可以满足老年人在健康的调控、医疗的护理、心理的抚慰等方面的需求，极大地解决了护理人员的短缺问题。所以，多平台、多领域的社会力量是保障老年人健康成长的关键所在，而一个优秀的社区平台也将促进智慧养老服务事业的发展。

智能化的老年护理在传统的养老服务上实现了技术上的转型：在登记的过程中，利用智能化的管理手段，将以前的每月结算改为以天为单位，便于老年人选择在月初或月中登记，减少了病床资源的浪费。当老年人入住后，智能化管理可以为其提供住宿、预约医疗服务，以及对老年人身体状况的自动记录、追踪监测、影像系统进行协助。同时，该智能控制软件能够实现对各种数据的快速统计和分析，大大地提升了工作速度，节约了大量的人力和物力。智能化将科技运用到了极致，通过智能家庭与智慧的养老体系，降低了对养老机构的人手的要求，既节省了成本，又提升了服务品质。

2. 改善老年生活

养老服务智能化以老年人的需求为中心，结合老年人的现实需要，采用先进的设施设备，高效的管理，最大限度地解决老年人的养老需求。老年人的身体功能会随着年龄的增加而衰退，对外界的适应性也会下降。随着年龄的增长，老年人的感知能力下降，神经系统功能退化，肌肉和骨骼的修复能力下降，以及对周围的环境的适应性下降。因为老年人的上述特征，他们需要更好的生活条件。智能化养老设施也意识到了这个特点，在老年人住宅的规划中，增加了声音、光线和热度的设置，并增加了一些“无障碍”因素。改善老年人生活条件，不仅能满足健康老年人的健康需求，还能促进半失能老年人的健康恢复，失能老年人也可以得到更好的生活照料。

从老年人的各种需求来说，传统的养老服务模式仅仅是满足了老年人的基础物质需求，而忽略了他们在心理和精神上的需求。老年人在社交角色转换、适应能力降低、机体组织功能的衰老过程中，容易出现强烈的寂寞感和自卑感。智能化养老服务可以有效地弥补目前社区养老模式存在的不足，为老年人解决很多生活中的问题，缓解他们的精神压力。

3. 营造优质生态

智能科技装备具有提升服务效能、提升服务品质等作用。然而，目前国内的养老机构存在着很大的差异，许多机构的设备落后，使用效率低下，无法为老年人提供更好的服务。除了在北上广等发达地区有少数几家具有良好的专业素质之外，国内养老机构总体水平属于比较低端的。而通过推进互联网、物联网等技术手段的运用，实现了养老服务的信息化，从而促进了我国的养老服务技术的发展。从其适用领域来看，智慧养老可以融入多种养老方式：居家养老可以实现智能化的升级，老年人可以直接在家享受到智能养老服务的便利舒适；社区养老的智能化需求越来越高，越来越成熟，必须把智慧养老体系向每个家庭、每个老年人延伸；在养老机构中，人们可以得到高度智能化的、高度专业化的老年护理。与常规的养老相比，智能化的养老模式具有更强的产业化和专业化，是一种全新的养老模式。

养老服务的智能化，除了运用现代化科技提高养老服务的品质之外，更重要的是要创造绿色环保的养老生态系统。我国倡导的是“节能、减排、绿色”的可持续发展思想，在制定“智慧”的发展路径时，应当将“智慧”融入“老年”的设计之中，创造一个多样、开放、适宜居住的“健康居住空间”。

（二）家庭（老年人）对养老服务智能化的需求

老年人和他们的家人是智慧养老的直接受益者，他们对智慧养老具有物质和心理上的需求。在这一背景下，老年人的生活需求成为老年人生活中最紧迫、最重要的一部分。

在老年需求的种类方面，明确老年人的需求是提升养老服务水平、确定养老服务的智能发展趋势、制定养老服务标准的决策依据。为了准确地评价老年人的需求，我们需求考虑以下的特征：一是多元化。老年人的需求是多种多样的，所需要的资源并不完全一样，所采用的方法也各不相同，但是每个需求都必须被照顾，不然就会对个人造成伤害。二是整体性。老年人有多种需求，对老年人来说他们的需求是一个完整的群体，是互相作用的，一种需求被满足，另一种需求也会随之被满足。在养老需求得到满足时，老年人的精神安全状况会有所改善，情绪会变得愉快。三是特殊性。老年人的生活环境、经济条件、生活经验等因素对老年人的需求有很大的影响。每个老年人的需求各有特点，不能一概而论，只凭一项或多项标准来判断老年人的需求，就会出现偏差，乃至出现误差。四是多变性。通常，老年人在不同的阶段，需求会因生理、精神、周围的情况而改变，有时候会在很短的时间里改变，如疾病初期需要护理，但当他们的生理机能逐渐康复后，这些需求就会大大减少。从这些不同的角度来看，智慧养老在老年人需求的类型上和马斯洛的需求等级有相似之处，但却更强调了老年人的精神需求。

1. 生理需求

生理需求是人类最基础的生活需求，随着老年人生活水平的降低，他们对生活环境的要求也越来越高。根据生理需求的基本特点和界定，对生理需求的满足分为日常照顾和医疗照顾。老年人的身体健康对他们的生存品质有很大的影响。由于老年人体内的脏腑机能逐渐衰老，机体抵抗力降低，因而更容易患病，因此，在患病后，需要护理。而在人口平均水平不断提高的同时，80 周岁及以上老年人的数量也显著增加。随着老年人身体功能的衰退，他们越来越不能照顾自己，需要更多的照顾。对生命护理需求的满足可划分为普通护理与重度护理。对危重患者的生命护理需求除了需要常规护理外，还需要提供针对性的护理。

另外，老年人的疾病会随着年龄的增长而增多，疾病也会逐渐恶化，并且会一直面对着严峻的卫生健康问题，如有更多的慢性疾病和其他疾病会反复发作。目前，老年人的整体健康状况普遍较差，无法自理的老年人、慢性病患者、老年残障人口数量众多，不但在数量上造成了极大的负担，而且对急诊、常见疾病的诊治与保健提出了更高的需求。养老与保健是老年人最基本的需要，应该给予充分的关注和发展。智慧化的养老应该以满足老年人的身体需要为主要目的，而智能的老年试验中心则应该针对这一需要，对养老事业进行技术支援和开发，以减少人口老龄化所带来的压力。国外的研究表明，远程医学是一种非常好的治疗方法，既可以减少患者的就诊时间，又可以满足患者的需求，而且老年人的满意度也很高。护理、康复等人性化的养老服务要按需要适度扩展，以更好地服务和方便老年人。

2. 安全需求

由于身体功能的衰退，老年人对自身的防护能力不足，对自身的安全要求也越来越高。老年人安全需要包括：人身安全、健康安全、居所安全、家庭安全和资产安全。这些危害的首要因素是老年人的身体机能衰退，危及他们的人身健康。此外，老年人心理素质下降，对其资产构成了一定的危险。一方面，老年人的感觉和肌肉功能会衰退，他们的反应速度会变得迟缓，灵活性会降低，协调性也会变得更差，当他们遭遇突发事件时，会出现自身不安全的感觉。老年人最有可能因事故而摔倒。根据流行病学资料，在美国，每年有35%以上的老年人摔倒一次，在老年人的死亡率中排名第六。同时，人体功能的衰退，会导致老年人在心血管系统、神经系统、感官系统、骨关节等多方面发生病症。在老年人的生活中，一旦发生疾病，就会危及他们的生命，特别是那些没有被24小时照顾的老年人，他们很容易由于失去了治疗时机而面临更大的危险。另一方面，在传统的养老模式下，要满足老年人的生存需求，必须要有数量庞大的服务人员，而在人口老龄化日益加剧的今天，以目前的社会老龄化状况，传统的养老模式已经不可能满足这一需求，而像防摔、24小时监测、报警器等智能化的养老产品，能为老年人提供最好的保护。

财产的安全性也是一个不容忽视的问题，必须引起足够的关注。老年人在日常的衣食住行中，包括医疗保健和其他的服务，都有一定的财政需要，而他们的财政实力也会对他们的生存品质产生一定的影响。但是一些罪犯却把目标锁定在了老年人身上，他们通过利用老年人对新技术的不了解和辨别能力降低来骗他们的钱。特别是随着养老产品的普及，养老市场上出现的虚假广告和管理问题，使老年人的资产受到了严重的侵害。

3. 精神需求

根据学者们总结的老年人精神需求，除了社会需求、尊重需求和自我实现需求外，还包括文化娱乐需求、教育需求、人际需求和政治需求。精神需求满足是衡量老年人生活质量的重要内容，它影响着老年人的身心健康和生活满意度。

（1）人是社会性的，尤其是老年人。退休后，老年人的地位发生了很大的变化，这也给老年人带来了很大的心理冲击。离职意味着老年人的大部分社会交往突然中断，他们会将社会需求的缺失转移到家庭和友谊上，迫切需要亲属、朋友和社会的照顾和帮助。然而，老年人通常很难适应新的社会地位和改变自己的角色，这使得他们迫切需要社会认可，加深了老年群体对尊重和自我实现的需求。尊重的需求包括自尊和尊重他人。老年人在上半辈子创造了财富，用毕生精力为社会和国家发展做出了贡献，这一点必须得到尊重。尊重会让老年人不会因为年老和虚弱而感到被社会抛弃，减少了老年人在社会角色转变过程中的不适，并使他们愿意为社会贡献剩余的力量。自我实现是人们在精神层面上最大的需求。老年人更可能通过做自己能做的事情来获得巨大的满足感和幸福感。

（2）由于老年人在退休后拥有较多的空闲时光，所以他们在文化娱乐、再教育、社交活动和政治活动中都会有较多的选择。另外，老年人常常要面对离异或丧偶，而没有配偶的陪伴会让老人感觉寂寞、抑郁，对他们的精神生活不利，所以他们也会有情绪上的需求。

对于老年人来说，子女们的心理安慰尤其重要。在中国，家庭关系十分紧密，老年人对孩子的关心程度也比较高，因此，老年人在心理安慰方面仍存在着无可取代的需求。我们针对老年人的孤独和抑郁状况进行了调查，发现在老年人中有抑郁的比例为 1/3，有 89.77%的老年人存在着孤独。此外，据有关人士预测，到 2030 年，国内的“空巢”型老年人数量将会超过 3 000 万，对心理安慰的需求非常大。除了拓展心理安慰的范围以外，智慧的养老服务也要致力于改善与子女的沟通技术体系，让父母与子女随时了解彼此的状况。

除了上述的需求之外，随着老龄化社会的不断发展，老年人也会有越来越多的智能装备需求。但是，目前，对老年人而言，智能技术还处于萌芽状态，而老人们还没有完全适应这种技术。复杂的作业环境对老年人的日常生活造成极大的困难，而智能的老年人照护系统也无法达到应有的功能。在开发智能化的老年护理用品时，要充分重视这种现实需求，尽可能地减少设备的使用过程，以达到最大限度地发挥作用。

家庭中非老年群体的其他成员对老年人护理的智能需求以替代性护理为主。从总体上看，在家庭和社会的养老模式中，其主要的财政资源是通过子女的财产回报而获得的。因此，家庭成员最需要的便是能够代替自己照顾家中老人的服务。

（三）社会对养老服务智能化的需求

相对于社区、机构和企业来说，家庭养老服务的智能化需求更多的是智慧科技的支撑和高效、快捷的服务。

1. 高效管理需求

养老机构、社区养老等模式是以人力资源为主导的，由于技术手段在经营中的应用受限，信息仅限于在一个很小的区域被利用，不便于进行有效的经营，工作的效果不佳。而大数据与云计算技术则能取代人工，对老年人的身体状况进行自动的纪录、分类和传输。通过实施智能化的管理，我们可以使社会、医院、家庭等社会各方面的力量得到有效的整合。

2. 成本控制需求

我国的养老服务业按照市场经济的方式运行，其盈利能力远远超过了社会福利。所以他们现在最需要的，就是尽可能地减少自己的费用，确保自己的利润。智能化养老服务的发展，应该从智慧产品的研制开始，通过进行长远的思考，以确保其可持久的利用，同时又不会造成资源的损耗，从而达到养老事业长远发展的目的。

（四）市场对养老服务智能化的需求

我国老年人对养老服务的需求长期供过于求，市场需求旺盛，而传统的老年护理人员数量少、管理手段落后、质量参差不齐、老年人满意度不高、效率低下等原因难以弥补。产出慢、投资高、效益低、经营困难等问题，对从事养老行业的公司来说是一个很大的难题。

1. 经济效益需求

市场总是在寻求最大的利益，养老服务市场也是一样的，市场需求能扩大市场份额，提高经济效益。

目前，我国的养老机构市场仍以家政服务和生活照料为主，也已出现了一些具有一定规模的养老机构、物业类的商品，但因其价格低廉而无法获得老人的喜爱，且在市场上的份额较小。因而，我国的传统养老服务存在着种类单一、发展缓慢、开发不足等特征。然而，随着智能化技术的发展，我国的老年服务业规模不断扩张，能够满足老年人需求的各类产品也出现了爆炸式的发展。智能的养老能够对传统的养老服务进行补足与促进发展，可以有效地降低人力资源，改善服务的效率与品质，以刺激老年人消费，促进养老服务市场发展。

2. 引导消费需求

我国老年人数量众多，他们拥有巨大的潜在消费额。但是，由于传统的老龄化社会发展滞后于老年人数量的不断增加，使得老年人拥有大量的财产却没有地方使用。智能化促进了养老服务业的快速发展，逐步增加了养老商品种类，通过指导老年人使用智慧养老产品，改善了老年人的居住环境，促进了老龄化的发展。

可以预料，智能养老服务将是未来的一种主要的社会养老模式，它有着巨大的发展潜力，并具备较大的竞争优势，更易于被相关公司接受，因此其市场的需求量也将越来越大。

（五）政府对养老服务智能化的需求

1. 精细管理需求

老年人是一个很大的群体，包括高龄老年人、失能老年人、半失能老年人、"空巢"型老年人等，他们都具有不同的特征和特定的需求，因此，老年人的健康状况必须受到严格的规范。智能化养老服务旨在对每位老年人的健康状况进行详尽的记录和跟踪，并针对每位老年人的特点设计出相应的护理计划。这将有助于国家对老年人进行全面的统计，从而达到对老年人进行细致管理和完善行政工作的目的。

2. 财政减压需求

政府是社会保障体系的重要组成部分，而如何有效地实现社会保障是国家最迫切的需求。由于传统的社会福利行业投资高，收入少，所以在市场上很少出现，很多公司都会退缩，并且大部分都要靠国家的财政补助。而在养老服务业中引入智能化技术，可以大幅降低人工费用，既可以让更多的老年人前来购买服务，也可以让公司投资于此，让市场得以运作，降低对财政补助的依赖性，减轻政府的财务负担。

智能的养老服务能够有效地改善老年人的居住条件、心理状况、满足感，促进社区的长期稳定发展。另外，智慧养老服务业是新兴行业，其崛起与发展对促进我国经济增长、缓解市场疲软等具有重要意义。

在技术革新的同时，信息化、智能化、技术化等技术将会在老年人生活中得到更多的运用，从而对我国的养老事业发展起到积极的推动作用，使我国的社会福利事业更上一层楼。在中国智慧退休专家委员会首次研讨会上，蒋正华表示，面对日益严重的人口老龄化状况，智慧化的措施可以解决这一困境，安定人心，维持社会的稳定和谐，应该把养老服务智能化作为养老服务的发展方向。

第二节　高端养老服务的发展

一、高端养老服务模式选择

高端养老服务的供给方式可以分为多种类型，各个类型之间的界限比较模糊，也有一些交叉点，但大体上可以分为三大类型：老年公寓、老年社区和照料中心。

老年公寓是一种针对老年人居住而建设、开发的一种公寓式住宅，主要是提供老年人的养老设施，其面积为1万~2万平方米。它的优点包括：一是拥有各种居家老年人所没有的养老服务，而且比普通的养老院更有家庭气氛；二是针对不同的老年人，其服务对象也会有所不同，如万科集团的养老公寓，其主要针对的是那些急需照顾的老年人（半自理人群）。而国外投资经营的老年公寓，则以全面照顾失能、失智的老年人为主。高级老年公寓有两个主要特点——无障碍和社区感。老年公寓的设计考虑到了老龄化的问题，以适应老年居民的典型需求。例如，一栋普通公寓楼可能没有或只有有限的楼梯、轮椅无障碍通道和浴室扶手。公寓的大小和设置各不相同。较小的公寓由工作室公寓组成，工作室公寓是一个大的开放房间，在一个空间内有卧室、客厅和厨房。浴室通常是唯一关着门的房间。有些公寓是套房式的，这意味着每个老年人都有自己的卧室，同时与其他居民共享一个共同的生活空间、厨房和浴室。一般来说，能住老年公寓的只有55周岁以上的老年人。因此，儿孙无法住在这些公寓里。这有助于保持老年社区没有噪音、大量活动和抚养孩子的压力。

老年社区是以老年人为主要服务对象的小区，是一大批老年公寓大楼的聚集处。老年社区的优势之一是其医疗中心、老年大学、购物中心、老年活动中心等配套设施齐全，面积从数万到数十万平方米不等。目前，我国的老年社区是指针对那些可以自给自足的老年人，可以向其提供从独立生活到协助生活和护理（专业护理区、阿尔茨海默病照顾）阶段的服务的持续性照料退休社区。积极的老年社区除了拥有适合老年人的设施和优良的居住条件之外，还可以为老年人提供帮助和社会服务，并且以休闲、度假为主。社区这一概念来源于美国，它分为多个具有不同职能的地区，可以为老人在不同身体阶段上进行持续的护理。比如，人寿保险公司成立的“泰康之家”，为老年人提供独立生活、协助生活、记忆与专业护理四大生活服务领域，提供全方位的生活照料和护理；其依据老年人入住前的专业评估，向老年人提供适当的入住选择建议；入住后，当老年人的健康状况发生变化时，可升级至对应的生活服务区[29]。

照料中心的规模通常仅为数百至数千平方米，大多数都位于高级住宅区或周围，因此它们的服务更加方便。例如，万科橡树汇日间照料中心在成都就嵌入在其旗下万科城市花园社区中，老年人在疗养院享有特殊的日间照顾，晚间则可以回家与亲人相聚，这样可以减少家庭照顾的压力，也可以让他们不用离开自己的住处就能得到照顾，这个中心的服务由三个部分组成：一是照料生活起居；二是护理日常生活；三是照顾老年人的社交。

二、产品与服务

（一）高端养老机构的特点

高端养老机构具有环境优越、设施设备完善的特点。高端养老机构的选址依据其自身的位置进行了仔细的考虑，其地理条件一定是与机构定位相符合的。我们通过观察可以发现，目前大部分的高端养老院都选择了市中心的热闹区域或者郊区的旅游景点。选择在市区的中心地带，大多数是希望高端养老机构与地产相融合，这是由于大城市的老人想要在高端养老机构内享有便利的休闲和商业资源，同时拥有更好的医疗资源。选择在郊区景点的，大多数是希望高端养老机构的环境可以与景点景观相融合，营造出一个美丽的生态系统，从而提高机构的品牌形象。

高端养老机构具有设施先进、装修精致的特点。一般的养老院与高端养老院最大的不同在于，这里的装修更加豪华、精致，为了避免老年人感到生活空间受到束缚，一些高端养老机构会特意进行舒适化的设计；另外住宅的设计会更加注重细节，在辅助装置、特殊设施、无障碍设计方面更加注意。在硬件条件上，高端养老院所配的设备从基本服务到娱乐、休闲等各个环节都要比一般的养老院更加先进。例如，将智能家居系统引入养老机构，提供无线定位、紧急呼叫、智能分析等监护系统，自动分析老人生命中的不正常现象，极大地保障了老年人的安全。再如，部分高端养老机构引入助浴机、康复机、高级保健床等高端医疗器械。高端养老服务机构也会提供更多的社交和休闲娱乐活动，如咖啡厅、影厅、恒温游泳池、图书馆、舞厅等，而在一般的养老院中，因场所和经费的制约，往往老年人不能享受到这样的生活和服务。

（二）高端养老机构服务质量更优

在养老机构中，其服务主要是对老年人进行生活照料、康复护理、休闲娱乐等，而高端养老机构则是在传统的养老设施的基础上进行了更新、升级，体现了专业化、人性化和高层次化。

在人性化的层面上，一方面是高端养老院会对老年人的各种需求进行周密的照顾，以提升老年人的满意度和舒适度。有些机构还会为老年人提供一些日常“秘书”事务，如代领报刊、书信、邮件、快递等，还有替老年人预约看病、配药等。另一方面，还有一些高端养老机构，会进行个性化的定制服务。从专业化角度来看，从事高端养老机构的公司往往拥有雄厚的资本，能够引入最尖端的养老设备、医疗器械等；在高层次化上，除了提供基础的服务之外，高端养老机构十分重视老年人的生理与心理方面的需求。例如，绿城投资的“武乡雅苑”就属于“学府”，类似于“寄宿制”的“老年大学”，既能为老年人提供基础的生活保障，又能让他们找到心灵上的归属感。也有的以旅游、休闲、健康为特色的“候鸟型”养老设施，在全国范围内建立起一个连锁企业，让老年人在冬季到南方过节，夏季在北京消夏，按照自己的需求，来满足自己的“候鸟”养老需求。

（三）价格收费

老年人可以选择租赁或购买使用权来获得高端养老机构所提供的各项医疗服务，使用权通常为20年，而租赁按照每家机构的性质而定，如10年、5年或更短。如果是以“使用权”的形式，老年人不仅要一次性支付一大笔费用，而且每个月还要支付一定的服务费和其他费用，如果是“租赁”的话，则需要支付服务费、租金等。目前，我国的高端养老机构的缴费模式有以下三种：

1. 会员制

老年人要想成为高端养老机构的一名会员，必须要一次性支付一笔钱（一般为数十万元甚至上百万元）。每个月的服务费和其他服务费（包括基本医疗、餐饮、公共设施等）要比市场价高。当会员想要离会时，老年人可以退回全部或部分会员费。

2. 复合型

高端养老机构的老年人有权决定是否成为会员。如果不是会员，老年人需要交纳少量的押金（从数万元到数十万元不等），以及每月的服务费，但如果是会员，每月的服务费就会有相应的优惠。退房时，高端养老机构须退回剩余会员费和保证金。

3. 普通式

老年人在进入高端养老机构时需要交纳部分的保证金（一般都是几万元），然后每个月交一笔钱，但是每月的租金比前面两种都要高，一般都是市场价的两倍以上。

三、我国高端养老服务业存在的问题

（一）现有盈利模式

我国的养老服务业与老龄企业相比，政府没有足够的资金和资源来提供高品质、多样化的养老需求。为此，高端养老机构应大力引进私营部门、非营利性组织等各类社会组织，通过专业化、市场化的方式，为老年人在获得政府保障之外，享受更高层次的服务。回顾世界上很多发达国家都存在着以市场化方式进行的养老，有些国家甚至已经发展到了一定程度。例如，由于美国的市场化程度比较高，其市场划分也比较广泛，经营方式也比较完善；尽管日本的市场化水平不如美国，且大多是以非营利性机构为主，但其在养老市场上的表现也相当不错，并已形成独特的收益方式。

目前，国内高端养老服务的销售方式主要有：出售型、不售只租型、售租混合型。出售型是指开发商以销售方式获得一次性收益，如绿城的“乌镇雅园”就采取了以 70 年的物业使用权方式进行物业销售，并通过基础健康管理服务、物业服务及各种配套设施运营服务（如老年大学）获得长期服务费。不售只租是指各医疗单位按月支付房租或病床费用。

在经营中，可以以“综合经营”的方式获取长远利益，一些机构通过会员制、高额押金、设施使用费等方式来解决经营成本问题。比如，“亲和源”采取会员制，通过出售会员证，并按服务年限收取相应的年费；上海凯健国际的国外护理老年人公寓，其经营方式相对单一，应用范围也比较广，就是通过床位费和月费来赚取租金。租赁和销售混合经营是一种以固定的比例将其剩余的部分租赁出去的方式，如万科随园嘉树的老年公寓，以 30 年的租金为基础，或是以 15 年的租金为基础，以提供稳定的资金来源。

（二）普遍存在盈利困境

虽然当前我国的养老服务行业发展迅速，但由于尚未形成一套较为完善的盈利机制，从而使当前高端养老服务市场普遍存在盈利难的现象：国内部分高档养老院的住宿率低，而且很难提高，目前的机构病床空置现象比较严重。不论是北京区域中的高端养老市场，还是相对“稀有”的其他一线大城市，一些机构的入住率都比较低下。根据北京市民政局的数据，北京市目前高端养老院的空置比例已经超过了 50%，而且越高端，就越会出现“住不满”“房多人少”的尴尬局面，整体呈现出亏本现象。

从全国相关报道及业内反应可以看出，目前国内高端养老服务企业存在利润困境，高端的价位能让绝大多数的老年人望而却步，但中高端养老机构的营利性问题则是目前国内高端养老服务业发展的诸多瓶颈，其中包括高投入运行费用、缺乏相应的政策支持、传统观念的束缚和认识误区，以及经营理念和经营方式的偏差。

四、从高端走向普惠——高端市场发展的“溢出效应”

（一）高端养老市场健康发展的意义

除了满足老年人高层次养老服务需求之外，高端养老服务市场也会产生“溢出效应”，带动中端养老服务市场的发展，从而能让市场化养老服务的惠及范围由一小部分高收入老年人到绝大部分老年人，成为另一种意义上的“普惠”。

目前我国养老服务业的发展主要集中在小范围的高端市场，而占据养老服务业绝大部分的中端养老服务市场还远未形成。这主要是因为社会资本对中端养老服务市场的盈利没把握，而导致这一现象的一个主要原因就是现有老年群体的整体收入水平不高，且对购买社会化养老服务的认识不足，还保留着传统的生活习惯，致使其对于养老服务实际需求不足。还有一个原因就是政府定位不清，造成养老服务产业和事业边界模糊，政府的越位导致中端养老服务市场的竞争环境不公平，从而使得社会资本介入较少。

尽管我国老年人口基数大，但高收入老年人毕竟是少数，中等收入老年消费者才是整个养老服务市场的主力。随着我国社会保障制度的逐步完善、老年人观念逐渐改变以及高端养老市场的饱和，社会资本会逐步向中端养老服务市场延伸，对中端养老服务市场的投入也将进一步扩大，市场竞争会更加激烈，这会促使企业不断挖掘大部分普通老年人的各种养老服务需求，养老服务业所覆盖的消费群体将拓宽。

高端养老服务市场良好发展的“溢出效应”主要体现在两个方面：一方面，高端养老服务机构的服务理念及体系本土化的经验养成后，也将运用于中端养老市场的开发，推动养老服务行业质量标准的建立。即经过高端养老机构在国内市场的实践探索，将引进的先进的服务体系、理念与中国老年市场结合形成了相应的更为完善的适合本土的机构养老服务体系，而这些高标准专业化的服务理念随着中端养老服务市场的开拓渗透进去，在竞争中能提高中端养老服务市场的服务质量与水平，推动养老服务行业质量标准的形成。另一方面，随着高端养老服务市场逐步成熟，所形成的成熟商业模式也将运用于中端市场，高端市场发展所推动的养老服务产业链的完善、专业的分工合作将降低新进入企业经营成本。再加上我国社会保障制度将逐步完善，在这种有盈利预期的情况下，会有更多社会资本进入中端养老服务市场，填补中端养老服务市场发展不足的空缺。

高端养老市场在解决高水平老年人的养老服务需求的同时，也会带来“溢出效应”，促进中等规模的老年市场的发展，使市场化的养老保险覆盖的对象从一小部分高收益人群转移到绝大多数的老年人，形成一种“普惠”现象。

目前，我国的老年人护理行业以小型、高端为主，而中等规模的老年护理服务企业尚未成型。究其根源，在于社会资金缺乏对中档养老服务的收益预测能力，而造成这种状况的主要原因是我国目前的老年人总体经济状况较差，以及缺乏对社区养老保险意识的了解，仍然保持着原有的生活方式，致使老年人对养老的现实需求较大。另外，我国政策的不明确，致使我国的养老服务业与事业界限不明确，也因为国家的过度干预，在中等规模的市场上形成了不平等的竞争，因而也就没有形成有效的社会资金参与。

高端养老出现“溢出效应”主要有两方面的原因：一方面，高端养老机构的服务观念和制度的本地积累将会被应用到中端养老市场，促进我国的养老服务质量标准的制定。也就是通过对中国高端养老服务市场的深入研究，将国外的先进服务体系和理念融入中国的老龄化社会，从而建立起更加符合中国国情的养老服务体系，而这种专业化、高标准的服务理念也会逐渐下沉到中端养老服务市场中去，以推动养老服务行业质量标准的制定。而在中端市场，由于高端养老服务市场的发展，已经形成的成熟的商业运作方式也将应用到中端市场，完善的产业链和专业分工可以减少新入企业的运营费用。此外，随着我国社保体系的不断健全，在这样的利润前景下，将有越来越多的社会资金涌入中端养老市场，以弥补养老产业的发展缺口。

（二）对政府政策建议

发展私营机构的养老服务不仅能解决目前的养老问题，还能从根本上解决我国的养老问题。健全的老年人社会保障制度应由政府、市场、社会力量和家庭等多方面来共同完成。对处于经济困境的老年人，国家实行“兜底”，由公立养老院或从社会上购买服务，为其提供无偿、低偿的养老保障。在为老年人提供的有偿养老的过程中，市场可以为其提供专业的服务，并能满足其多元化的需求，这就需要从立法、资金、政策等方面给予扶持，从而为市场和公司的发展创造有利的条件。特别是要健全养老保险体系，提高老年人对养老保险的购买能力，支持养老产业链发展，加强养老服务管理人员的培训，减少运营费用。

1. 完善社会保障制度

老年人的社保制度是否健全直接关系到我国的养老服务事业的发展，因此必须建立健全老年社保制度，只有通过不断提升老年群体的购买力，才能真正地转变我国老年群体的消费模式和消费习惯，以促进我国老年群体的健康发展。

（1）建立完善的社会保险体系。相关部门应该适当提高养老保险水平，逐步提高城乡居民和企业职工的退休金代偿率，推动城乡居民养老保险制度的建立，健全相关法律制度，提高企业和员工的社会责任等；通过加强企业和员工的参保意识，建立一个多层面的社会养老保险体系，以保证其经济利益。

（2）完善养老保障体系中的养老补偿机制。为了推动私营机构在养老服务领域的健康发展，必须继续健全基本医保体系，使老年人能够更好地享有基本的健康保障，具体措施包括：一是要逐步扩展老年人的基本医保体系，把部分具有较高普适性的老年保健纳入医保体系，以增强其对老年人的养老需求的保障和支撑；二是适度放开老年保健机构资格，加大对政府的监督力度，促进更多的营利性机构设立内部医疗机构；三是继续完善异地医疗服务系统，为民营机构开展“异地养老”等服务模式的实施工作奠定基础。

（3）要尽早在我国全面推行长期护理保险体系，通过健全相关的立法，对其资金来源、筹资水平、待遇标准和支付方式等进行法律规定，以保证该体系的顺利实施，并为残疾老年人及其家属提供养老服务资金，减少其负担。

2. 扶持养老产业链发展

目前，我国养老产业发展中存在着一个问题，即社会民间资本的投资水平较低，在此基础上，由于缺乏国家财政的扶持，大部分私营企业只能在原地踏步。我国的一些养老产业链所涉行业都是以“以人为本”的形式存在的，其发展离不开国家的政策扶持。

（1）政府要从长期角度发展养老产业链，建立相关的产业配套制度，支持和推动我国养老产业的健康发展。该方案必须确定养老产业的发展原则、指导思想和发展方向。

（2）政府要健全整个产业链的相关政策。从产业政策结构角度来分析，目前老龄产业政策过于聚焦于养老服务业，应加速完善老年文化休闲业、产品制造业、金融服务业的产业政策，从而为构建整个养老产业链创造良好的发展条件。在研究和开发养老产业链的产品方面，我们要加强对养老服务行业在技术研发上的建设，并制定相关的规范和政策，以保证企业在生产和加工过程中对产品的品质及服务进行严密的监控。

3. 推进养老人才队伍建设

在我国，养老专业技术人员的培养离不开国家的扶持和帮助。由于要转变目前的养老产业状况，我们必须让养老服务行业自身具备吸引力，吸引优质的专业人士，同时也要不断地提升服务水准，让其在市场上获得更多的认可和收益，并进一步提升行业的吸引力，形成良性循环。这个阶段，我们要借助外界的力量来完成。

除了加强对养老机构的人才培养，政府还要加强对机构的资金扶持。为了增强对人才的吸引力，我们可以采取财政补助或对其参与社保给予补助等方式，使养老服务行业人员获得较好的工资待遇。

我们应进一步完善职业院校的养老服务教育，提升其办学水平和师资力量。一方面要针对现实需求，在教学系统中增加老年护理、辅具配置、精神文化等方面的专门知识；另一方面，要把国外的先进思想融入我国的实践中，健全高职院校的培训制度，不断提高行业人员的专业素养。

我们应该加强宣传，转变人们的观念。目前，人们对护理工作的重视程度还很低，思想上仍然存在着一种“保姆”的意识。为此，我们应加大对老年人的积极宣传和舆论导向，营造一种相互尊敬、相互认可的氛围，并重视对老年人的人文关爱，减轻老年人的心理负担，增强他们的工作荣誉感和成就感。

（三）对企业的建议

1. 找准自身定位

近年来，养老服务行业作为一项“朝阳行业”逐渐兴起，很多公司纷纷进入了老年服务业，为老年人提供了一个全新的机会，各类项目也随之兴起。但是，这其中也有一些盲目跟风的人，人们的成功取决于自己的正确定位，一旦走偏了，就会偏离正确的发展道路。因此，各大公司必须结合自己的实际情况，找准自己的位置。

在进入养老服务行业前，企业应该事先做好市场调研工作，考虑自身的资金实力、资源融合能力、公司经营目的、运营能力等特点，寻找企业的接入点。在运作方式上，公司可以成为住宅开发商、服务运营商、医院等独立的职能提供方，并与其他公司建立起一套整体服务体系；也可以将住房供应和服务经营职能与医院进行商业或独立经营，或者作为独立的医疗机构；也可以由公司自己兼有物业和服务供应商，并成立相应的医疗机构。不管是哪一种商业方式，都要依据自己的能力做出恰当的抉择，小型的公司可以在某个方面集中精力，并在外部力量的帮助下实现自己的目的。比如，地产公司因为经营管理的限制，可以与其他具有经营服务性质的公司进行战略合作，如果公司的财力足够强大，能够有效地整合资源，可以通过多种方式进行并购。

在业务类型上，要做好市场的划分，特别是在竞争较大的行业，更要抓住老年人还没有得到满足的需求。我们可以大致将业务对象划分为活跃的、能自理的、需要帮助的、失能的、失智的或其他类型的老年人；机构可以分为养老公寓、养老社区、日间照料中心等类型；区域可以分为商业区、市中心、旅游景区、郊外等。每一种方案都有其长处和短处，因此，我们要依据自己的能力和选定的对象，把握客户的具体需求，选择适当的产品搭配，以迎合不同人群的需求，为老年人提供个性化的产品，以形成和巩固老年人的品牌忠诚，塑造自己的品牌。

2. 构建精准化的营销体系

鉴于目前国内的高档养老院尚属新生事物，为了扭转社会对老年人的固有观念，摒弃成见，企业必须加大对市场的培育和营销力度，逐步让更多人了解与认可高档养老机构的专业服务与服务观念，这就要求针对特定人群建立一个精确的市场营销系统。

在市场营销的内涵上，要注意引导老年人对高端养老服务产生正面心态，要激发他们享受市场化的心理需求；在服务方面，突出服务机制，突出服务功能；在定位上强调自主、享受生活、社会价值等；在规划时，特别注意可及性、适老化等；在养老配套上，强调文化与艺术结合、医疗与养老结合；在服务运营上，强调人性化、专业化服务等。在对老年消费者目标群体进行研究后，为老年人建立适当的营销渠道，以平衡他们与子女之间的关系，利用网络进行品牌营销，网络可用于主流社交媒体微博、微信等；线下可以使用两种模式（“走出去”和“引进来”），“走出去”是指开展办论坛、做培训、引参观等活动。我们应该根据老年人的特点选择适合的营销模式。在营销方式上，我们应该选择接近老年人的事件营销、活动营销、口碑营销、体验营销、公益营销等方式，并以参与性、公益性和互动性为营销原则。

市场营销可以吸引顾客，但要想留住顾客，就必须要做好服务的销售。养老机构的终极目标是为老年人提供服务，只有让老年人能够接纳他们，他们的经营才会长久，所以要把市场观念融入他们的服务之中。首先，服务市场运作的先决条件和基础是服务市场，其中包含了保安、保洁、行政、后勤等配套服务；其次，要构建一种能够对养老保险进行评估和回馈的有效的制度，以满足顾客的需求和反馈，并对此进行动态的调整和优化。

3. 树立品牌形象

高端养老院的品牌化可以转化为一种无形的财富，更容易赢得老年人及其家人的信赖，在激烈的市场中具有显著的竞争力且可以增强消费者对企业的忠诚度。因此，在高端养老产业中，实现“品牌”是发展的必然方向。要想建立一个好的企业形象，必须清楚地认识自己的品牌，突出自己的价值观，做好自己的品牌意识，统一管理运营。

（1）要有一个清晰的品牌定位，还要准确地传达出品牌的价值观。一个组织的产品和服务，除了可以带给顾客更多的好处之外，还可以提供更多人的看法，让企业的价值观与顾客产生共鸣，从而提高企业的品牌知名度，提高消费者对企业的忠诚度。企业要做好自身的形象塑造。因此，企业要使其员工由品牌的接受者转变为品牌的积极建立者，并以不同的途径向员工传达品牌认同，使员工理解并认同品牌，进而向老年人提供优质的产品，将品牌信息传达到消费者手中。企业要重视自身的形象宣传，如公益活动等，也可以用产业发展来促进企业的发展，如开办培训机构等。与此同时，各中介组织应以高质量的服务和创建品牌的经验为目标。机构所做的一切，都是企业的一个重要载体，而高质量的服务也可以间接地促进企业的品牌建设。

（2）实行品牌连锁经营。养老院建立初期投资巨大，资金周转时间较短，要想减少费用，提高收益，就必须不断地扩张。通过连锁经营和集中经营，建立起一个既独立又有机结合的养老服务网络，可以迅速地增加医疗机构和病床的数量，减少购买和经营的费用。企业一旦达到一定的规模，将有助于其整合资源，并延伸至整个行业，从而保证其所需的服务与设备的品质。

第三节　“互联网+”背景下的居家养老服务

一、“互联网+”及“互联网+”居家养老服务

（一）“互联网+”的概念

“互联网+”是最近几年兴起的一个词语，它所表现的是一种可以利用网络技术在生产要素分配上的优越性，使网络与产业深度结合，实现产业的升级。“互联网+”的特点主要表现在两个方面：一方面，利用互联网技术对产业进行更新和升级；另一方面，利用互联网的思想取代发展的思路，以创意推动社会经济的发展。

对于“互联网+”这个新的理念，大多数的专家都认为“互联网+”指的是通过互联网和通信技术，把互联网和其他传统产业融合在一起，形成一个全新的生态环境。

（二）“互联网+”居家养老服务

“互联网+”居家养老服务在国内得到了迅猛的发展，国家为此还出台了《国务院关于积极推进“互联网+”行动的指导意见》，为“互联网+”指明了发展的道路。另外，网络技术的不断发展，也为“互联网+”家庭养老的发展奠定了技术基础。

对于“互联网+”居家养老服务的概念，国内较为普遍的看法是指将互联网技术深度融合到老年家庭护理服务模式中，为克服传统的长者家庭照顾服务制度所带来的挑战，包括通过改变具体要素的转移方式和加强资源的整合，利用网络化的信息共享机会，增强了老年护理服务的便捷性、人性化和智能化。

二、推进“互联网+”居家养老服务的对策

（一）加快“互联网+”居家养老基础设施建设

在“互联网+”的大环境下，要在原有的家庭养老服务模式上持续发展，必须要有一个完善的基础。

1. 确保系统的稳定和覆盖面

一个畅通的、广泛的网际网路是保障资讯传送的关键。成都市现有的各个行政区域网络已基本实现了网络的全覆盖，但是不同地区的网络信号并不稳定，使得发送时间延长，从而降低了通信的工作效率[30]。

2. 加强对线上资源的开发

“互联网+”家庭养老服务要发展，除了要有网络技术，还要有强大的线下服务，网上的服务只针对老年人，而要实现这些服务，就必须有强有力的线下服务，如养老服务人员、志愿者、医疗机构等。成都市“颐居通”养老服务网络为老年人提供了在线医疗、清洁、餐饮等方面的支持，“颐居通”的健康发展离不开线下的专业化护工队伍、医疗资源等。所以，要发展“互联网+”居家养老服务离不开线下的服务，必须要确保在一个特定的区域里，有专门的服务人员，以确保老年人在有需求时能得到及时回应。此外，我们要确保在一个特定的区域里有一个专门的机构可以提供咨询、文娱活动等服务，以满足老年人的心理需要；要确保服务提供商的品质，特别是在网上的服务。

3. 发挥社区服务的智能化作用，实现资源共性和精准服务

目前，社区中的家庭养老资源存在着多样性和分布广的问题。社区、政府、基层医疗机构、社会组织、家庭、志愿者等各主体拥有的是各种类型的社会养老服务质量。这些优势的全面合作，将会大大提高社区的居家护理服务。

这个目的可以通过因特网技术来达到。为此，社区要充分发挥其智慧服务的作用，将政府投入和监管、服务内容和方式、志愿者参与、老年人服务需要和服务的信息集成到数据平台，使其信息共享。利用该数据，相关机构可以准确地掌握老年人的生活习惯、健康状况、支付习惯等信息。利用大数据的分析，“互联网+”可以为各个业务单位准确地获取相关的服务。因此，服务对象在服务内容、信息推送、服务方式等方面都具有针对性。

（二）创新发展具有实用性的智能养老产品

技术的发展和革新对“互联网+”家庭护理的发展有重要的作用，而“互联网+”家庭护理的发展状况和发展水平也会受到其发展的制约。

根据老年人的现实状况和现实需求，开发出适合于老年人使用的智能化养老服务。根据老年人的生命状况和生理状况，设计了一种易于操作，功能简单，便于携带的智能化养老用品。对于网络生活服务页面应该做到三点：一是网页要简洁；二是要有明确的服务内容；三是要有明确的费用，让老年人一眼就能明白，不需要花太多的精力来了解。

通过不断的改革和发展，“互联网+”家庭护理不断提升老年用户的使用热情，让网络技术走进他们的日常生活，让他们更好地得到科技的帮助。成都市的智慧老年人服务平台建设、健康监测产品研发、信息数据库建设等，只能满足老年人的基本需求。除了满足基本需求之外，还要重视其心理和生理方面的需求，为老年人的心理安慰需求开发线上与线下的综合性的养老机构。

根据成都市目前的实际情况，有关部门开发了一种网上和线下的融合发展的网络营销方式。针对老年人的日常生活需求开发网上的生活服务，通过网络“下单”的方式可以及时地为老年人提供相关的服务。目前“颐居通”的生活服务平台上，老年人可以在线上订购，在线下接受医疗、清洁、餐饮等基础服务。发展时期将重点发展在线的产品和可穿戴的产品，在线咨询、远程会诊、远程培训等，既可以提升工作效率，也可以保障服务的及时性，实现随时随地满足老年人的服务需求。智能可佩戴装置，如智能手环、电子围栏、智能床垫等。除了基础健康监控之外，还必须加强健康预警、数据分析等。拓展时期，养老服务机构还可以设立网络社区，以社区为主导，定期举办相关的线下活动，以吸引老年人参与，解决老年人的社会需求。

（三）加强数据、信息安全管理

在家庭中，由于网络技术与社区的日益一体化，老年人的资料也日益丰富。随着老龄化社会的发展，社区养老机构必须要有老年人的基本资料，并在此期间，将收集到的资料整理成资料库，以方便对老年人的健康情况进行全面的分析，为“互联网+”家庭护理事业的进一步发展奠定了坚实的基础。比如，当老年人在使用智能医疗监控的时候，他们会把自己的相关资料通过网络发送给医疗机构和服务机构，方便为自己的健康做记录。为此，我国在推行智慧养老服务的同时，必须强化对老年人资料库的监管，保障其隐私权，防范被黑客等非法侵入，为老年人的晚年生活创造一个良好的环境。在这一进程中，各国应加大对监测资料的监控力度，并对其进行有效的防范，同时要加大对检测系统和防护系统的研究力度，持续强化防护级别，增强防护能力。一旦出现问题，要立即向相关方反映，并对其进行整改和安全监控，还要对其员工进行日常维护，防止老年人的个人信息被泄露。

（四）加快落实政府优惠政策

一个行业的发展既要依靠社会的力量，又要依靠国家的大力扶持。在“互联网+”的大环境下，要实现养老服务与网络技术相融合，需要更多的政策扶持。在当前的发展历程中，政府采取了两种形式：财政和装备支援以及政策扶持。

对服务组织而言，财政和装备上的支援包括：由政府帮助社区养老服务中心引入智能化的设施，或者为其免费配备相关的智能养老设备，提升老年人参与的热情；对于老年人，则可以通过对家庭困难和高龄的老年人提供一些的专项资金补贴（如智能手机通信补贴、家庭网络覆盖补贴等），提升老年人对网络的兴趣，从而激励他们享受“互联网+”的家庭养老模式，以推动该养老模式的发展。

鼓励政策的重点是为服务业和研究开发公司提供财政支持。对于社区服务组织来说，发展“互联网+”的家庭护理需要人力、物力和资金，因此要采取一些政策，如免费培训、免费提供数据分析等。而对研究开发的公司，应给予一定的财政补助或税务支持，以推动其在智能化养老设备上的投资，推动其不断升级；此外，国家还应当出台相关的人才引进优惠政策，鼓励公司引进高科技人才，提高智慧养老设施的研发水平。在此期间，要注重确保各个环节的数据对称，使有关工作程序得到合理的调整，并使优惠措施得以及时实施，避免出现“空头支票”现象，还应组织专家评审，以保证其激励作用。

（五）加大对专业人才的培养力度

有句话说得好，一个产业的发展需要有专门的人才，而“互联网+”家庭护理是一个新的产业，它的发展需要有专门的人才。所以，发展“互联网+”家庭护理，必须重视和加强专业化的人才培训。培训主要包括三个方面：第一，要与高校、职业学校开展密切的合作，共同培育老年护理和网络技术人才。社区养老机构可以为学员提供实习和成长的机会，同时也可以充分发挥自身教师的作用，并根据社区的实际需求，对社区护理人员进行培训。第二，要积极参与老年义工组织，把义工的晋升或晋升等级与义工福利结合起来，如给予一定的奖励，以激励大学生或社会人士参与义工组织。第三，要充分发挥社区内的年轻群体的力量，并鼓励那些身体状况良好的老年人组建“老年人互助小组”，既可以为老年人的养老服务，也可以在老年人遇到困难的情况下及时给予帮助[31]。

在训练上，一方面，由政府或社区机构定期安排有关机构，对其员工及老年人进行训练，提高训练的频次；同时，也可以邀请其他各类机构为其员工及老年人进行训练，而各机构所能提供的训练种类与视角也各有差异，除了训练种类外，还可以训练有关智慧的安乐设备运作，以及扩大资讯科技的训练，以提高员工与老年人的学习兴趣。此外，还可以与高校、培训机构合作开发培训项目，确保培训项目的专业化和针对性。另一方面，可以建立一些激励措施，以激励社区成员积极参加社区机构的工作和知识技能的训练，同时也可以促进他们的学习。

（六）政府加快制度建设

要以健全的体制支持和健全的产业体制来保证“互联网+”家庭养老体系的发展。成都市现有的“互联网+”家庭养老体系只是一个初步的架构，没有实施的具体机制。

1. 健全奖励制度

在企业上，除了给予基础的税务和财政补助外，还应给予一些信贷支持，以保证公司在智能养老设备上的投资，增加对专业技术人才的招聘；在服务机构方面，投资鼓励服务机构增加智能养老设施的引进，加强服务人员的培训，充分提高服务人员的工资，吸引复合型人才，提高服务人员素质。

2. 加强对企业的信息保密管理体系建设

一是要确立信息披露体系，将个人的资料按机密程度划分为基础资料和重点资料，并依机密程度设定不同权限，各主体对资料使用权限也各有差异；二是设立资讯使用系统，对使用单位使用资讯之意图进行严格审查，以避免使用不当。

3. 健全监管体系

一是由相关部门和各社会团体组成相关的监管队伍，对“互联网+”居家养老服务项目进行资格审查，严格控制未达标的公司，从根源上进行监管；二是政府对各公司和服务机构进行定期的抽验和考核，对不符合规定的企业或者服务机构进行重组，严重违规时不予合作；三是政府部门应组织行业专家定期对智能养老产品进行抽样检查，评估使用智能养老产品的效果，确保设备安全高效运行。

参考文献

［1］朱露露，许云云. 供给与需求视角下居家养老服务的功能定位研究：以T市J区为例［J］. 太原城市职业技术学院学报，2021（12）：14-16.

［2］刘聃. 福建省社区居家养老服务发展存在问题及对策：以福州市社区居家养老服务中心为例［J］. 莆田学院学报，2021，28（6）：47-50.

［3］仙蜜花. 积极老龄化视角下农村居家养老服务人员数量需求预测［J］. 四川轻化工大学学报（社会科学版），2021，36（6）：36-51.

［4］刘巧，张嘉颖，王军永，等. 江西省农村老年人中医药健康养老服务利用现状及影响因素分析［J］. 中国农村卫生事业管理，2021，41（12）：849-853.

［5］许秀娟，梁春阁. 基于改进突变级数法的社区养老服务设施空间布局评价及障碍因子诊断：以广州市为例［J］. 科技和产业，2021，21（11）：283-290.

［6］陆婧雯，李放. 市场化居家养老服务利用现状及其满意度的实证研究：基于江苏省南部四市的调查［J］. 社会福利（理论版），2018（5）：57-63.

［7］马丽萍，张婷，黄瑶. 坚定理想信念 为养老服务高质量发展再立新功：党的十九届六中全会在养老服务战线引发强烈反响［J］. 中国社会工作，2021（32）：24-25.

［8］唐宇，张蓓，周雪. 新制度主义视角下乡镇政府与社会组织的互动：基于四川省S县政府购买居家养老服务项目的考察［J］. 农村经济与科技，2021，32（21）：224-226.

［9］肖来付. 需求侧视角下职业教育养老服务类专业人才培养策略思考：以厦门城市职业学院为例［J］. 新疆职业大学学报，2021，29（2）：27-32.

［10］李凤琴，邝粉良. 地方政府养老服务注意力配置研究：基于昆明市政府工作报告（2005—2020）的文本分析［J］. 大理大学学报，2021，6（11）：81-87.

[11] 邓振华，谢平娟，张智勇．“家社园”三方联动居家养老服务供应链构建：基于广东老龄化现状的调研［J］．物流技术，2018，37（1）：122-126.

[12] 王东，汪磊．政府购买养老服务制度中政策与法律的互动与融合：基于法政策学视角的分析［J］．四川师范大学学报（社会科学版），2021，48（6）：91-99.

[13] 刘丽杭，徐俊．公共服务合作生产如何创造公共价值：以C市帮乐帮互助养老服务项目为例［J］．求实，2021（6）：54-70.

[14] 张林华，赵向标．优势凸显 内容精准 路径多元：“医院物业+养老服务”实证调研分析［J］．住宅与房地产，2021（31）：24-29.

[15] 陈娜，沈雪．涉老相关专业本科生从事养老服务的意愿研究：以南京地区为例［J］．市场周刊，2021，34（11）：62-65.

[16] 严志兰，李淑君．居家社区养老服务递送与政策创新探析：基于福建的田野调查和个案研究［J］．中共福建省委党校（福建行政学院）学报，2021（3）：149-158.

[17] 潘修华，顾萍．政府购买居家养老服务高消费者满意度下的困局与化解：以江苏省464位调查对象为例［J］．江汉大学学报（社会科学版），2021，38（4）：70-127.

[18] 李珏，梁娅，黄小瑜，等．健康中国背景下医养融合养老服务体系的建设及优化策略探讨［J］．中国当代医药，2021，28（18）：191-194.

[19] 朱浩．基于三阶段DEA模型的基本公共养老服务财政支出效率评估研究：以上海为例［J］．调研世界，2021（6）：50-57.

[20] 包福存，李娅娅，龚新民．农村老年人的养老服务需求及养老服务体系建设：基于兰州市农村地区3个村庄的实地研究［J］．四川职业技术学院学报，2021，31（3）：94-98.

[21] 王振宇，郑亚南．山东省：着力设施清查整治 全面提升社区养老服务水平：解读山东省《全省社区养老服务设施清查整治专项行动方案》［J］．社会福利，2021（3）：25-26.

[22] 韩烨，沈彤．中国特色养老服务体系建设的逻辑起点与规划远景：从“积极老龄化”到“积极应对人口老龄化”国家战略［J］．学习与探索，2021（3）：29-35.

[23] 马丽萍．为养老服务高质量发展保驾护航：《关于建立健全养老服务综合监管制度促进养老服务高质量发展的意见》解读［J］．中国社会工作，

2021（2）：20-21.

［24］许家豪．贵州省：深化改革 优化供给 打通养老服务发展“堵点”：解读《贵州省深化养老服务改革发展若干措施》［J］．社会福利，2021（1）：24-25.

［25］景晓芬．迁移老人城市社会性养老服务需求及影响因素研究：基于与城市非迁移老人的对比［J］．兰州学刊，2020（11）：185-197.

［26］周圣华，张建坤，范洁，等．基于网络化治理的社区居家养老服务体系分析：以南京市为例［J］．现代城市研究，2018（8）：13-36.

［27］王军．突出四个聚焦 推进养老服务高质量发展：解读《青海省推进养老服务发展的若干措施》［J］．社会福利，2020（6）：23-24.

［28］潘利平．居家和社区养老服务中的法律风险及对策建议：以成都市郫都区居家和社区养老服务中心为样本［J］．西南民族大学学报（人文社科版），2019，40（2）：63-67.

［29］罗艳，刘杰．政府主导型嵌入：政府与社会组织的互动关系转变研究：基于H市信息化居家养老服务项目的经验分析［J］．中国行政管理，2019（7）：36-41.

［30］凌文豪，王又彭．构建城乡统一社会养老服务体系的路径探寻：基于河南省9市553份调研问卷的分析［J］．河北大学学报（哲学社会科学版），2019，44（1）：132-138.

［31］李新生．共享养老模式 精准服务和谐社区：西安先洁家政服务有限公司创新模式探讨［J］．新西部，2017（34）：13.

［32］尤美峰．我国医养融合养老服务的体制制约研究［D］．成都：电子科技大学，2018.

［33］吴艳萍．“医养融合”型居家养老服务研究［D］．蚌埠：安徽财经大学，2018.

［34］张永玉．吉林省养老服务产业的保障机制研究［D］．长春：长春理工大学，2015.